JN324027

弟・治（左）と共に（1911年／提供＝上田正一氏）

上田貞次郎との小旅行（年代不明／提供＝上田正一氏）

ロンドンにて　前列左より徳川頼貞、鎌田栄吉、小泉信三、後列左より鎌田竹夫、橘井清五郎、上田貞次郎、山東誠三郎、成瀬（時事特派員）。（1913 年／提供＝上田正一氏）

ロンドンにて　右は上田貞次郎、後列中央が徳川頼貞。（一九一四年／提供＝上田正一氏）

南葵楽堂の外観とパイプ・オルガン

南葵楽堂のパイプ・オルガン披露演奏会　独奏者はシコラ、竹岡鶴代、ヒルベルク夫人。

ヨーゼフ・ホルマンと共に

エフレム・ジンバリストと徳川頼貞夫妻

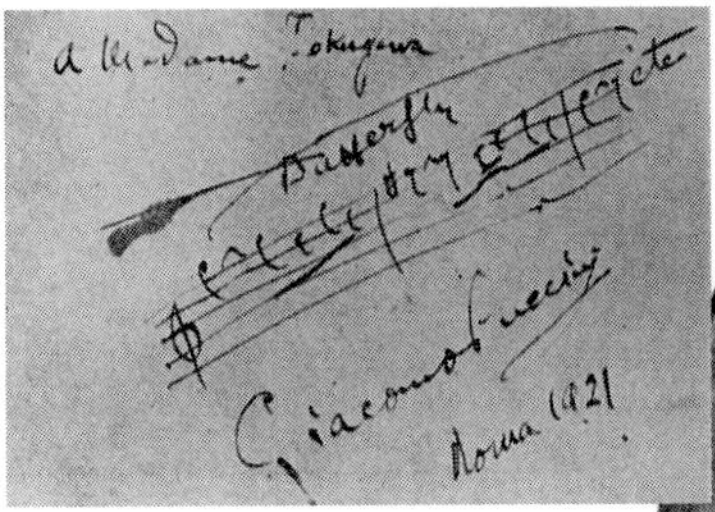

プッチーニとその筆跡

サン＝サーンスとその筆跡

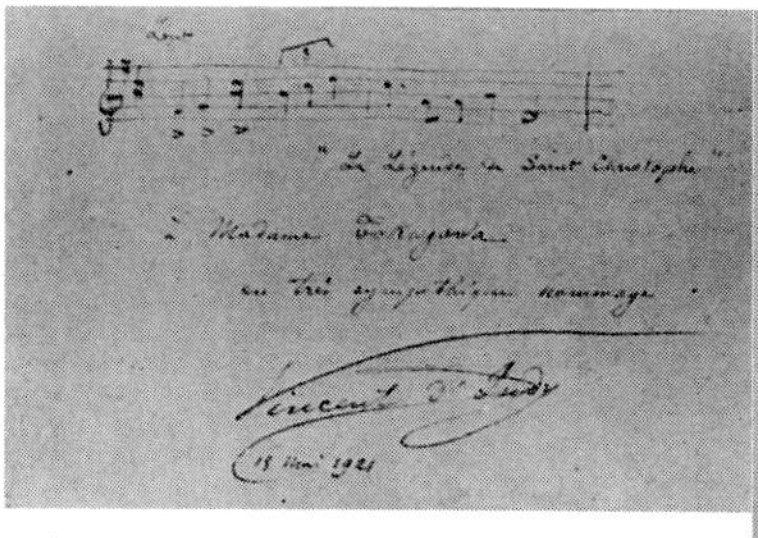

ヴァンサン・ダンディとその筆跡

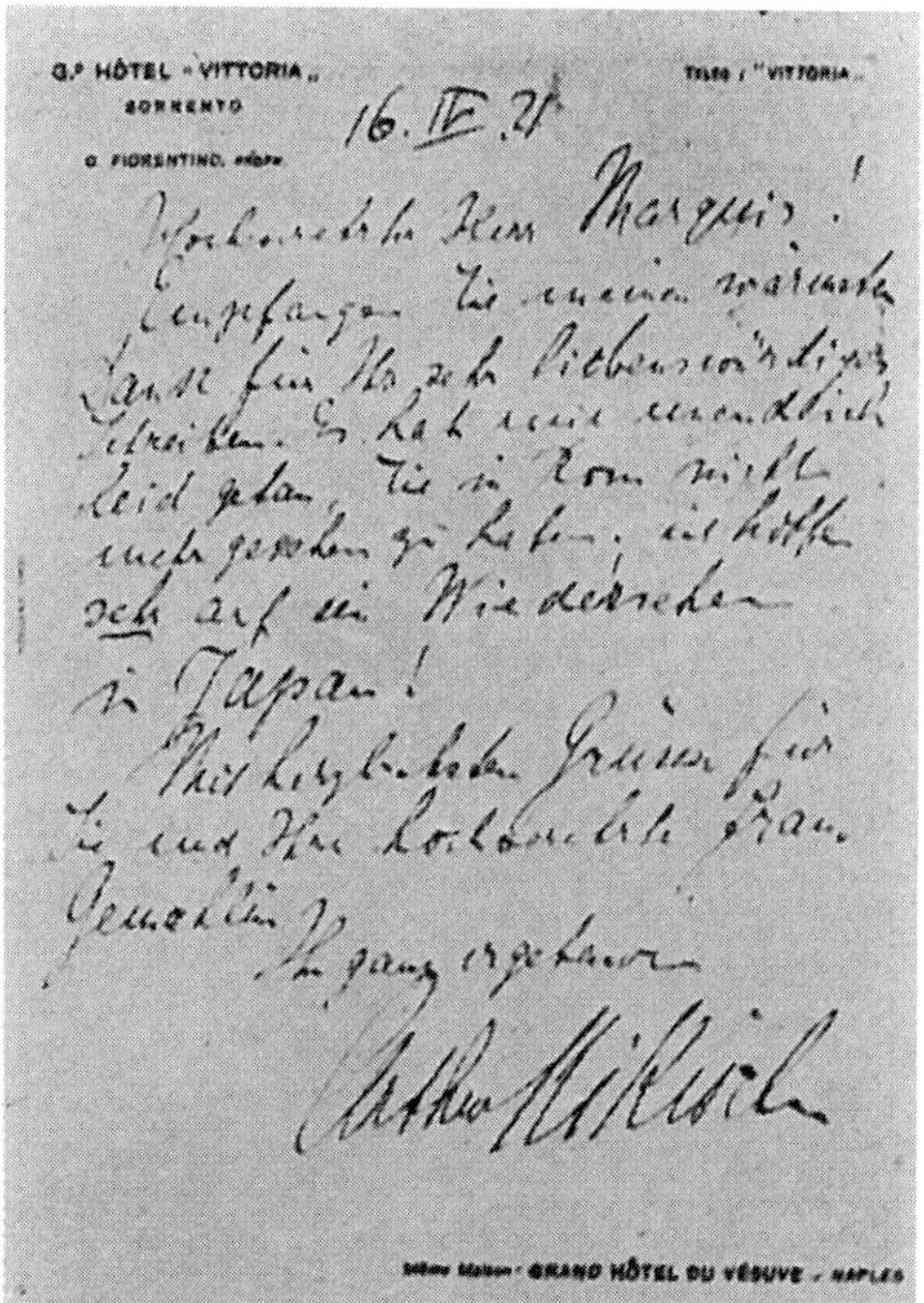
Gd HÔTEL "VITTORIA" SORRENTO
O. FIORENTINO, Propr.
TELEG.: "VITTORIA"

16. IV. 21

Hochverehrter Herr Marquis!
Empfangen Sie meinen wärmsten Dank für Ihr sehr liebenswürdiges Schreiben. Es hat mir unendlich leid getan, Sie in Rom nicht mehr gesehen zu haben, ich hoffe sehr auf ein Wiedersehen in Japan!
Herzlichste Grüsse für Sie und Ihre hochverehrte Frau Gemahlin
Ihr ganz ergebener
Arthur Nikisch

Même Maison: GRAND HÔTEL DU VÉSUVE - NAPLES

ニキシュと、徳川頼貞宛の手紙

十一 戦時中の耕筰、頼貞、秀麿

音楽の殿様・徳川頼貞

一五〇〇億円の〈ノーブレス・オブリージュ〉

徳川宗家

- [15] 徳川慶喜（徳川（水戸）斉昭7男）
  - [16] 家達（徳川（田安）慶頼3男）＝泰子（近衛忠房長女）
    - [17] 家正＝正子（島津（鹿児島）忠義9女）
      - 豊子＝松平一郎（会津）
        - [18] 恒孝（家正養子）
    - 綾子（松平（福井）康昌夫人）
    - 綏子（鷹司信輔夫人）
  - 鏡子（徳川（田安）達孝夫人）
  - 厚（分家）
  - 鉄子（徳川（一橋）達道夫人）
  - 筆子（蜂須賀正韶夫人）
  - 経子（伏見宮博恭王妃）
  - 慶久（従慶喜分家）＝実枝子（有栖川宮威仁親王第2王女）
  - 英子（徳川（水戸）圀順夫人）

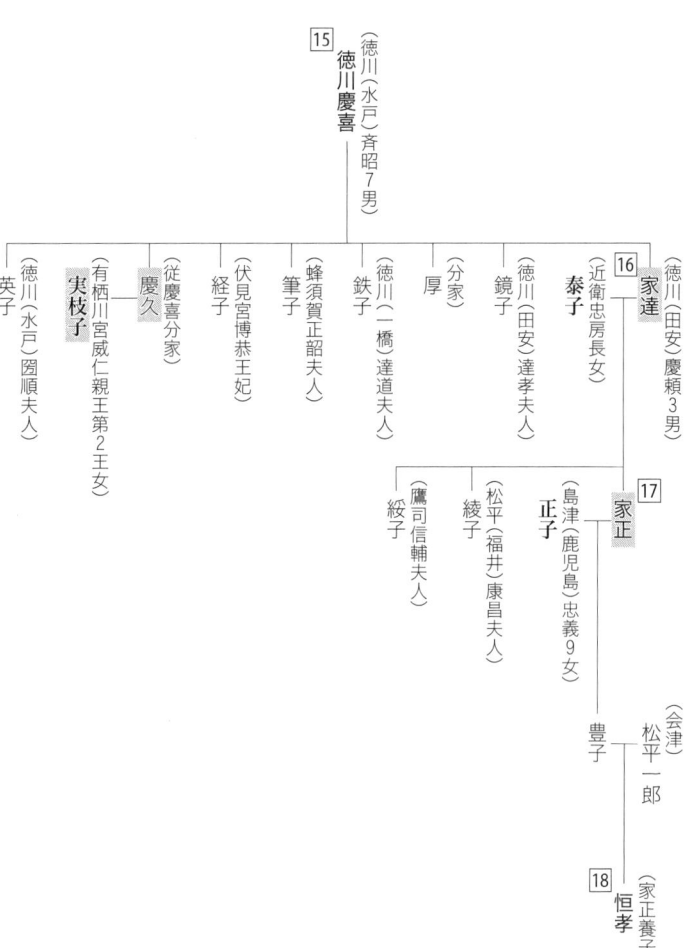

徳川頼貞関連系図１

紀州徳川家を中心とした系図

（主な人のみ。太明朝体は夫人。本書登場人物は網かけとした。）

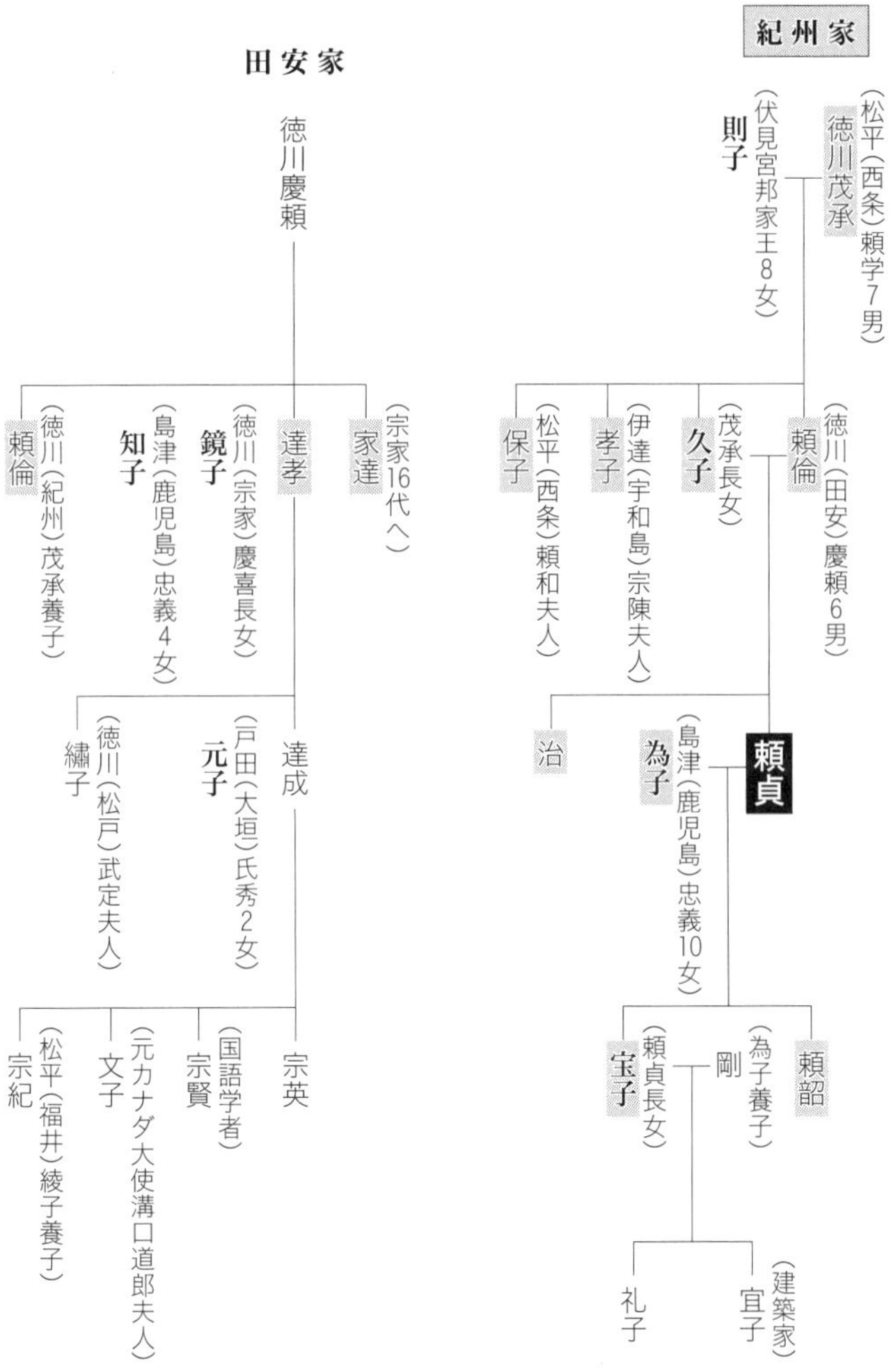

徳川頼貞関連系図２

鹿児島島津家を中心とした系図

（主な人のみ。太明朝体は夫人。本書登場人物は網かけとした。）

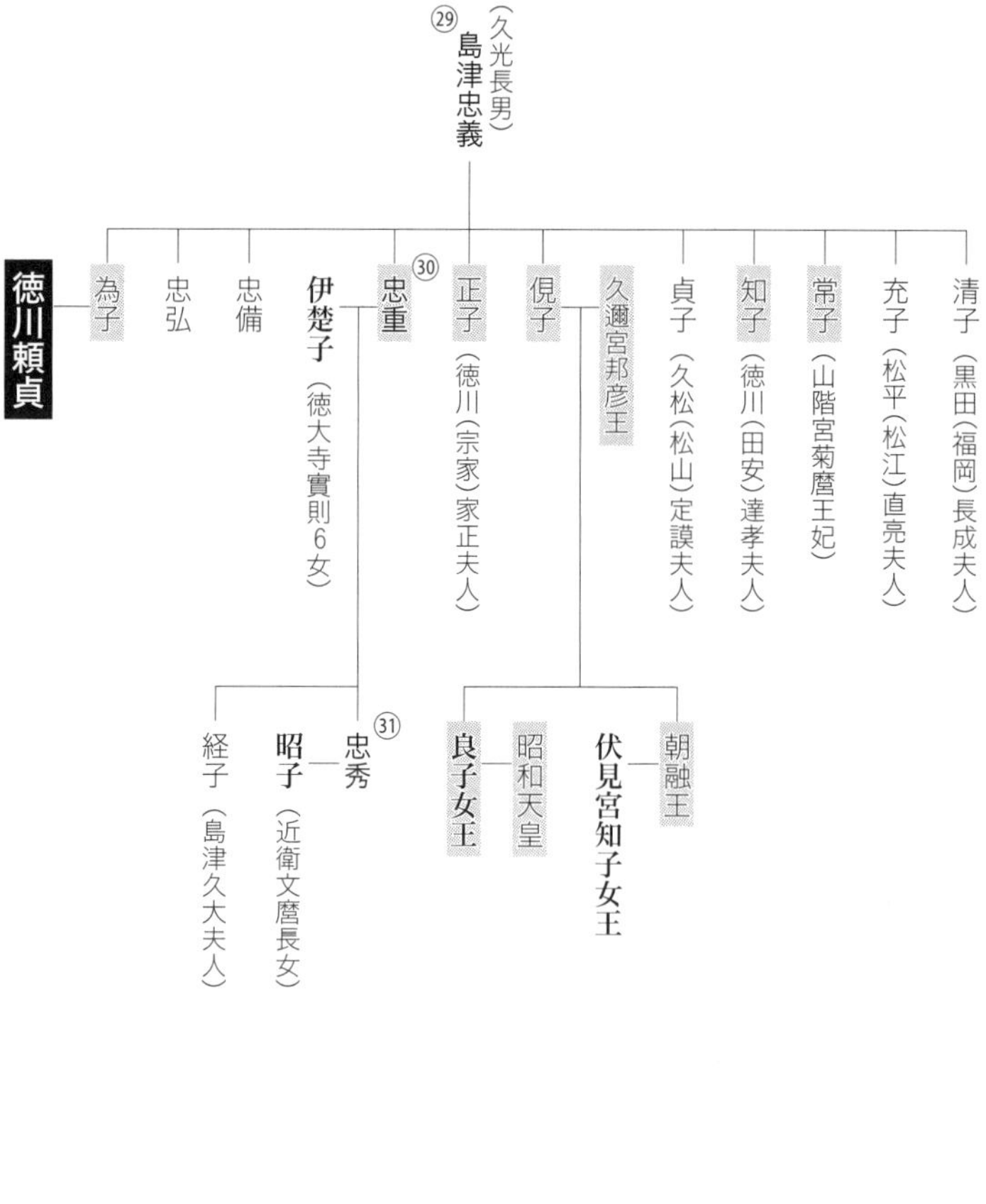

プロローグ　「器楽的幻覚」の侯爵

〈ある秋仏蘭西《フランス》から来た年若い洋琴家《ピアニスト》がその国の伝統的な技巧で豊富な数の楽曲を冬にかけて演奏して行つたことがあつた。そのなかには独逸《ドイツ》の古典的な曲目《きよくもく》もあつたが、これまで噂《うはさ》ばかりで稀にしか聴けなかつた多くの仏蘭西系統の作品が齎《もた》らされてゐた。私が聴いたのは何週間にも亙《わた》る六回の連続音楽会であつたが、それはホテルのホールが会場だつたので聴衆も少なく、そのため静かなこんもりした感じのなかで聴くことが出来た。回数を積むにつれて私は会場にも周囲の聴衆の顔や横顔の恰好《かつかう》にも慣れて、教室へ出るやうな親しさを感じた。そしてそのやうな制度の音楽会を好もしく思つた。〉

そして、この音楽会の終わりに近いある夕べ、

〈最後の拍手とともに人びとが外套《ぐわいたう》と帽子を持つて席を立ちはじめる会の終りを、私は病気のや

うな寂寥感《せきれうかん》で人びとの肩に伍《ご》して出口の方へ動いて行つた。出口の近くで太い首を持つた背広服の肩が私の前へ立つた。私はそれが音楽好きで名高い侯爵だといふことをすぐ知つた。そしてその服地の匂が私の寂寥を打つたとき、何事だらう、その威厳に充ちた姿はたちまち萎縮《ゐしゆく》してあへなくその場に仆《たふ》れてしまつた。私は私の意志からでない同様の犯行《はんかう》を何人もの心に加へることに云ひやうもない憂鬱を感じながら、玄関に私を待つてゐた友達と一緒になるために急いだ。その夜私は私達がそれからいつも歩いて出ることにしてゐた銀座へは行かないで一人家へ歩いて帰つた。私の予感していた不眠症が幾晩も私を苦しめたことは云ふまでもない。〉

これは梶井基次郎の掌篇小説「器楽的幻覚」の書き出しと結末である。

この物語はフィクションだが、登場する演奏会は現実のことであった。「仏蘭西から来た年若い洋琴家」のコンサートとは、フランスに遊学していた大富豪の御曹司・薩摩治郎八が、一九二五年の十月から十一月にかけての土日に帝国ホテルの演芸場で企画したピアニスト、ジル＝マルシェックスの連続音楽会のことである。

ドイツ系の古典とロマン派ばかりを受け入れていた日本の音楽界にとって、「これまで噂ばかりで稀にしか聴けなかった多くの仏蘭西系統の作品」が演奏されたことは、歴史的な意味があったのだ。

この音楽会に期待したのは二四歳の梶井だけではなかった。たとえば、当時東大英文科の学生だった二二歳の中野好夫は「ドビュッシイ、ラヴェルなどの音楽を、はじめてフランス人演奏家によって聞い」て「興奮にふるえた」（『主人公のいない自伝』）。同じく二二歳だった東大仏文科一年生・中島健蔵は「二度の世界大戦の中間期の音楽体験の中で、わたくしにとっては、三週間にわたるこの六回の演奏会の感銘が、きわ立っていた」(『証言・現代音楽の歩み』)と記している。ほかにも、河上徹太郎、河盛好蔵、大岡昇平など、彼らと同世代の音楽好きの大学生たちが聴きに行っていたようだ。

一九三〇年生まれの評論家・高橋英夫は、梶井のこの作品は、「事実関係が把握しがたい」ので、作品理解のためにこの演奏会のことを「もう少し念頭にはっきり畳みこんでおいた方がよさそうに思う」と「『器楽的幻覚』考」で指摘している。つまり、当時の日本における西洋音楽の享受状況やこのコンサートがもつ意味を考える必要があるということだろう。

だが、私はここで「器楽的幻覚」に描かれたコンサートについて、論じようとしているわけではない。この作品のなかに登場するもう一つの具体的な出来事が、気になっているのだ。

それは、背広の匂いが梶井の「寂寥を打つた」「音楽好きで名高い侯爵」である。「器楽的幻覚」のなかに登場する事実は、演奏会と「音楽好きで名高い侯爵」に出会ったことだけだ。そして、この侯爵が、梶井に幻覚をもたらし、不眠症となったきっかけの人である。それなのに、この侯爵が誰かを詮索した人が、いなかったようだ。

しかし、梶井がこの掌篇を書いた一九二八年当時の読者には、「音楽好きで名高い侯爵」とは誰だかすぐ判ったはずだ。その侯爵とは、徳川頼貞《よりさだ》である。彼は、欧州へ音楽巡礼の旅に出たとか、日本人演奏家を援助したなどと、新聞に音楽の話題でよく登場していた。

ちょうど、この演奏会の三カ月前に紀州徳川家の当主となったばかり。三二歳の青年侯爵が受け継いだ資産は、三〇〇〇万円（現在の金額にして一五〇〇億円ほどか）と莫大で、新聞が大きく書きたてていたのだった。

徳川頼貞は、西洋音楽を愛し続けて一生を終えた人であった。ケンブリッジ大学で音楽学を研究し、帰国すると、飯倉（東京都港区）の邸宅内に日本で初めてパイプ・オルガンを備えたコンサート・ホール「南葵《なんき》楽堂」を建設。ここで催されるコンサートを無料で公開した。

さらに、自らのコレクションによる音楽図書館をこのホールに併設。ベートーヴェン、ヘンデル、リスト、ロッシーニなどの手稿、パーセルやヘンデルの初版や初期版など貴重な資料が数多く収められ、日本よりもヨーロッパやアメリカで高く評価され、注目されていた。

また、三度にわたる長期外遊で、プッチーニ、サン＝サーンスなどの大作曲家やベルリン・フィルを創り上げた伝説の指揮者アルトゥール・ニキシュ、パブロ・カザルス（チェロ）、アルフレッド・コルトー（ピアノ）、フリッツ・クライスラー（ヴァイオリン）、シャリアピン（バス）といった錚々たる演奏家たちと親交を結んでいる。

たとえば、パリのコルトーの自宅に招かれた一夕、カザルス、ジャック・ティボー（ヴァイオリン）と会食したあと、この世界最高のトリオが演奏した。徳川頼貞だけのために。曲は、当時《神演》とまでいわれたベートーヴェンの「大公トリオ」（ピアノ三重奏曲第七番　変ロ長調）であった。頼貞のように、これほど数多くの大音楽家たちと親しく交わった日本人は、当時いなかったし、いまもあまりいないのではなかろうか。

ところが、徳川頼貞の名前は、いまほとんど知られていない。日本の西洋音楽史を紐解いてみても、頼貞が登場するのは、わずかに《日本で初めてパイプ・オルガンを備えたコンサート・ホール（南葵楽堂）を創設したこと》と、それに付随する音楽図書館の《コレクション》程度である。

なぜ、徳川頼貞は、音楽史から消えてしまったのだろうか。

調べ始めると、おおよそ、こんな人物像があらわれた。頼貞は、西洋かぶれで、浪費家で、現在の金額にして一五〇〇億円ともいわれる膨大な資産を食い潰した、といわれている。

西洋音楽をこよなく愛する浪費家。それも半端なスケールではない金遣いの荒さ。遣い方も、音楽に関しては金に糸目はつけない、と自分なりのポリシーがありそうだ。そして、徳川一族という出自からくる係累と国内外の多方面にわたる交友関係。

徳川頼貞とは、どんな人なのだろう。

一　音楽好きの若様

海軍軍人の葬列を眺める幼児

遠くから嚠喨《りゅうりょう》たるラッパの音が聞こえると、その幼い子供はそわそわして、

「連れて行って」

と乳母にねだった。彼女は、

「まあ、若様は寒いのに本当にお好きなのですね」

と、家の外の通りに連れて出て、群衆のなかから行列がよく見えるように抱きかかえてくれるのだった。時は、明治二八（一八九五）年二月。日清戦争は日本軍の勝利にほぼ傾きかけていた。動員兵力の割合からするとわずかだが、戦死者がでた。そこで明治政府は、祖国のために名誉の戦死を遂げた士官以上の葬列には、必ず先頭に一個小隊の軍楽隊をつけ、荘重な曲を奏して粛々と斎場まで街頭を

行進させたのである。

当時、海軍の水交社は築地にあり、海軍軍人の葬列は、芝に出て増上寺の横を通り、飯倉を経て青山の斎場に向かった。この幼児の住む飯倉の高台は、高級住宅街で、家の近くには稲葉子爵邸、島津伯爵邸、鍋島子爵邸、松平子爵邸などの大邸宅が並んでいた。

そのなかでも、若様と呼ばれる子供の家はひときわ大きく、周囲が土堀の石垣で囲まれていたので、小さな城郭のようにみえた。《若様》は、この《城》の前で、乳母に抱かれ、ラッパの音とともに一歩一歩近づいてくる楽士たちを飽かず眺めるのだった。帽子に白い羽毛の「前立て」を付け、赤い飾りのついた軍服を着て行進する華やかな楽士の姿を《若様》は、大人になってもよく思い出したという。

この《若様》とは、当時二歳半の徳川頼貞である。頼貞の西洋音楽好きは、このときから始まったようだ。それから二年後には、父頼倫《よりみち》が欧米遊歴のみやげに蓄音機と蠟管のレコードを持ち帰り、夕食のあとには、家族でビゼーの「カルメン」やヴェルディの「イル・トロヴァトーレ」など、当時パリで流行した曲をかけて楽しんだ。こうして頼貞の西洋音楽への興味は育まれていったのだ。

ケーベル博士の音楽談義

徳川頼貞は、一八九二（明治二五）年八月十六日、旧和歌山藩主・侯爵徳川頼倫と久《ひさ》の長男として麻布飯倉六丁目一四番地に生まれた。父頼倫は田安家の出で、長兄の家達《いえさと》は一五代将軍・徳川慶喜のあと一六代目の徳川本家を継ぎ、次兄達孝《さとたか》が田安徳川家に残った。頼倫は紀州徳川家の養子となり、家付きの姫・久と結婚して頼貞をもうけたのである。

麻布飯倉六丁目一四番地の紀州徳川邸は、現在のロシア大使館の前。日本郵政グループの飯倉ビル、外務省飯倉公館・外交史料館、麻布小学校の一帯で、約一万五〇〇〇坪あったといわれる。しかし、これは、いささか誇大。一九一二年の「東京市及接続郡部　地籍台帳」によれば、麻布飯倉六丁目一四番地の土地は一万九五七坪である。周囲の頼倫所有の土地を加えて約一万二〇〇〇坪となる。

土地の西側半分、つまり現在の麻布小学校と飯倉公館・外交史料館付近が侯爵一家の住居で、西洋館と広大な日本館が建てられ、邸内の者から御殿と呼ばれていた。残りの東側半分には藩祖南龍公を祀った神社や厩舎があったが、大部分は家職の住い。二〇戸ほどの長屋が東西に長く建ち、南北二列で向かいあっている。一戸ごとに門があり、裏に庭と小さな畑がついていた。また、邸内には竹藪や杉林、梅林もあった。

しかし、頼貞は、この大邸宅で乳母や家の者にかしずかれ、徳川御三家の《若様》として我儘いっぱいに育った、というわけではない。当時の大名華族は、息子を質実剛健に育てるために、これと見込んだ人格者の家庭に住まわせて教育してもらうのを常としていたからだ。頼貞も、一〇歳のとき、弟の治《おさむ》と共に、イェール大学に学んだ東京帝国大学文科大学教授の倫理学者・中島力造の家で教えを受けることになる。中島は、京都福知山の人なので、紀州と関係はないが、父頼倫が、中島から倫理の講義を受け、その人物に心酔していたことから、預けられたのである。

中島の夫人は、ミッション・スクールの女子学院を卒業したので西洋音楽に親しみを持っていた。そこで、中島の家に移ってすぐ、頼貞がピアノを習いたいというと、意外に思ったようだが、許してくれた。当時は、音楽は婦女子の学ぶものだったのである。

頼貞は、学習院初等科三年のとき、父からオルガンを買ってもらい、学習院の音楽教師・納所《のうしょ》弁次郎に学んだが教則本にそってのんびり教えるので退屈して、ものにならなかった経験がある。しかし、今度のピアノ教師は厳しかった。東京師範学校の英語教師スイフトの夫人で、東京で指折りのピアニストとして知られていた人だ。頼貞は、八歳の頃からスイフトに英語を学んでいたので、旧知の人であったのだが。

頼貞は、中島の教育の思い出として、神田駿河台のケーベル博士の家に連れて行ってくれたことを記している。夏目漱石が尊敬し、田辺元、和辻哲郎、九鬼周造など日本を代表する哲学者を育てた人として知られるドイツ系ロシア人のラファエル・ケーベル。彼は、中島の同僚で、東京帝国大学で哲学の講座を持っていた。異色の経歴の持ち主で、はじめはモスクワ音楽院でチャイコフスキーに作曲を、ニコライ・ルービンシュタインにピアノを学んだのである。しかし、内気な性格なので、人前で演奏することができず、ピアニストを断念。イエナ大学、ハイデルベルク大学で哲学、文学、自然科学などを修めた。彼は、一八九三(明治二六)年六月に来日。東大で教えるかたわら、九四年五月にはドイツ公使が鹿鳴館で催した慈善音楽会に出演し、モーツアルトの三重奏を演奏して喝采を得た。その後も音楽会には再三登場して、評判になっている。プロのピアニストでなく、素人の余技として演奏を楽しんでいたようだ。東京音楽学校は彼の経歴を知り、ピアノの講師として一八九八年から招聘したのである。

上野の音楽学校（現・東京藝術大学）の慈善音楽会で演奏したケーベルを、「東雲の友」が『読売新聞』で、こう評している。

〈ピアノ独奏　博士ケーベル氏　満場の拍手に迎へられて例の如く厳然泰然として登壇された。演奏して居られるのか、おもちゃにして居られるのか分からない程、如何にも自由自在なものであつた、同じピアノで何うしてあゝ音が違ふのか覚えず感嘆した、実に奇絶、妙絶で真に他を思ふの余裕は念頭になかつた、演奏が終ると拍手は満場から起つて暫くは鳴りやまなかつた、乃で博士は答礼の一曲、静粛なる一曲を奏して又々大喝采中に降壇された〉

（一九〇一〔明治三四〕年四月十五日）

ケーベルのピアノは、当時の日本の演奏家のはるか上をいっていたようだ。

頼貞がケーベルを訪ねたのは、学習院中等科二年のときだから、『読売』の記事より数年あとになる。中島は、音楽好きな頼貞に、西洋音楽の精神を伝えてほしかったのだろう。ケーベルは、ピアノ演奏家になるために必要なことをこう書いている。

〈……本書は此等の読者に、現今ピアニストと言はれ藝術家と呼ばれ得るだけになるには、如何に最大の速度を以てしても、唯だ指を鍵盤上に走らせるだけでは、決して充分でないといふことを注意せしめるであらう。我々は先づ第一に一般的教養のある人間とならなければならぬ——この一般的教養は総じて日本に於ては猶ほ極めて憫むべき状態にある――然る後一般的教養ある音楽家となることが出来るのである。独り此場合にのみ（即ち上に謂ふ両資格を獲得した暁に於てのみ）人は藝術家らしく、即ち内的の精神の耳を以て、心《ハート》を以て又――極めて重要なることであるが！――頭を以て、その専門の楽器を弾き得るに至るであらう。〉

（傍点原文。久保勉訳「ルービンシュタイン著「音楽及びその大家」日本訳序」『ケーベル博士小品集』）

一緒に夕食を摂った後、二人は書斎に招き入れられた。しばし歓談ののち、

「ライテイさんが、そんなに音楽が好きなら、ちょっと弾いてみましょうか」

と、博士はピアノに向かい、ベートーヴェンのソナタ「月光の曲」を演奏した。終わると、

「ここがこの曲の重要なところです」

と、楽曲の大切な箇所を反復し、音楽上の解説をしながら、ポイントをくりかえしてくれる。二曲目は、リスト編曲のワーグナーの「タンホイザー序曲」であった。ワーグナーを初めて聴く頼貞は、壮大な音楽に驚き、作者はどんな人だろうと興味を憶えた。すると、博士は、音楽家として、また芸術家として、ワーグナーが、いかに偉大であるかを、優しく諄々と説明してくれたのである。博士の音楽談義は楽しく、時間の経つのを忘れ、お宅を辞したときは、夜がだいぶ更けていた。頼貞は、ケーベルの名前を聞くと、いつもこのときの博士の温和な面影を思い出すのだった。

聴衆は「チゴイネルワイゼン」に熱狂

中学生の年頃は、芸術や文学に目覚め、熱中し始める時期でもある。頼貞も学習院中等科時代には、東京音楽学校の講師を勤めていた田村寛貞を中心とする芸術愛好家グループに入っていた。彼らは、中野の神田乃武《ないぶ》男爵の別荘に土曜や日曜日に集って、芸術や文学、哲学を論じ合っていたのだ。メンバーには、柳宗悦や郡虎彦などのちの白樺派の作家たちもいた。神田乃武は、アメリカのアマースト大学を卒業し、当代一の英語使いといわれ、東大や学習院で英語やラテン語を教えていた人である。彼の息子・金樹が白樺派の連中と同世代で、志賀直哉とは特に親しかった。『白樺』の最年少の創同人である郡は、一時この別荘に寄寓していたことがある。

やがて、田村の提案で、音楽好きの学習院の生徒、卒業生、先生を糾合して、管弦楽団を作ろうという話まで持ち上がった。一九一〇年の初夏の頃のことだ。楽器を持って内幸町の華族会館に集まったメンバーは、ヴァイオリンが田村寛貞、納所弁次郎など、チェロは松平乗統《のりむね》（大給松平家、のち子爵）、相馬子爵など、フルートが黒田清（のち伯爵）、クラリネットが柳宗悦、織田信恒（のち子爵、織田小星の筆名で漫画作家）、コルネットに徳川義親（尾張）、図師尚武（頼貞の親友、のちパスツール研究所員）、小松耕輔（作曲家、学習院教授）などで、頼貞もヴァイオリンを持って駆けつけた。指揮者は宮内省の楽師多《おおの》忠基である。

楽器を持って集ってはみたものの、どんな曲を演奏するかも判らない。そこで鳩首協議の結果、「みなが知っている曲がいい」と「君が代」が選ばれた。音を出してみたが、二、三小節も進まないうちに混乱し、断念したというお粗末な出来事もあった。

学習院仲間の音楽熱はさらに昂じて、一九一〇年九月に、西洋音楽奨励の目的で音楽奨励会が設立された。当時、まあ聴ける西洋音楽というと東京音楽学校の先生が演奏する春秋の定期演奏会しかなかった。この二回ではいかにも少ないし、技量も上達しない。そこで上野の先生や卒業生が出演する音楽会として企画し、毎年およそ五回の演奏会を開くと謳っている。発起人は田村寛貞のほかに南部利淳《としあつ》、細川護立などで、会員は学習院に関係のあるものか、あったものの有志。

ここで当時のコンサート状況を説明しておこう。音楽学校の定期演奏会に来る聴衆は、毎回顔触れが同じだった。つまり、東京音楽学校の奏楽堂の定員が七〇〇〜八〇〇人だから、日本全国で西洋音楽を聴く人は、千人程度で微々たるものだったと思われる。そして、すべて会員制なので切符の販売はない。音楽奨励会も一口毎月五〇銭の会費で、一口につき毎回切符二枚を配布した。

第一回は十月二三日に華族会館で開かれ、音楽学校の卒業生で作られた「多クワルテット」によるモーツアルトとベートーヴェンであった。メンバーは第一ヴァイオリンが多久寅《ひさはる》、第二ヴァイオリンが川上淳、ヴィオラが大塚淳、チェロが信時潔《のぶとき》。創設時はチェロを山田耕筰（当時は耕作だが以下、耕筰に統一）が弾いていたが、この年の二月に山田が三菱の総帥・岩崎小弥太の後援でドイツに留学したので、チェロ専攻の信時が加入したのである。

十二月四日の第二回も華族会館で開催。宮内省雅楽部でヴァイオリンの名手として知られた窪兼雅が、音楽学校教授・萩原英一のピアノ伴奏でサラサーテの「チゴイネルワイゼン」を演奏した。これが大きな話題となる。この日の様子を雑誌『音楽』から紹介しよう。

〈……来会者は例によつて新しい芸術に憧憬れてゐる新しい時代の紳士淑女約百五十人程で静かな演奏会であつた。（中略）最後の窪氏のチゴイナーワイゼンに至つては前後四回の演奏が終つてもなほ拍手の音が止みさうにもない。仕方がなく幹事が立つて閉会を宣言するに及んでやつとの事で静まつた。〉

（一九一一〔明治四四〕年二月号）

奨励会は音楽を理解してもらうため、解説をつけ曲を二回続けて演奏したが、「チゴイネルワイゼン」は聴衆の熱狂的な拍手でアンコールが二回、合計四回演奏したのである。頼貞は、この日が「チゴイネルワイゼン」の日本における最初の演奏だったろうと推測している。

この会は、明治、大正、昭和と続き、上流社会に西洋音楽熱を吹き込んだ点で功績があった。もちろん頼貞も会員で、後半期は親友の黒田清と共に幹事を務めている。

経済学者上田貞次郎、頼貞の教育係となる

徳川頼貞は、さらに西洋音楽を詳しく学ぼうと東京音楽学校の助教授で旧紀州和歌山藩出身の本居長世から和声学と対位法を学ぶようになる。これは、質実剛健を旨とする大名華族にとって異例なことといえた。というのは、当時は西洋音楽も女子供の学ぶ歌舞音曲の類とみなされ、男がするものとは考えられていなかったのだ。頼貞より十一歳年下で、のちに音楽評論も手がける仏文学者の中島健蔵は、小学生の頃ピアノを習いたいと母親に言うと「男のくせに」と顔色を変えて拒絶されたという。

後に「七つの子」「赤とんぼ」「赤い靴」など数多くの童謡を作曲する本居長世は、一九〇八（明治四二）年に器楽科を卒業。一九一〇年からこの学校のピアノ科の助教授となり、日本のトップクラスのピアニストとして知られていた。

一九一三（大正二）年、頼貞に大きな事件が起こる。弟の治が、学習院の馬場で乗馬の練習中、落馬して亡くなったのだ。頭上を通過した飛行機の爆音に驚いた馬が、治を振り落としたのだった。頼貞と治は、前年の五月に中島力造の家から出て、飯倉の徳川邸に隣接する麻布我善坊に引っ越して一緒に生活していたのである。また、治も音楽が好きで、才能もあった。柳宗悦は、学習院の『輔仁会雑誌』に「逝ける徳川治君に」を寄稿。

〈……（一と月半前に）君を我善坊の家に訪ねた時、君は Gounod の Serenade をピアノの伴奏で弾いた。君は音楽には多くの才能を持つてゐた。又音楽は君の心を特に喜ばせたものらしかつた。誰でも知つてゐる人は君のピアノの進歩の急速だつたのに驚いたらうと思ふ。其晩の事は自分にとつては最終の記憶として特に忘れられないものがある。〉（八九号）

と書いている。

仲のいい弟の死は、頼貞に大きなショックを与えた。

〈……弟の急逝は私に強い衝撃を与へて、暫くは学科も音楽も手につかなかつた。私はたゞ茫然と日を過ごすのみであつた。両親は大変心配してくれ、友達も色々と慰めてくれたが、私の憂鬱は少しも晴れなかつたので、父は一層のこと私を外国に留学させたなら新しい生活に更新の気も

起きようと云つて、私に外国留学を勧めた。〉
と頼貞は半自伝『薈庭楽話《わいていがくわ》』に、弟の死が直接の原因でイギリスに留学することになったように記す。だが、頼貞の教育係を務めた東京高等商業学校（現・一橋大学）教授の上田貞次郎によれば、もう少しこみいっていた。

上田貞次郎は、紀州和歌山藩の儒者上田章の次男で、飯倉の徳川邸内で一八七九（明治十二）年に生まれた。出生時に父章は、紀州徳川家の家扶（家令の次席）であった。貞次郎はのちに東京商科大学（現・一橋大学）学長を務め、帝国学士院会員となる。

上田貞次郎が、慶応義塾の塾長鎌田栄吉から頼貞の学業について相談を受けたのは、一九一一（明治四四）年三月のことであった。なぜ慶応の塾長が、紀州徳川家に関係しているのかというと、鎌田栄吉の父鍬蔵が和歌山藩士で、栄吉は一八七四（明治七）年、和歌山県から選抜されて慶応義塾に学ぶ。慶応で抜群の成績を残した栄吉に最後の和歌山藩主徳川茂承《もちつぐ》が、頼倫の教育係を依頼し、一八九六（明治二九）年の頼倫の洋行に随行。その後、鎌田は、頼倫の代に紀州徳川家の相談役になったのである。

上田が、鎌田から頼貞の教育について相談を受けたとき、頼貞と治は中島力造の家に寄宿していた。ところが、理由は不明だが、母の久も家職の者も中島家に居ることに反対なので、引き上げる時期を見計らっていたのだ。一応、中島家を出るのは、頼貞が学習院の中等科卒業のときと決めた。だが、頼貞は数学ができず、二年続けて落第。数学教師の尽力で一二（明治四五）年五月には、なんとか卒業することができたのである。

紀州徳川家の問題は、このあと誰が頼貞を監督するかであった。家職の者たちは、上田を頼貞と住まわせようと勝手に決めていた。だが、上田は断固拒否。

〈余は軽井沢の経験及中島方にての観察等より推して之を好まず。何故なれば、同居すれば余の家庭は高等下宿になり下り、不愉快きわまるものとなるべければなり。そこで余は昨年末及本年一月の二回、鎌田氏に面会して同居だけは断然断ることとなしたり。〉

と、一二年七月の日記に記す。「軽井沢の経験」とは、前年の夏、頼貞と赤城、妙義、浅間に登ったあと軽井沢で四〇日間ホテル生活したことを指している。次の「中島方にての観察」とを併せて想像してみると、頼貞は我儘で手に負えなかったのだろう。

上田は、時々鎌田や自分が様子見に巡回するだけにして、頼貞の自治に任せることを提案したが、徳川家は採用せず、慶応義塾の漢文教師・玉井房之輔を麻布我善坊の家に住まわせる。しかし、玉井は、頼貞と治を統御できず、二人の生徒も不満の声をあげた。さらに、頼貞は高等科に進学してすぐ、神経衰弱と称して学校に行かなくなってしまった。

哲学者の鶴見俊輔さんによれば、日露戦争の勝利で、学習院では在籍する大将、中将、少将の子供たちが威張っていた。それに反発する者たちが『白樺』を創刊したが、学習院では異端だったという。頼貞も《音楽好きの軟弱の徒》であったから、こんな学習院に違和感を持っていたのかもしれない。一九〇六年から一二年まで学習院院長は乃木希典であり、明治天皇に殉死した乃木を継いで一八年まで務めたのも陸軍大将の大迫尚敏であった。

鎌田は、「頻繁に我善坊を訪れて頼貞の様子を見てほしい」と上田に依頼したが、上田は「家の中に引き籠っていても神経衰弱は治らない」と主張。一二年六月中に神奈川県酒匂に転地、次いで日光旅行、夏には北海道旅行はどうかと提案した。

これが受け入れられ、頼貞は六月十七日から月末まで上田と共に酒匂の松涛園で療養し、七月十二日から日光に滞在した。しかし、明治天皇の容態が悪化したとの連絡があり、七月二三日に帰京。天皇は、一週間後の七月三十日に崩じたのである。

北海道旅行は、天皇崩御で取りやめとなり、八月七日から十三日まで大磯の別荘で、十七日から九月五日まで軽井沢で過ごす。

頼貞は、九月の新学期から学習院に通うが、また神経衰弱だと学校を休み始めた。このままでは、再度落第してしまうと案じた徳川家は、鎌田栄吉と上田に相談。上田は九月三十日に鎌田を訪ね、「退学しかない」という意見に同意。その後の処置を検討する。その結果、

(一) 良い教師を選んで英語、フランス語、漢学、哲学などを教え、上田がその取締りをする。
(二) 授業を休むときは、上田が同行して各地を旅行し、日本の歴史や現状を説明する。
(三) その準備として、上田も少しずつ頼貞に講義をする。

ということになった。

こうして、一九一二(大正元)年十月九日、上田貞次郎は侯爵徳川頼倫から頼貞の教育係を正式に依頼されたのだった。上田の日記に書かれた、頼貞の家庭教師たちは豪華である。

「教師は英語戸川秋骨氏、仏語 Jacoulet 氏、漢学鈴木氏、論理川合貞一氏と定めたり」とある。

樋口一葉とも交友があった英文学者で随筆家・評論家の戸川秋骨。わが国初の日本人留学生としてドイツでヴィルヘルム・ヴントの心理学研究室に客員として入室を許された川合貞一。この二人は、現在でもよく知られているが、ほかはどんな人か。

仏語のジャクレーは、東京外国語学校（現・東京外国語大学）の教授。漢学の鈴木とは、中国文化研究の創始者の一人で数多くの漢詩を紹介した鈴木虎雄のことだろうか。しかし、鈴木は一九〇八年から新設の京都帝国大学の助教授になっているから、東京に出てくる余裕がないかもしれない。とすると、戸川秋骨と川合貞一は当時慶応で教えているから慶応の教師だろうか。

こうして上田貞次郎の指導の下に徳川頼貞の教育がスタートした。上田は、頼貞の教育のために小石川小日向台町から、近くの麻布新網町一の一五（現・東麻布三丁目四）に移転するほどに力を入れていたが、五カ月後に徳川治の悲劇が起こったのである。

頼貞は「大正二年二月二十七日、私はたつた一人の弟を失つた」（『薈庭楽話』）と書いている。だが、正確には、二月二七日に落馬し、学習院病院に担ぎ込まれ、一時快方に向かっているようにみえたのだが、三月一日に容態が急変して死亡したのだった。

治の葬儀は、三月六日上野寛永寺根本中堂で行われた。学習院の全生徒三〇〇人が出席し、陸軍省は、陸軍の飛行機が原因なので軍楽隊を遣わし、ショパンやベートーヴェンの葬送行進曲を演奏して弔意を表した。頼貞は、境内の早咲きの桃の花が美しかったことを、よく憶えている。治の遺骨は、寛永寺内の藩祖頼宣が創建した真如院に埋葬された。

ふさぎ込んでいる頼貞を慰めるため、上田は、頼貞の親友図師尚武、加納栄之助と共に、三月三一日から四月十日まで関西旅行をした。

頼貞の洋行問題は、治の死後間もなく徳川家の話題となり、五月六日に鎌田栄吉が外遊することから、一気に現実問題化。出発は八月末から九月初旬と決まる。

つまり、頼貞は、学習院を退学して、勉強にもあまり身を入れていなかったところに、弟の死が重なって、鬱々としているので、

「ちょうど、鎌田先生が洋行するから、イギリスで心当たりのところを打診してもらい、そこに頼貞を遊学させよう」

と徳川家は考えたと推測される。同行者は、学校から二年間の私費留学（紀州徳川家の出資）を許された教育係の上田のほかに、徳川家から橘井《きつい》清五郎と山東誠三郎が選ばれた。

《若様》の洋行には、《お付の者》も必要だったのである。

二　紀州の若様のイギリス留学

ボリショイ劇場でオペラ「カルメン」に酔う

一九一三（大正二）年九月三日の夕刻、新橋ステーションに大勢の人が集っていた。やがて、馬車が駅前に着き、上品な中年の男女が降りると、一同は取り囲んで慇懃に挨拶をする。そのあとに若い男が降り立つと、また彼を囲み、口々に祝いの言葉を述べて、駅構内が騒がしくなった。ヨーロッパに向けて出発する徳川頼貞と彼を送る頼倫侯爵夫妻が到着したのだ。

まだ東京駅はできていない。汐留の新橋駅が、東京のメイン・ステーションであった。明治初年に建てられたこの駅は、小さくて採光が悪く、朝からガス灯や電灯をつけなければならないのだ。

プラットフォームには、電灯がところどころにしかない。出発の午後七時頃になると、近くに寄らないと人の顔が見分けられないほどの暗さである。頼貞の同行者は、チューターの上田貞次郎博士に、徳川家から南葵文庫司書長の橘井清五郎と慶応義塾を卒業したばかりの山東誠三郎であった。

午後七時、人びとの「万歳！」の声に送られて列車は新橋駅を出発。頼貞は、手を振りながら、見送りに来てくれた親戚や友人たちの顔が、暗くてよく見分けられなかったことをもどかしく感じていた。このとき頼貞は二一歳。父頼倫の指示で、「まだ学生の身分だから」と、ロンドンまで二等で通すことになった。しかし、当時は一等から三等まであったので、一番安いクラスだったわけではない。

行程は、下関から船で釜山に渡り、京城《ソウル》を経てシベリア鉄道でヨーロッパまで。だが、紀州の若殿の初の外遊に際して、国内で訪問すべき所がいくつもあった。先ず、京都で降りて明治天皇の伏見桃山陵に詣でる。次に、和歌山に向かい、紀州徳川家の代々の墓所、長保寺に墓参。その後、県議会を訪問して和歌山泊。翌日は和歌山藩の始祖徳川頼宣を祀る和歌の浦の南龍神社をはじめ県内各地を回り、大阪に出て泊まった。一夜明けて、一路下関へ。連絡船壱岐丸で釜山に渡り、日本に併合されたばかりの朝鮮を進む。途中の各駅で和歌山県人の出迎えがあって、それに応えながら京城に到着した。徳川政権が倒れて五〇年弱。まだ旧藩主の威光が残っているので、頼貞は、のんびりと列車の旅を楽しんでいるわけにはいかなかったのだ。

長春からシベリア鉄道に乗り、ハルピンで総領事の案内で市中見物をしてからは、ひたすらモスクワを目指すだけ。頼貞は「東京を立つてから十日目に、私達は真夏のやうな眩しい太陽の光の降り注ぐモスコーの駅に降り立つた」（『薈庭楽話』）と書いている。が、上田の日記では、モスクワに着いたのは九月十九日だ。つまり一六日かかっている。頼貞は、二〇年以上あとに記憶で書いているので、通常の旅程に一日か二日足して十日としたのではなかろうか。

モスクワ駅には、日本帝国大使館の副領事が待っていた。《まだ学生の身分》だけれど、破格の待遇で旅行をしているのである。頼貞は副領事との初対面の挨拶が終わると、すぐに、

「ところで、ここのオペラ座では今晩なにをやっておりますか」

と尋ねた。副領事は驚いた顔をしたが、

「調べさせますので、少しお待ちください」

といって、部下に演目の調査を指示し、

「今日のホテルにご案内致します」

と、馬車で一行を宿に案内した。町の中心にある一流ホテルで、八階建の《高層》ビルだ。当時の日本には、こんな高い石造りの建物はない。

頼貞が部屋で休んでいると、副領事がやってきて
「今晩のオペラは、「カルメン」です」

と知らせてくれた。さいわいボックス席が空いていたので、副領事も交えて五人の席を手配。頼貞にとって初めての本格的なオペラ体験となった。

オペラを上演するボリショイ劇場は、ホテルから数分のところにある。白亜のコリント風の円柱が並ぶエントランスを入ると、頼貞は燦然と輝く豪華なシャンデリアに目を奪われた。開幕のベルが鳴り、電灯が次々と消され、「カルメン」の潑剌たる前奏曲がはじまる。頼貞の心は浮き立ち、舞台に

惹き込まれていったのだった。

オーケストラも、歌も素晴らしかったが、頼貞が特に驚かされたのは、舞台装置の大掛かりなことと、照明のみごとさ。とても日本ではお目にかかれない。

ホテルへ帰っても頼貞の興奮は、なかなかおさまらなかった。カルメンの踊る艶麗な姿と伸びやかな歌声。いかにもスペイン人らしいトレアドールの歌と演技。それらが頼貞の頭の中で渦巻き、次から次へと連想が浮かぶ。気がつくと、窓から朝の光が差し込んでいた。

翌日は、モスクワ見学のあと、夜行列車で当時の首都サンクト・ペテルブルグへ。駅ではまだ三等書記官だった松岡洋右が出迎えてくれた。駐露大使は本野一郎だが、帰朝中で、臨時代理大使の参事官も風邪のため、彼が来たのだ。松岡の案内で名所を見物し、二日間滞在した。マリインスキー劇場で、グノーの「ファウスト」とムソルグスキーの「ボリス・ゴドノフ」の二つの歌劇を見ることができたと、頼貞は『薈庭楽話《わいていがくわ》』に書く。特に、「ボリス・ゴドノフ」に感激し、主役シャリアピンの「素晴らしい声とその歌ひ振り、驚くべき演技と真にせまる迫力とは、忘れることの出来ないものであった」と記している。

しかし、上田の日記には「ファウスト」の記述はあるが、「ボリス・ゴドノフ」は、ない。さらに、サンクト・ペテルブルグには一泊して、夜行で発つと書かれている。頼貞の感激振りからみて、「ボリス・ゴドノフ」を観ていないとは考えにくい。とすると整合性があるのは、上田貞次郎はオペラに行かずに出発の準備をし、頼貞は「ボリス・ゴドノフ」を楽しんだ後に夜行列車に直行した、ということになるのだが、どうだろうか。

だが、上田の日記を読んでいて、私は、もう一つの可能性が浮かんだ。翌年の一九一四年六月二十日にロンドンのドルーリー・レーン劇場で、上田は頼貞と共にサー・ジョセフ・ビーチャム指揮のロシア・オペラ「ボリス・ゴドノフ」を観ているのだ。出演者は、シャリアピンをはじめすべてロシア人で、ロシア語で歌われた。「Powerful music, brilliant scene.」と上田は記している。日記には出来事だけを記述する上田には珍しく感想を述べている。強烈な印象を残した舞台だったのだろう。頼貞は、イギリス滞在中の思い出のなかで、この「ボリス・ゴドノフ」に触れていない。《ロシア人が演じ、ロシア語で歌われた》ことから、これが、サンクト・ペテルブルグでの記憶に摩り替ってしまったのかもしれない。

不世出の大歌手フョードル・イヴァノヴィッチ・シャリアピンは、このとき四〇歳。頼貞は、彼の絶頂期に入り始めたときの歌声を聞いたのだ。それもあらえびす（野村胡堂の音楽評論家としての筆名）が「絶品中の絶品」と称えた「ボリス・ゴドノフ」をである。徳川頼貞は、のちにシャリアピンと親しくなるが、それはまだ先の話だ。

小泉信三ら和歌山出身者が駅に出迎え

サンクト・ペテルブルグを発った頼貞一行は、ベルリン、ケルンを経てオステンドから船でドーヴァーを渡る。そして、一九一三年九月二四日午後十時にロンドン、チャリング・クロス駅に到着。

二一日間の旅であった。駅頭には、五月に出発した鎌田栄吉をはじめロンドン駐在の日本総領事中村巍《たかし》、正金銀行（現・三菱東京UFJ銀行）ロンドン支店長巽孝之丞、慶応義塾からヨーロッパ留学を命じられた小泉信三など和歌山県出身者が出迎えた。

宿は南ケンジントンのグロスター・ロードにあるベイリーズ・ホテルが用意されていた。ここは、一六年前に父頼倫が鎌田栄吉らを連れてヨーロッパ遊学をしたとき、ロンドンの根拠地としたところである。インターネットでみると、二一二の客室を有する四つ星ホテルで、スタンダード・ルームが二万円ほど。一八七六年の開業以来、何回かの改築を経たが、ヴィクトリア朝の内装は変えていない。

翌日、鎌田に連れられてグロブナー・スクエアの日本大使館を訪問。このときの駐英大使は、井上馨の甥で、馨の養嗣子となった井上勝之助であった。

一日おいた二七日には、ヴァイオリンのミッシャ・エルマンのコンサートがあった。ロシア人のエルマンは、このとき二二歳。神童と謳われて一三歳でデビューし、ヨーロッパの楽壇に旋風を巻き起こしていた。一九二一（大正一〇）年に来日して頼貞とも親しくなる。彼については、そのときに詳しく述べよう。頼貞は、ロンドンに着いてすぐ、噂に聞いていたエルマンの演奏会があることを知り、「どうしても聴きたい」と心が急いたのだろう。小泉信三と聴きに行っている。

頼貞と小泉は、チャリング・クロス駅で初めて会ったわけではなかった。信三は、留学する前の一九一二（明治四五）年五月から九月まで頼貞の家庭教師をしていたのだ。鎌田栄吉から「時々行って何か話を聞かせるだけ」といわれ、

〈面白いからやって見ろ《ママ》と云う気になってお承けをした。では二十七日に私と一緒に行って下さいと云う事だった。

云って見れば Adam Smith と Buccleugh 公爵との干係《ママ》だ。〉

（『青年小泉信三の日記』）

と日記に書いている。経済学者アダム・スミスは、一八歳でイートン校を出たばかりのバクルーチュ公爵のチューターとしてグランド・ツアーに同行。一七六四年から三年間、ヨーロッパを旅行した。スミスは、この旅行でヴォルテールやジャン＝ジャック・ルソーなど当時の大哲学者と知り合うという貴重な体験をする。その後、公爵は、スミスのパトロンとなり、二人の交友はスミスが死ぬまで続いた。自分をアダム・スミスに擬するあたり、青年小泉信三の自負が感じられる。

小泉信三は一八八八年生まれで、頼貞と四歳違い。彼は、五月二七日に飯倉我善坊町の頼貞のすまいを訪ねた。その日の日記を引いておく。

〈二十七日（月）　徳川家若殿様にお目通りす。御邸は御本邸の裏に特にさる人の家を買い取りたるものなりと云う。

兄君は頼貞、弟君は治と呼び給う。頼貞はとにかく、治とは平民らしき名にはあらずや。兄君十九歳、弟君は三才遅《ママ》れたり。御容貌は別に平民と異なり給う所なし。共に美丈夫には非ざれども弟君は賢げにて且つ可愛らし。

鎌田先生と共に晩餐を饗せられ、十一時に至りて罷《まか》る。兄君は稍々《やや》賢明を誇り給う。観察の要を得たりげに見聞の事実を語り給う。服し難きが多し。「一つの経験を得ました」と云うが御口癖に渡らせらるると覚し。
成るべく度繁く参邸することこそ然るべけれと鎌田先生の意見にて、月水金の三日午後四時よりジェヴンス倫理学を兄上に講じ、また弟君の様々の質疑に答うべき旨定めらる。一週に三度はあまり繁し、二回にせんと考え居るなり。〉（同前）

小泉の記述から、頼貞に少年期特有の気負いと矜持がみてとれる。頭のいいことを誇るかのように、自分が観察した見聞をしたり顔に語った。だが、その意見は信三からみると、賛同するものがほとんどなかったのだ。頼貞教育のテキストにしたウィリアム・スタンレー・ジェヴォンズは、経済学者で論理学者。価値の限界効用理論を展開したことで知られる。信三は、彼の『経済学純理』の翻訳をしているところだった。

この後、小泉信三は、九月十一日にヨーロッパ留学に出発するまで、週二回頼貞と治に会っていたのである。

ケンブリッジのセルウィン・カレッジに寄寓

鎌田が日本大使館に頼貞の下宿先を相談すると、大使館近くのブルック・ストリートにあるバトラ・スマイス医師の家を紹介してくれた。ここは、それまで芳澤謙吉（のち外務大臣）、松平恒雄（のち宮内大臣、参議院議長）などたくさんの大使館関係者が世話になっている。上田は、十月一日にバトラ氏と会って、お茶を飲んだ。下宿先の主人の人物を確認したと思われる。スマイス邸に頼貞が移ったのは十月三日のことである。

その晩は、中村総領事の主催する日本人会での晩餐会。頼貞の歓迎会と鎌田の歓送会を兼ねていた。小泉信三も参加。鎌田栄吉は、頼貞の落ち着き先を確認すると、十月五日にアメリカに向けて発って行った。

スマイス家に住んで少し落ち着いた十月十九日に、頼貞はケンブリッジ出身の医者メイトランド博士の家に招かれた。博士は、頼貞の伯父で徳川本家を継いだ家達のパブリック・スクールの同級生。家達を懐かしんでの招待である。家達は一四歳の一八七七（明治十）年にイギリスに留学。五年間を過ごし、パブリック・スクールを卒業した。ケンブリッジ大学に入ろうとしたとき、明治天皇から呼び戻されたのである。

博士邸で午餐のあと、お茶を飲みながらの雑談で、音楽の話になった。頼貞の音楽好きを知ると、博士は、

「今日は日曜日だから、クイーンズ・ホールで音楽会があります。それを聞かせてあげましょう」

という。どういうことなのかと不審に思っていると、博士が客間の電話の受話器をとりあげた。電話口で二言三言話したあと、

「さあ、クイーンズ・ホールの音楽が聴こえますよ、一緒に聞きましょう」

と、頼貞に受話器を渡す。耳に当てると、みごとなオーケストラの演奏が聞こえてきたのだった。頼貞は吃驚《びっくり》した。ラジオがまだ発明されていなかったので、イギリスには音楽会だけを聞かせる電話会

社があったのだ。加入すれば、ロンドン中の音楽会を自宅で聞くことができたのである。

ところで、頼貞がイギリス留学で望んでいたのは、音楽理論や音楽学を研究することであった。ロンドンの代表的な音楽学校は、一八二二年創立のローヤル・アカデミー・オブ・ミュージック（王立音楽院）と一八八二年に開設されたローヤル・カレッジ・オブ・ミュージック（王立音楽大学）の二つ。これらは演奏家、指揮者、作曲家などプロの音楽家の養成機関だ。音楽技術の修得を主としていたので、頼貞の希望と異なる。音楽理論で著名なのは、ケンブリッジ大学であるという。

ここで音楽理論を勉強するには、音楽の基礎知識がかなり備わっていなければならない。音楽院で少なくとも一つは、技術的な課程を修了していなければ、とてもついていけないといわれている。頼貞は日本で本居長世から和声学と対位法を学んでいたが、それがケンブリッジの入学レヴェルに達しているかどうかはわからない。

「無謀な冒険かもしれないが、敢えて難しいことに挑戦したい」という意欲が湧き、大学にチャレンジすることにした。

この入学には、上田貞次郎の陰の努力もあった。上田の日記には、十月二十日から二四日まで五日間ケンブリッジに行ったことが記録されている。ここでトリニティ、エマニュエル、セルウィンなど数多くのカレッジの関係者と精力的に会っているのだ。上田も翌年の一月からケンブリッジのリサーチ・スチューデントとして滞在するので、その交渉もあったろう。だが、ほとんどは頼貞の留学先の選定と推測される。

十月三一日に、上田は頼貞を連れてロンドンからケンブリッジのセルウィン・カレッジの学長マレー博士を訪ねた。頼貞の面接だったろう。頼貞は、翌一九一四年一月十六日からマレー博士のマスタース・ロッジ（学長宿舎）に寄寓することになるのだ。

ケンブリッジに行くまでの二カ月半を、頼貞はどのように過ごしていたのだろうか。頼貞は、後述するスイス旅行ぐらいしか書き残していない。コンサートを聴き回っていたと想像されるが、仔細は不明だ。ただ、十一月九日には上田とコヴェント・ガーデンでワーグナーの「トリスタンとイゾルデ」を観たことは判っている（『上田貞次郎日記』）。また、十一月十三日には、小泉信三とデリイス・シアターのミュージカル・コメディ「マリッジ・マーケット」に出かけた。小泉は日記に「再びデリイスシヤターを見る。徳川頼貞氏のお供なり。ガーチーミラーは風邪を引いたと見えて声がスッカリつぶれていた」と記している。彼は十月三一日にこのミュージカル・コメディを観ていたのだ。

ともすれば自分の好きなことだけをしようとする頼貞に、上田はイギリスにいても、知識・教養を身につけさせようと腐心している。それで、十一月十八日からは毎週一回政治について討論することにした。さらに、ヨーロッパを理解させようと五回の特別講義も用意した。各回の内容を次に挙げておこう。

一、ヨーロッパの古代文明と近世文明との関係。
二、中世キリスト教国とマホメット教国。
三、イタリアの都市国家（ルネサンス）。

四、宗教改革。
五、植民地の発達。

どれもが大きなテーマで、かなりの知識がなければ、うまく説明できないだろう。上田は、一九一四年三月の日記に「全体余には倫理学、政治学、歴史の如きものが適当なので商業学に志したのが間違であつた。尤も学校へ入るときは商業学者になる気はない、商業家になるつもりだつた。学者になるつもりなら初めから文科大学へ行くのだつた」と書いているほどで、広い教養の持ち主だったのである。

彼の研究は国際経済学、経営学、経済史、政治思想史、経済政策、人口学、中小企業論など多方面にわたっており、しかもそれぞれの分野で開拓者的業績を残した。また、個人雑誌『企業と社会』を創刊し、

〈学者は実際を知らず、実際家は学問を知らず、政治は産業を離れ、産業は社会に背く、是実に産業革命の波濤に漂へる現代日本の悩みではないか。吾人は此混沌裡にあつて、企業より社会を望み、社会より企業を覗ひ、眼前の細事に捉はれず又空想の影を逐はず、大所高所より滔々たる時勢の潮流を凝視して、世界に於ける新日本建設の原理を探らんとする。〉

と宣言し、独自の《新自由主義》を提案した。

上田の門下生で、母校の教授についた者が上田辰之助、山中篤太郎（学長）など一〇人ほど、実業の世界では茂木啓三郎（キッコーマン社長）、正田英三郎（日清製粉社長）、森泰吉郎（森ビル社長）をはじ

め枚挙に遑ない。

つまり、上田貞次郎は優れた学者であると共に魅力的な教育者でもあったのである。

勉強熱心な頼貞に上田は半信半疑

イギリスは十一月頃から天気が悪くなり、晴天の日がほとんどなくなる。初めてロンドンの冬を迎えた頼貞は、曇天の続く陰鬱な天候に、青空が恋しくなっていた。そんなときに、日本で知り合ったドイツの外交官夫人ル・スウィール男爵夫人から、手紙が届いた。いまスイスのローザンヌにいるから、遊びに来ないかというのである。教育係の上田としては、スイス旅行で気分を変え、リフレッシュしてケンブリッジの生活に臨ませようという判断があったのではないか。徳川頼貞は上田と共にスイス旅行に出かけることになった。

一九一四年一月二日の午後二時にロンドンを出発。パリは夜中に通過した。「ヴァロルプ、ヴァロルプ」という駅員の声で目をさますと、列車はすでにスイスとフランスの国境である。窓外は一面の銀世界だ。

「いままで噂に聞いて憧れていたスイスだ。その景色が、目の前に広がっている！」

頼貞は、感激して、窓の外を飛び去る風景をひたすら眺めていた。午前十時四八分、汽車はローザンヌ駅のプラットフォームに到着。男爵夫人の一人娘Jが迎えに来てくれていた。彼女の案内でソリに乗ってホテルへ。そこは、小ぢんまりして、静かで落ち着いたイギリスでいうファミリーホテルであった。

ホテルの南には、広大なレマン湖が横たわり、その先に温泉地で有名なフランスのエヴィアンの町が見える。夜になると、その町の燈火がきらめいて、実に美しい。また、夕方にはエヴィアンの後方に聳えるサヴォアの山々が夕陽に映え、次第に紫色に変わってゆく壮麗な景色が楽しめる。「これがスイスなのか」と頼貞は、しばし感慨にふけったのだった。

ローザンヌ見物だけでなく近隣の村やモントルーまで足を伸ばし、冬のスイスを満喫。頼貞は、一月十一日ロンドンに帰着した。

上田貞次郎は、スイス旅行から戻って、すぐ精力的に動き回る。三日後の一月十四日に自らがケンブリッジに引越し。その二日後には、頼貞をマレー博士の家に住まわせた。家主の博士は、セルウィン・カレッジの学長で、ビショップ（僧正）でもある。人柄は柔和でノーブル。博士夫人は、ドイツでピアノを専攻した音楽家であった。

頼貞がケンブリッジで授業を受けるには、最低限ピアノが弾けなくてはならない。それで、エマニュエル・カレッジのエドワード・ネーラー博士に師事することになった。博士は、ヨーク大聖堂のオルガニストとして名高いジョン・ネーラーの息子である。エマニュエル・カレッジから奨学金を得て、ローヤル・カレッジ・オブ・ミュージックに学ぶ。卒業後、ロンドンの教会でオルガニストとして働いたのち、ケンブリッジに戻り、一八九七年には、ケンブリッジ大学から音楽博士の学位を得ている。博士は作曲家としても名高く、歌劇「アンジェラス」は、リコルディ賞を獲得し、コヴェント・ガーデンで上演されている。

ちなみに、ヨーク大聖堂は、ヨーク・ミンスターと呼ばれ、北ヨーロッパではケルン大聖堂と並ぶ最大級のゴシック建築の聖堂である。一二二〇年に建築が始まり一四七二年に完成。イングランド国教会では、カンタベリー大主教に次ぐ高位聖職者のヨーク大主教が管理する、ヨーク主教座が置かれている。

ある日頼貞は、マレー博士に伴われてネーラー博士の試験を受けに行った。博士は、頼貞を書斎に通して、音楽の基礎知識をいくつか質問したのち「あなたが話している声のトーンは、なんですか」と訊く。なんとか応えると、「あのチャイムが聴こえますか。音階をいってください」と、廊下を隔てて次室から聞こえるチャイムの音を題材にする。それから、ピアノの実技だ。

「この曲を弾いてください」と渡された楽譜は、頼貞が初めて見る曲。あとで判ったのだが、ハンガリー生まれのフランスのピアニスト・作曲家シュテファン・ヘラー（一八一三〜八八）の「白夜」のなかの「コンソレーション」であった。弾き終えると、移調して弾けとの指示。

終わると、頼貞を部屋の隅に連れて行き、机の前に座らせる。五線紙と鉛筆を渡して、

「これから私がピアノで弾く曲を書き取ってください」

という。曲を書き取ると、それを博士の指定する調子に移調するようにいわれた。これで、試験は終了である。

なんとか合格をもらい、頼貞はネーラー博士からピアノと和声学を学ぶことになった。

以下、頼貞の教師と専攻科目を列挙する。
チャーレス・ウッド博士（キース・カレッジ）――対位法、フーガ、フィギアド・ベイス
サー・ヴィクター・スタンフォード（音楽部長）――作曲
ルーサム博士（大学音楽協会の管弦楽指揮者）――管弦楽法、楽器編成法、音楽形式学、音楽解剖学
デント博士（モーツアルト研究家）――音楽史
キャプスティック教授（トリニティ・カレッジ）――音響学
これらの教師と科目から、熱心に音楽の勉強に勤しんでいる頼貞の姿が想像される。しかし、上田貞次郎は日本で学校を休んでばかりいた頼貞の豹変振りに半信半疑でいた。
二月のある日、頼貞が上田を訪ねてきた。いつになく真剣な顔をして、ケンブリッジで音楽の学位を取得したいという。いつもの気まぐれだと、上田は取り合わなかった。ところが、会うたびに学位取得の希望を述べる。それで、
「頼貞様。ケンブリッジのレヴェルは高いですから、よっぽど頑張らないと予備試験も受かりませんよ。その覚悟はおありなのですね」
と念を押すと、
「覚悟のうえのことです」
と応えた。その後、何度か確認したが、決意が固い。それで、留学期間も長くなるし、音楽を専門にするというのでは、徳川家も気に入らないかもしれないが、そのときは説得しようと上田は決意した

のだった。

〈尤も頼貞君が果してやり通すか否かは疑問なれども、仮りに中途にて止めるとしても其時までに英語、数学、漢学を真面目に勉強すれば夫丈の利徳あり。

留学期の一二年長くなることは心配の種子ならんも、今の状態にては健康上も品行上も危険の徴更になし。又音楽を専門にすることも反対すべき正当の理由なしと思ふ。〉

と上田は、一九一四年三月四日の日記に書き記している。このとき、上田貞次郎は怠惰な生徒だと思っていた頼貞の勉学の意欲を信頼する気持になっていたのだ。

「ラ・ボエーム」、「パルジファル」、「マドンナの宝石」

かくして、徳川頼貞のケンブリッジ生活がスタートする。ちょうど同じ頃からロンドンの音楽シーズンがはじまったが、行きたい気持を抑えて勉学に励んだ。

〈……欧洲大戦前の、所謂十九世紀欧洲文明の華やかな頃であるから、独逸、伊太利のオペラはもとより、全世界の優れた音楽家はこの倫敦の楽季《シーズン》のために集まり、幾多の新人も此処からデビューするといふわけで、その頃の倫敦の楽壇はまことに殷賑の極みを尽してゐた。（中略）然し、一方ケンブリッジに在つて勉強しなければならなかつた私は、この素晴らしいプログラムも新聞の上で見るだけであつた。ヴェルディの歌劇「アイーダ」やカルーソーの出演する「リゴレット」などは、日本にゐた時から蓄音機を通じて声や歌ひ廻しまで親しんでいたので、是非とも見たいと思つたが、どうしてもケンブリッジを離れることが出来ず、いづれその中には見られるであらうと自ら慰めてゐるより仕方がなかつた。〉

（『薈庭楽話』）

このシーズン中で頼貞が、唯一見ることができたのは、コヴェント・ガーデンでのプッチーニ作の「ラ・ボエーム」である。主役ルドルフにジョヴァンニ・マルティネリ（テナー）が扮し、ミミ役はネリー・メルバ（ソプラノ）が受け持った。頼貞にとって初めての「ラ・ボエーム」体験であったが、非常に深い感銘を受けている。特に、マルティネリとメルバが歌った「愛の二重唱」は、絶品。生涯忘れられないものとなった。

頼貞が、ケンブリッジに慣れた六月、コヴェント・ガーデンでワーグナーの「パルジファル」が上演されることになり、ロンドンの音楽好きの間に大きな話題となっていた。というのは、この曲はワーグナーが、彼の創設したバイロイトの劇場以外では演じないよう指示していたからだ。ところが、この年がワーグナーの没後三〇年で、作曲家の著作権が消滅。自由に演奏できるようになったのである。「パルジファル」は、ワーグナーの最後の作品。彼の芸術の集大成といわれる。幸い夏休みに入るので、頼貞は、どうしても観ておきたいと、入場券を購入した。切符には、開演が午後四時で途中に一時間半の休憩があるとある。ロンドンの初夏の四時は、まだ陽射しが強い。八時過ぎくらいまで明るいのだ。それなのに燕尾服に絹の帽子と夜会服姿。「気分がしっくりしないね」と、英国の友人と話しながら出かけた。ところがピカデリー・サーカス付近で自動車の大渋滞に巻き込まれてしまう。みなコヴェント・ガーデンに集まる人たちの車だという。頼貞は、「パルジファル」の人気もさることなから、ロンドンっ子の音楽好きにも感心したのである。

第一幕が終わると、劇場にはレストランがないので、そとに夕食を食べにでかける。第二幕は九時頃始まり、第三幕が終わって家路に着いたのは午前一時に近かった。

「パルジファル」を観てからしばらく経った六月二一日に、頼貞は、上田と共にパリに出かける。夏休みの小旅行である。宿はフランスに住むル・スウィール男爵夫人の紹介でパルク・トリオンフ近くのパンシオン・ガリレーにとった。「パンシオン」とは「ペンション」。つまり食事つきの下宿で、ここはフランスの上流の人々が田舎から上京して泊まるところだそうだ。二二日には、ブーローニュの森やエッフェル塔を見物。二三日に日本大使館に挨拶に行くと、翌日は大使がディナーに招いてくれた。

パリの夏は暑かった。頼貞は近郊のヴェルサイユやサン・ジェルンマン・アン・レーを訪ねたほかは、パリの市内見物程度。期待したオペラも夏なので一日置きぐらいしかない。六月二五日にグルック（一七一四〜八七）の「アルチェステ」を観た。オペラの改革者として知られるグルックの代表作だが、頼貞の感想はない。それよりも七月一日に観た未知の作曲家ヴォルフ＝フェラーリ（一八七六〜一九四八）のオペラ「マドンナの宝石」を知ったことは収穫だった。この曲は一九一一年の十二月にベルリンで初演されたばかりだから、頼貞はまだ知らなかったのだろう。作者はヴォルフ＝フェラーリの名前が示すように、ドイツ人の父とイタリア人の母の間に生まれたハーフ。

頼貞は「混血児から屢々天才が出るやうに、フェラリもまた非凡な作家であつた」といい、曲を「作者自身が混血児であるやうに、この音楽も独逸と伊太利との混血児であつた。その調和の自然な美しさは、作者ウォルフ・フェラリによつてこそ始めて成功し得たものだと云はれてゐるがその通りであらう」(『薔庭楽話』)と評している。

パリ滞在中の六月二八日にサラエヴォでセルビアの青年がオーストリア皇太子夫妻を暗殺して第一次世界大戦の引き金となる。だが、上田も頼貞もこのことについては触れていない。

ドイツから避難してきた日本人

頼貞と上田は、七月五日にロンドンに戻る。

イギリスの外相グレーによる戦争回避の努力も空しく、一九一四年七月二八日オーストリア＝ハンガリー帝国が、セルビアと開戦。第一次世界大戦の火蓋が切って落とされた。ドイツが八月一日にロシア、三日にフランス、四日にはベルギーに宣戦布告すると、同日夜半にイギリスがドイツに宣戦。戦局が一気に動く。

前年の十一月からベルリンに留学していた小泉信三は、八月十五日に澤木四方吉《よもきち》(梢、美術評論家)、三邊《さんべ》金蔵(会計学者)ら慶応義塾の同僚とオランダ経由でロンドンに避難してきた。

ほかにもドイツからたくさんの日本人がイギリスに逃げてくる。学習院の関係者では、私費留学してベルリンの日本大使館に籍を置いていた侯爵前田利為《としなり》陸軍中尉や、鍋島直大《なおひろ》侯爵の息子で海軍中尉の鍋島直次郎、『白樺』の創立同人郡虎彦らがいた。

頼貞は、日本大使館付海軍武官安保清種《あぼきよかず》大佐（のち大将）から、スマイス邸に鍋島を同居させてくれと頼まれている。夏休み期間は、ケンブリッジを離れ、ロンドンのスマイス邸に住んでいたようだ。

加賀百万石の当主前田利為は、ロンドンに住まずに、地方で生活しようと考えた。彼は、ドイツに留学していたので英語は得意ではない。陸軍大学を三番（一番が梅津美治郎、二番が永田鉄山）で卒業し、秀才の誉れ高い前田は、幼い頃から国際交流に貢献したいという希望を持っていた。そこで、この機会に、田舎の良家の家庭に入って、じっくり英語を学ぼうと、下宿先募集の広告を新聞に出す。「日本の侯爵《マーキス》」の肩書きが功を奏し、応募の手紙が殺到。そのなかから一番良さそうなところを選んだ。

頼貞によれば、「そこは、イングリッシュ・リヴィエラと称せられる、日本の熱海と鎌倉とを混ぜたような、英国としては温い地方」で「有名なボーンマスからほど遠からぬクライスト・チャーチという村に住んでいる未亡人の家であった」。前田は七年先輩だが、頼貞とは仲が良かったので、誘われて遊びに行く。前田の部屋は「ヴェランダからは、松林を通して遥かにアィルス・オブ・ホワイト島が遠望され、夜になるとその島の灯台の灯が点滅するのがみられて、風光絶佳であった」（『頼貞随想』）。

郡虎彦とは、十月初めの小春日和の午後に偶然出会う。頼貞が、ロンドンのボンド・ストリートからオックフォード・ストリートを散歩しているときである。郡は東京帝国大学英文科を一九一三年に中退して、その年の八月に渡欧。パリを経てミュンヘンで生活していたが、戦争でロンドンにやってきたのだ。郡は、頼貞に会うなり、

「きみ、十月五日（?　八ページ後に十月二十日とも書いている。『薈庭楽話』）にアルバート・ホールで英

国赤十字社主催の慈善音楽会があるよ。あのマダム・パティが出演するから聴きに行かないか」と誘う。郡は頼貞の二歳年長。白樺派のなかでいちばん早く作品を認められたので、自分の才能に恃むところがあり、横柄な話し方をする。頼貞の学習院中等科時代、音楽好きの学生の間で、パティは声楽の神様のように敬愛されていた。そのレコードを頼貞は持っていて、友人たちと何度も何度も聴いたものだった。郡から《あのマダム・パティ》といわれて、頼貞は、親友図師尚武の手紙を思い出した。一九〇七年三月、パティのレコードを借りた図師が、感謝の手紙を送ってきたのだ。

〈昨夜はレコードを持つて、武者小路（実篤）君の所へ行き、其処であの美しい調べを聴くことが出来た。今朝、郡（虎彦）さんを訪問したので、そのことを言ふと、是非聴きたいとのこと。今日は郡さんが僕の家に来てゐた。永井荷風さんがパティを聴きたがつてゐるといふので、電話をかけたら生憎病気で寝てゐるので駄目であつた。兎に角、パティと云へば大したものだ。全くあのチャーミングな甘つたるい声を聴けば誰だつてたまらない。君は実に結構なお宝を持つてゐる。それを平気で僕に貸して呉れたことを感謝する。実に芸術は我々にあつては無くてはかなはぬものである。〉

七〇〇〇人を収容する大ホール、ローヤル・アルバート・ホールは、定刻になると満員となった。演奏会はランドン・ロナルドの指揮するロンドン交響楽団の管弦楽から始まる。赤十字の慈善音楽会なので、パティのほかにメルバなど大勢の著名音楽家が登場。三浦環がヨーロッパでデビューしたのもこのときだ。

三浦は一九一四年、念願のヨーロッパ留学が実現し、五月十日に横浜港から夫・政太郎とドイツに旅立つ。ところが、第一次世界大戦が勃発し、イギリスに避難。そこで、イギリスの誇る指揮者、サー・ヘンリー・ウッドのテストを受けてこの音楽会に抜擢されたのである。

メルバは、彼女の得意なスコットランド民謡「カミング・スルー・ザ・ライ」を披露。三浦は、ヴェルディの歌劇「リゴレット」の「カーロ・ノーメ」を歌い、アンコールには日本民謡「サクラ・サクラ」を選んだ。

三浦は、この大音楽会に出演した初の日本人声楽家として評判となり、ロンドンの社交界から招待されるようになった。この頃、頼貞はマーブル・アーチの北、ケンブリッジ・テラスに住む三浦環を訪ねている。ここには寺内寿一(のち陸軍大将)や大阪商船の村田省蔵なども住んでいた。頼貞は、後年フィリピン占領中、村田と仕事をすることになる。翌一五年、三浦はロンドンのローヤル・オペラ・ハウスで演じられるプッチーニの歌劇「マダム・バタフライ」の主役蝶々さんを演じて、華々しくプリマドンナとしてデビューするのである。

で、問題のパティだが、指揮者のロナルドに手をとられて舞台に現れたとき、頼貞は思わず胸を突かれた。「痛々しい!」と。このときパティは七一歳。あまりにも歳をとり過ぎているように見えた。モーツアルトの歌劇「フィガロの結婚」のなかのアリアを歌ったが、全盛時の声を知っている者には、じつに淋しい。頼貞は、

「あの甘美な私たちを魅了した声は、どこへいってしまったのだろう? ずいぶん古びて、艶のな

い声になってしまったな」

と感じた。しかし、すぐにこのネガティヴな発想を振り払う。

「そんなことより、いま眼の前に、長い間憧れていた、世界的な大声楽家がいる。彼女の歌をじかに聴くことができたことが、なによりも幸せなのだ」

と。郡も同じ気持で聴いていたようだ。

一世を風靡したソプラノ歌手アデリーナ・パティが世を去ったのは、このときから五年後の一九一九年九月二七日。彼女の最後の舞台は、この日のローヤル・アルバート・ホールであったのだ。

上田貞次郎、頼貞を小泉に託して帰国

小泉信三が戦禍を避けてロンドンに移ってきたのは、上田貞次郎にとってグッドタイミングであった。というのは、前年の十月の段階で小泉に、「自分は学校から二年間の暇を貰って来ているのだが、頼貞《ライテイ》さんは三年いるはずだからあとの一年間」を代わってくれないかと打診していたのだ（『青年小泉信三の日記』一九一三年十月三十日）。

これに関し、小泉は即答を避けて曖昧に返事をしていた。だが、ベルリンからの一九一四年四月六日付の上田貞次郎宛の手紙で、慶応義塾は「明後年三月までに帰朝せん事を希望」しているが、頼貞様が「三年間の御留学との事なれば、先づ大凡明後年秋御帰朝相成ものと承知して」、学校に「明後年八月上旬に帰朝して九月早々授業を開始」することで内諾を得たと連絡していた。

小泉家は代々和歌山藩の下級武士で、信三の曾祖父は鉄砲の腕を認められ低い身分にもかかわらず殿様の野歩きのお供をしていた。父の信吉は学問で認められ、藩の留学生として一八六七（慶応三）年江戸に出る。福沢諭吉の門下生となり、後に慶応義塾の塾長となった。頼貞留学時の慶応の塾長は鎌田栄吉で、鎌田は頼貞の父頼倫の相談役であったから、慶応から将来を嘱望されて留学している旧藩士の息子小泉信三は、上田が安心して頼貞の教育を任せられる人間だったろう。それに、短期間とはいえ、信三は頼貞を教えていたのだから。

上田貞次郎は、八月末に学校の友人から、校内でいろいろ問題があるので、上田を急遽呼び返すことになるだろうという手紙をもらっていた。果たして、九月二三日に学校から電報で帰朝を促してきたので、小泉のイギリス避難によって頼貞を予定よりも早く引き渡し、上田は後顧の憂いなく帰国することができるようになったのである。

一九一四年の秋、小泉はケンブリッジで出発前の上田と同じ下宿に滞在した。

〈……幾日位同じ屋根の下に住んだのであったか、今、日記をくり返して見てもはっきりしないが、よく一緒にケムブリッジの町を繞って流れるケム川でカヌウを漕いだり、自転車を田野の間に乗り廻したり、夜はまた食後安楽椅子に倚って戦争問題や社会問題を談論したのは忘れ難い記憶になっている。秋はまだ左ほど深くはなかった筈であるが、煖炉に火を入れて話した記憶もある。（中略）校庭の美しいキングスカレッジに、政治学者ロウス・デイッキンソンを一緒に訪問したこともある。今有名な経済学者ケインズは、当時はまだ白面の少壮学者で「エコノミック・ジャアナル」の編輯をやってゐた。私は学生としてその講義を聴きに行ったが、同年輩の上田氏は、時々訪問して話して来たようであった。〉（小泉信三『師・友・書籍』）

上田は四つ下のジョン・メイナード・ケインズとは話が合ったようで、晩餐を共にしている。

小泉が上田と同居を始めた時期は、彼が姉とその夫松本烝治（商法学者、政治家）に宛てた十一月八日付のケンブリッジからの次の手紙で推測できる。

〈三週間前から当地に来ました。徳川様の若殿様の監督（？）を頼まれたのです。景色がよくって、静かなのが何よりです。毎日〳〵天気が好いと自転車で麦畑の間を乗り廻して居ります。つたの紅葉が何とも云へず綺麗です。

日本人がドイツから追出されて来たと云ふので特別の取扱で入学金を払はずに講義を聴き、図書館を利用する事を許されました。白耳義《ベルギ》からの避難民が大勢来ました。〉

十一月八日の「三週間前」というと十月十八日である。正確にこの日でなくても、小泉は十月十八日前後にケンブリッジで生活するようになったのだろう。上田が「安全と愉快と時間とを秤にかけて」（『上田貞次郎日記』）シベリア・ルートで帰国することを十月十日に決めているのも傍証になるだろう。

上田貞次郎は、十一月十四日にロンドンを発ち、海路ベルゲン、ストックホルムを経て、シベリア鉄道に乗車。十二月二四日に新築の東京駅に着いた。一カ月と一〇日の長旅になったが、当時ロンドンに滞在していた喜劇役者の曾我廼家《そがのや》五郎と一緒だったので、愉快な旅になったという。

徳川頼貞の監督を上田貞次郎と交代した小泉信三は歳が近いだけに、頼貞は信三を兄のように遇していたようだ。小泉信三と徳川頼貞のケンブリッジ生活は次章で語ろう。

三　小泉信三とのケンブリッジ生活

一九一四年の十月に小泉信三は、イギリス留学中の徳川頼貞の教育係を、上田貞次郎から引き継いだ。後世のわれわれからみると、頼貞は二人の偉大な経済学者に教育されたことになる。しかし、これからみていくように彼の経済感覚は、ほとんどゼロに等しかったといっていいだろう。いや、意識して、徳川家の財産を蕩尽したようにもみえる。これに関する究明も、この本のテーマの一つだが、まだずっと先のことになる。いまは若き頼貞の留学生活をみていこう。

テキストはベルクソンとニーチェ

日本に戻った上田貞次郎に、小泉が頼貞の近況を報告した最初の手紙は、一四年十二月十二日付のものである。頼貞に関する部分を引いてみよう。

〈頼貞さんは益々御壮健で、之が何より有難く思はれます。来学期からは正式に入学はせずに大学音楽科の講義を聴き度いと申出られました。直ちに賛成しました。二人で読み始めたベルグソンの「夢」は明日で読了する筈になつて居ります。かう云ふ本は僕自身読んだ事がないので非常に面白く感じて居ります。頼貞さんは試みに其梗概を書かれる筈になつて居ります。

冬の休みには頼貞さんの御請求により西班牙へ旅行する事にきめました。大使館とクックとへ問合せましたが、旅行には一向危険なしと云ふ答なので取りきめた訳です。路筋はリヴプールからリスボンに渡り、セギル、グラナダ、マドリッド及びサンセバスチヤンを経て倫敦に帰る予定です。全く未知の境で、少し心細いところから山東君にも一緒に行つて貰ふ事にしました。

西班牙は色々の点に於て僕の興味を刺戟します。欧羅巴の野蛮国だと云ふ一点に最も心がひかれます。其野蛮が露西亜や独乙のやうに未開不洗錬の野蛮ではなくて腐朽した野蛮だと云ふ点を面白く思ひます。又西班牙ほど沢山殖民地を持つて居て衰微した国も珍しいと思ひます。或意味に於いては植民地を沢山持つて居た為めに衰微したとも云へませう。日本などでは想像の付かない事で、之れもひどく僕の好奇心を刺戟して居ます。

出発は多分今月十九日になる事と思ます。何れ旅先から御通信致ます。〉

ここには頼貞に関する情報が三つ書かれている。その一つは、「来学期からは正式に入学はせずに大学音楽科の講義を聴き度いと申出」たこと。

この年の二月初めに頼貞は、上田にケンブリッジで音楽の学位を取得したい意向を語った。その希望が強いと判断した上田は、徳川家に伝える。そして、鎌田栄吉から、大学に正式に入学して帰国が遅れても差し支えないという返事をもらっていたのである。ところが、どういう理由か判らないが、上田の九月末の日記には「頼貞君の入学希望は中止になった」と記されている。それの、再確認の手紙であった。

二つ目は、小泉が、ベルクソンの「夢」を頼貞のテキストとして使って教えていること。

小泉信三は頼貞に接する根本原則を、一五年一月二十日の上田宛手紙で「他人の製作品を尊重する態度と云ふ一語を以て尽きるだらうと思はれます。私は他人のアルバイトを継続し、之をスポイルせざらん事をのみ念頭に置いて居るのだと云つても可からうかと思はれます」と書き送っている。つまり、自分は頼貞の臨時の監督係だから上田の教育方針を尊重し、常にそれを念頭に置いて頼貞に接しているのだという。

小泉が頼貞に適当なテキストを選び講義をするのも、上田の方針を踏襲したものといえよう。上田宛の手紙から頼貞に使用したテキストのうち三つが分っている。一つはこのベルクソンの「夢」。二つ目は「ニーチェ対ワーグナー論争」、三つ目は「タイムス」である。

当時日本ではベルクソンやオイケンが流行していた。西田幾多郎は、一四（大正三）年に出版されたベルクソン『物質と記憶』（高橋里美訳）の序文で「オイケン、ベルグソンといへば今更に紹介の要なきまでに、我国に喧伝せられては居るが、自分でこの両哲学者の著書を読んで、之を味つた人は幾人あるであらうか」と書いている。

また、この年の十一月二五日に学習院で講演した夏目漱石は、

〈……近頃流行るベルグソンでもオイケンでもみんな向ふの人が兎や角いふので日本人も其尻馬に乗つて騒ぐのです。（中略）其評の当否は丸で考へずに、自分の腑に落ちやうが落ちまいが、無暗に其評を触れ散らかすのです。つまり鵜呑と云つてもよし、又機械的の知識と云つてもよし、到底わが所有とも血とも肉とも云はれない、余所々々しいものを我物顔に喋舌つて歩くのです。〉

（「私の個人主義」）

と西田と同じ指摘をしている。外国の新思想の皮相な受容の仕方は、今も昔も変わらないようだ。

小泉信三は、ベルリン留学中にフランスで、思想界どころか社交界でも持てはやされているベルクソンの評判を聞いていた。それで、一四年の春休み、パリにいた上田に「ベルグソンの講義なるもの御聴問なされ候や。全講義は交際界の名物となり、elegante Welt〔World〕の婦人の傍聴するもの太だ多く、ベルグソンはパーフュームの香り高きには閉口なりと講堂にて不平をこぼせしとか。当地新聞の文芸便りに見へ《ママ》候」と書き送っている。このとき、頼貞は、南デヴォンシャーに遊びに行っていた。ここには、ケンブリッジ、コーパス・クリスティ・カレッジの建築家ライアンの別荘があり、そこに招かれたのだ。その間、上田はパリに遊び、ベルリンの小泉に手紙を出す。その返信であった。このときから小泉は、ベルクソンに興味を抱いていたので、選んだのだろう。のちに『精神のエネルギー』に収められる「夢」を、頼貞と一緒に読み、その梗概を書かせている。テキストは当然、フランス語と思われる。だが、頼貞は『薈庭楽話《わいていがくわ》』に、フランス語が分らないのでフランス人の音楽家と会うと

きには、フランス語の出来る人を同席させたと書いているから、英語で読んだのかもしれない。

もう一つのテキスト「ニーチェ対ワーグナー論争」は、頼貞の音楽好きに合わせたのだろう。これは、ニーチェの著作『ニーチェ対ワーグナー』のことだろうか。この本を頼貞が訳して、小泉がチェックしている。これは、もちろんドイツ語だろう。

日本で初めてニーチェが紹介されたのは、彼が死去した年の一九〇〇（明治三三）年。登張竹風が雑誌『帝国文学』に書いた「独逸の輓近文学を論ず」のなかである。その二年後には登張の『ニーチェと二詩人』が出版された。続いて高山樗牛がニーチェを持ち上げ、ニーチェ流の超人主義が話題になる。この頃のことを、西田幾多郎は前記の文章に続いて「嘗て我国にニーチェが伝へられた時、その名の嘖々たることは今のオイケン、ベルグソンに譲らなかつた。併し「ツァラトウストラ如是説」をその当時読んだ人は幾人あつたであらうか」と書いた。一一（明治四四）年に生田長江が『ツァラトゥストラ』を翻訳し、一三（大正二）年には二四歳の和辻哲郎が『ニイチェ研究』を出版。この後、生田長江訳で一六（大正五）年から『ニーチェ全集』が出るので、第二次ニーチェ・ブームになりかけていたときであった。

最後のテキスト『タイムス』は、イギリスの高級紙。この社説を一週間に三回翻訳して小泉に聞かせるという作業であった。英語だから、簡単なようだが、高級紙独特の言葉遣いもあり、「易しいようで中々六ケしいのです」（一九一五年五月十八日）と小泉は上田に書き送っている。

一カ月のポルトガル・スペイン旅行

小泉信三が上田に送った手紙の三つ目の情報は、冬休みを利用しての約一カ月にわたるポルトガル・スペイン旅行であった。第一次世界大戦中だったが、戦火はスペインまで及ばず、駐英日本大使館も旅行社のクックも「旅行には一向危険なし」というので決行する。

期間は、一九一四年十二月十九日から、翌年の一月十六日まで。一行は頼貞と小泉に山東誠三郎の三人。山東は、一八八八年生れで小泉と同じ歳。慶応義塾理財科を出て、頼貞に従ってイギリスに渡り、ロンドン大学で政治経済学を研究していた。

十二月十九日にリヴァプールを出航し、二五日にリスボン到着。小泉信三は、船酔いに悩まされ、姉千と義兄松本烝治に宛てた絵葉書に「リヴプールからリスボンまでの途中レショーの港へ立寄ると運好く非常な暴風雨になりました。明日出帆の筈ですが吾々は上陸して汽車でリスボンへ行くつもりです」（十二月二二日）と書いた。

「運好く非常な暴風雨」というのは、不思議な表現だが、これは船酔いに苦しんでいたためのようだ。小泉は暴風雨を理由に「レショーから汽車で行こう」と提案したのだろう。ところが、希望はかなえられず、船旅は続き、リスボンに着く。ちなみに、レショーは、ポートワインの積出港ポルトから北へ五キロほどの港で、ポルトの地域に含まれる。

この葉書には頼貞と山東も言葉を添えているので、それを紹介しておく。

〈　信三さんと楽しい愉快な旅行をして居ります。

オポルトにて　徳川頼貞　拝

一昨年慶応にて商法のご教授を受けました。

山東誠三郎より　〉

「信三さんと楽しい愉快な旅行をして居ります」という頼貞のことばは、小泉の船酔いに対するからかいを含んでいるのだろうか。

ケンブリッジでは、毎日霧に閉じ込められていたのに、リスボンはバラの花が咲きこぼれ、椰子や芭蕉やユーカリが青々と繁茂している。今日はクリスマスなのだが、とてもそんな気はしない。暖かく、初春のような気候だ。夜もいい月夜だった。街の辻々には屋台が出て、レモンや焼栗を売っていて、東京の縁日の晩を思い出させる。

リスボンの町は、地勢の変化が激しく、街角を一つ曲がるごとに、急坂や谷が突然現れる。これがじつに楽しい。三人は人通りの少ない薄暗い小路ばかりを選んで歩いた。そこを抜けると急に新しい未知の世界が眼の前に開けるのだ。むやみに興奮して町角を曲がって歩く。歩き疲れた一行は、カフェに入り、往来に面した敷石の上に椅子を持ち出して、ブラジル産のコーヒーを味わいながら道行く人を眺めて過ごしたのだった。

リスボン滞在中の一日、西に三〇キロ離れたシントラを訪ねた。ここには一五世紀から二〇世紀初頭までポルトガル王家が使った夏の離宮がある。ポルトガルでは四年前の一九一〇年十月五日に共和制が宣言されたが、離宮にある皇太后と国王の居間は革命の起こった一〇年の夏のまま。当時の雑誌や新聞が残されている。

この旅行については、小泉信三の文章（「スペインの旅」）と手紙しか資料がみつからない。リスボンの様子は具体的に書かれているが、他の場所に関しては、その地の歴史記述や感想が多い。具体的な行動は市内見物をしたことが分る程度で、一行の動きが見えてこない。それで、以下は旅程と簡単なコメントを記すだけにとどめる。

リスボンに三日宿泊して、汽車でセヴィリアに入る。ホテルの中庭に椰子、竹、芭蕉などが繁っているのを見て南国の別荘に来たようだと喜んだ。また、スペイン人の男女に美男美女が多いのに驚いている。アルカサールを見学し、迷路の多いセヴィリアの町を気に入った。小泉は町外れの製陶所で皿を二、三枚買う。三日間滞在。

セヴィリアから汽車で十二月三一日の深夜グラナダへ。ジプシーの踊りを見る。アルハンブラ宮殿見学。「山国人の常としてグラナダの市民は皆意気地なくいじけている。外套を着ずに襟巻をぐるぐる捲き付け、手袋をはめない手を寒そうにポケットに突込んで愚図愚図しているのである」（「スペインの旅」）。

グラナダからマドリッドへ。「若い美服の陸軍士官と乞食とが多い」（同前）。プラド美術館見学。小泉はゴヤの絵に惹かれる。

ところで、『青年小泉信三の日記』の略年譜に「マドリードに赴き、堀口大學に再会」と書かれている。私は、いまのところマドリードで小泉と堀口が会った記述を、これ以外に発見していない。慶応義塾の予科に一〇カ月ほど学んだ堀口は佐藤春夫と親友となり、よくつるんで歩いていた。この様子は、小泉の全集に二度ほど出てくる。しかし、四歳下の大學と親しかったことは書かれていない。だが、大學は小泉の親友・水上瀧太郎を「敬愛し、慕わしく思いつづけていた友」(「わが半生の記」)と呼んでいる。水上は、大學より四歳ほど年長だが、卒業後も文科の講義を聞きに来て、声をかけてもらってから、「急に友情に親密の度が加わった」(同前)という。堀口が外交官の父の任地メキシコに行くと、水上はハーヴァード大学に留学し、北米とメキシコとで「しげしげと文通が交わされ」、「友情は急速に進歩」(同前)する。ところが、ある日、雑誌『スバル』に水上が、「堀口大學に」と題する批判的な短歌を二〇首寄稿。それを読んで大學は、水上に絶交状を送ったのだった。「その後一年ほどして私がスペインに移り、水上さんが英国のケンブリッジへ移って来られてから、一度年賀の絵ハガキが来ましたが、それには私から返事を出しませんでした」(同前)という。水上がロンドンに着いたのは、一四年十月だから、スペイン旅行に行く小泉に「マドリードで堀口大學に会って、彼の様子を見てきてほしい」といったとも考えられる。だが、一月四日付の小泉から水上に宛てた絵葉書には、プラドに行ったことしか書かれていない。大學と会う前の葉書だったのだろうか。

話を、旅程に戻す。マドリッドから一月九日にサン・セバスチャンへ。当初の予定は、ビルバオへ出て、船でイギリスへ帰るつもりだったが、戦争で便がなくなっている。十三日午後三時サン・セバスチャンを列車で発ち、午後十時にボルドー着。泊らずに翌朝早くパリ到着。一泊してブーローニュ

＝シュール＝メールからフォークストンへ渡り、一月十六日夜、ロンドンのヴィクトリア・ステーションに到る。「ロンドンはツェッペリンに備えるため燈を滅し、声をひそめて長き夜の速かに暁とならんことを祈っていた」（「スペインの旅」）。

ロンドンは、この三日後の一月十九日にドイツの飛行船ツェッペリンによって初めて空襲を受けるのである。

頼貞も参加した巽家のアアベント

この旅行で頼貞と信三は、いろいろと話し合える仲になった。旅行直後の一月二十日に小泉は上田にこう報告する。

〈此旅行に依て益々腹蔵なく頼貞さんの御話をきゝ、又僕の意見を述べる機会を得たのは、非常に幸福です。頼貞さんが人の言を喜んで聴く美性を具へて居られる事は敬服の至りだと思つて居ります。固より私は忠告ケましい事を嫌ひ、又口でシヤベル忠告と云ふものゝ少しも利き目がないものだと云ふ事を自分の経験に徴して知つて居りますから、頼貞さんに対しても「人は知らず、自分の意見はかうだ」と云ふ以上に積極的の態度は取らないつもりで居ります。それにも拘らず頼貞さんが価値以上に僕の言葉を顧慮されるのは屢々赤面の種であり、又喜びの種であります。〉

この手紙では、頼貞が親の決めた結婚に反抗し、婚約者の「自分に対する無了解」をこぼしていたことも記されている。婚約相手は公爵島津忠義の娘為子《ためこ》。頼貞と五つ違いで、このときまだ一七歳。

西洋音楽に熱を上げる頼貞のことが理解できなかったのだろう。

しかし、頼貞は結婚には反抗しているが、この相手と結婚しなければならないことは解っていた。

そこで、
一、結婚後の親との別居。
二、婚約者を頼貞の両親が純日本式に教育しない。
この二つを、頼貞は、小泉に話し、上田を通して両親に伝えてくれるよう頼んでいたのである。

特に、二番目については、頼貞の日本嫌い・日本無視が大きく影響しているようだ。小泉は「頼貞さんの日本文物に対する冷淡の程度は、此度の旅行で始めて充分に了解し寧ろ驚きました。貴方が英国に居ながら日本に干する外国人の著書を御講義なすった意味が充分了解されました」と上田に書き送っている。

私は、頼貞が親の決めた島津為子との結婚に抗っているのを、単に青少年期特有の親と因襲への反抗だと思っていた。ところが、島津家の系図を見て驚いた。頼貞の伯父、甥が複雑に絡み合っているではないか。島津家三〇代の当主忠重には、一二人の兄弟姉妹がいる。忠重の一一歳上の姉知子が、頼貞の伯父で田安家を継いだ徳川達孝の妻に。忠重の一歳上の姉正子《なお》が伯父徳川家達の息子家正に嫁しているのである。そして、忠重の一番下の妹為子が頼貞の妻に予定されている。この入り組んだ姻戚関係に若い頼貞は拒否反応を起こしていたのかもしれない。

余談だが、七七万石の大大名島津家のお姫様は、一人一人隔離され、四、五人の使用人にかしずかれて育つ。そのため、すべて周りがしてくれるものと思っていたようだ。徳川達孝の妻になった知子は、自分で襖を開けたことがなかった。誰かが開けるのを待っていたのである。また、廊下に荷物が置いてあって通れなければ、誰かがどけてくれるまで、その前に立ち続けていたという（徳川元子『遠いうた』）。

本題に戻ろう。小泉はスペイン旅行のあと、友人たちが隔週に集って、自分の得意の分野を発表しあうロンドンでの会に、頼貞を定期的に連れて行くことにした。頼貞が音楽研究の成果を整理・発表する訓練の場でもあるが、他人の話を二時間黙って聴くことが頼貞のためになると、小泉は考えたのである。ということは、頼貞は、自分の興味のないものには集中力が続かない性格なのだろうか。

この会は、横浜正金銀行のロンドン支店長・巽孝之丞《こうのじょう》（慶応大学文学部教授・巽孝之の祖父）の家で開かれていた。

〈……巽氏は内外人の間に信望が高く、当時ロンドンにおいて隠然たる一つの勢力をなしていた。この人は東洋流の胆気と義侠心と、英国流の紳士の教養とを併せて身に備えたような人であった。（中略）日曜日には家を明け放して、ロンドン在留の青壮年の遊びに来るに任せたから、家はクラブのようであった。巽氏は構わぬ中によく心を配り、夫人は如何なる人にも分け隔てなく、快く客を迎えて歓語した。それを好い事にして吾々は庭や客間をわが物のようにして終日遊び、日本食を饗せられて食後も更に夜晩くまでしゃべって帰るのが常であった。巽氏は人の世話をするばかりでなく、学問を愛する人で、自分もよく読書し、また年少の吾々を晩餐に招待しては、食後学問の話をさせて聴くのが好きであった。ドイツから来た吾々は、それを巽家のアアベントと称し、客間で、それぞれ専攻の題目について報告し合った。常連は三邊、澤木、小林、私のドイツ組とアメリカから転学して来た水上、以前からロンドンにいた鎌田（竹夫）山東（誠三郎）というところであった。〉（「大学生時代」）

と小泉は書いている。小泉と山東以外の常連とは、三邊金蔵、澤木四方吉、小林澄兄《すみえ》（教育学者）、水上瀧太郎（実業家、小説家）、鎌田竹夫（鎌田栄吉の息子、横浜正金銀行ロンドン駐在）で、みな慶応義塾の卒業生であった。

巽孝之丞は一八六四年和歌山県生まれ。小泉信三の祖父・小泉文庫と従兄弟の関係にある。小学校を出ただけの叩き上げだが、文庫の息子で信三の父小泉信吉の計らいで、若くして横浜正金銀行に勤めた。一八八九年にサンフランシスコ勤務となり、九二年ロンドンに移る。一九〇八年にロンドン支店長、二〇年には常務取締役となった。巽はロンドンに遊学した南方熊楠と親交を深め、夏目漱石の下宿探しにも協力したといわれている（巽孝之「シャーロック・ホームズの街で」『三田文學』二〇〇八年夏季号）。

また、水上瀧太郎も「巽家のアアベント」の様子を描いている。

〈郊外に住む先輩といふのは、二十余年倫敦にゐる実業家で、凡そ此の国に来る日本人のすべて、役人も、軍人も、商人も、学者も、書生も必ず世話になる紳士であつた。その年齢の人に似ず、自由な心を持つて、広く知識を求める性《せい》来の欲求から、殊に書生を可愛がつた。平生極めて繁忙な地位にゐるにも拘らず、旺んな読書力で、政治経済文学美術——あらゆる方面の新しい研究を忘れなかつた。

恰度その頃、独乙仏蘭西から戦争に追はれて来た学生が、時折その家に集つては、互の研究を発表しあふ事になつてゐた。亜米利加から来た柘植〔水上瀧太郎〕も、誘はれて仲間に入る事になつたのだつた。

その晩も、学校時代から親しい友達や、特別の交際はなかつたにしてもお互に見知合ひの連中で、経済学史専攻の和泉〔小泉信三〕、社会学の岡村〔三邊金蔵〕、教育学の長野〔小林澄兄〕などが集つて、食後は美術史の高樹〔澤木四方吉〕が希臘芸術に関する講話をした。それについての質問、質問に対する説明——それからそれと話題が変つて、しまひには何時もの通り雑談に移つて行つた。〉

（『倫敦の宿』）

あるときは、小泉信三が、専門を離れて「ロシアの踊り」の話をすることもあった。これは、小泉がバレエ・リュスのアンナ・パヴロワやタマラ・カルサヴィナの舞台を見て感銘を受けたことによる。一九一四年三月十一日ベルリンで、小泉はこう日記に記す。

〈ノレンドルフ座で露西亜舞踏の第一夜を見る。フォーキン及びタマルカルサギイナの一座である。露西亜舞踏は女に限ると思う。男の身体はどうしても女ほどしなやかに自由に動かない。

カルサギイナは美人である。パヴロワに似て、パヴロヴよりもさらに情けありげである。dark で瞳の黒いところもパヴロヴと同様である。〉

小林澄兄が、イギリス人がニーチェをドイツ文明の宣伝者としかみていないのに憤慨して、ニーチェを論じたこともあった。経済、社会、教育、哲学、美術、文学と幅広い話題が飛び交うこのアーベントで、頼貞は音楽のどんな話をしたのだろうか。

一方頼貞は、一九一五年の新年の学期からは、真面目に勉強に励み小泉を驚かせている。これは、当時ケンブリッジのトリニティ・カレッジに婚約者為子の兄で頼貞と同じ歳の島津忠弘が留学していたことも影響していよう。彼に刺激されて、頼貞はネーラー博士のレッスンを一時間ふやし、大学ではキャプスティック教授の「音響学」とネーラー博士の「文学に現れた音楽」を聴講。さらに、下宿先のマレー博士の家に同宿しているベルギー人からフランス語を学んだ。しかし、これはマレー博士がベルギー人に英語を教えているとき、一緒に座って会話を習うだけだから、「太しく頭脳の負担にはならない」と小泉は上田に報告している。「急にこんなに勉強して、頼貞の脳に負担がかからないか」という上田の心配を予想した言葉だろう。そしてこれは、頼貞が、いままであまり勉強していなかったことの、逆の証明といえようか。

南葵楽堂建設の許可を得る

徳川頼貞にとってイギリス留学での大きな成果は、南葵楽堂建設の着想を得、それを父頼倫から許されたことだろう。

そのいきさつは、こうだ。頼貞はロンドン社交界で、音楽を生きる糧としているウォーミングトン夫人と知り合う。ある日彼女の家を訪ねて、ブルメル・トーマスという建築家を紹介された。

〈トーマス氏はオックスフォード大学出身で、(中略)私が知り合ひになる数年前、アイルランドのダブリン市の公会堂の設計に一等賞を贏《か》ち得て、一躍名声を博し、その建物は今もなほ同市の一美観として評判されてゐる。トーマス氏はまた大の音楽好きで、私は間もなく同氏と親しく交際をするやうになつた。〉(『薈庭楽話』)

ブルメル・トーマスについて補足訂正しておくと、一八六八年ロンドン郊外のサーレイ州ヴァージニア・ウォーター生まれ。一八九六年、ダブリンではなくベルファストのシティ・ホールの設計コンペで一席を得る。一九〇六年に同ホールは完成し、現在も市の名所となっている。同年英国王立建築家協会のフェローとなり、ナイトに叙せられた。バロック的な建築に優れ、イギリス各地のタウン・ホールを手がける。また、ダンケルクやベルファストの戦争記念碑のデザインも担当した。

頼貞はトーマスから、最も苦心したのは建物内部の音響設計だという話を聞いた。そして、このベルファストのシティ・ホールが、イギリスとアイルランドの音楽堂のなかで屈指のものであるという評判を知ったのである。

頼貞は、トーマスからコンサート・ホールの話を詳しく聞いているうちに、日本に音楽堂が必要だとの思いが強くなった。「いずれは帰国するんだ。せっかくイギリスに来て音楽を勉強したのだから、帰朝の暁には、その土産として、まだ東京にない純粋のコンサート・ホールを建ててみたい」と。

この考えをウォーミングトン夫人に話し、設計はトーマスを考えていると相談すると、賛成してくれた。そこで、小泉信三に計画を話す。

「信三さん。自分も音楽を勉強した以上、なんらかの方法で日本の音楽界のお役に立ちたいと考えています。その一つの事業として音楽堂を建てたいのです。父は、かつて海外旅行を終えて帰朝すると間もなく、鎌田栄吉氏と相談して南葵文庫を創設しました。父の造った図書館は、眼から入る教養を目的としたものです。そこで、私は耳から入る教養の機関として、音楽堂を造りたいのです。まだ日本に無い完全な音楽堂を、です。いかがでしょうか」

「頼貞《ライテイ》さん。それは素晴らしいお考えですね。私は、音楽がよく分りませんが、ヨーロッパに来て、演奏会で感激したことが何回もあります。日本では、こうした経験はありませんでした。それは日本人の演奏技術が西洋人に劣るのが主な理由でしょうが、日本には西洋音楽を演奏するためのホールがないことも影響しているかもしれません。こちらに来て、コンサート・ホールの音の響きのよさに驚きましたから」

小泉の賛同に力を得て、頼貞は父に手紙を書いた。数カ月後、「音楽堂建設の案を承知する」と返事が届く。それで、小泉と共にウエストミンスターにあるトーマス建築事務所を訪れ、設計を依頼したのである。

頼貞の基本構想は、ケンブリッジ大学のキングス・カレッジにあるチャペルを手本としている。それはプラットフォームが、七〇〜八〇人並べる規模で、聴衆が四〇〇〜五〇〇人程度のインティメイトなホールであった。

小泉信三は、この頃の頼貞の様子と自分の音楽堂建設に関する意見を、一九一五年二月二八日付の上田宛の手紙で述べている。少し長いが、頼貞のうきうきした様子と当時の日本で西洋音楽の置かれた位置がよく判るので、引いておく。

〈……〔頼貞様は〕音楽堂の事では日々空想を描いては又それをくづし、くづしては又築き直ほして居られます。小生にも色々御相談がありますが、音楽の事には文盲ゆえ、はつきりした御返事をする事が出来ないのを残念に思つて居ります。（中略）

そこですこし御相談願ひ度いのであります。音楽堂建設経営の事はたゞに頼貞様の閑事業として見るよりももつと重大な――大きく云へば日本の文化の発達に一小段階を築く程の――意味を持つたものだと思ひます。日本に於ける西洋音楽の将来の運命に干して僕は何等の予言を敢てする資格はありませんが、若し日本に将来西洋音楽が興り得るものとすれば、やりやうに依つては頼貞様の事業は其方面の歴史に残る事――少くも泰西戯曲の輸入、演劇革新の方面に於ける自由劇場位の功績を挙げる事――が出来ると思はれます。世間には知られないでも其方面の人丈けには永く記憶される丈けの価値ある事業だと思ひます。

侯爵閣下の図書館事業は非常な美挙として世間は持てはやしたやうです。僕も固より異議はありません。併し世間の南葵文庫に対する歓迎には其裏に、本を読むと云ふ事を非常な大した立派な高尚な仕事だと思ふ無学者の迷信が手伝つて居るかと思はれます。困る事に本を読む事を立派な仕事だと思ふ迷信は仝時に他方に於て音楽などは遊び事だと馬鹿にする迷信であります。この迷信は容易に覆へす事は出来ますまい。併し、少くとも頼貞様の周囲に居る徳川家の人々には、音楽堂の事業は南葵文庫と有益貴重な程度に於て決して劣るものではない。否な図書館事業は他に企てる人があるかも知れないけれども、音楽は遊び事視されて居る丈けに、頼貞様のやうな地位に居て、頼貞様のやうな趣味性好を持つた人が出ない限りは、奨励者を見出す事が不可能である。其点に於て音楽堂は南葵文庫よりも或意味に於ては遥に貴重なものだ、と云ふ風の考へを了解させる事は出来ないものでせうか。どうか御話の序にこう云ふ意味のプロパガンダを時々御願ひ申します。〉

つい百年ほど前は、西洋音楽は金持の遊びごととみられていたのである。

ここで、小泉が触れている頼倫創設の南葵文庫を紹介しておこう。

徳川頼倫は欧米遊学で近代図書館を知り、帰国後、同行した鎌田栄吉と相談して南葵文庫を設立した。この名前は旧藩地南紀と徳川家の家紋「葵」に因んだもの。まず歴代藩主の所蔵の書籍と藩の記録方に残された家蔵書籍二万余冊を整理させた。そして、一八九八(明治三一)年に飯倉の侯爵邸の一隅に建坪四三坪の洋風二階建(後の副館)と建坪二〇坪の書庫(後の第一書庫)を建て、書籍をここに収めた。一九〇二(明治三五)年四月から家中職員や篤志家の閲覧に開放する。その後、蒐集・寄贈・寄託による蔵書数の増加とともに第二書庫、続いて一九七坪余の本館が完成。一九〇八(明治四一)年に公開図書館として発足した。製本機、書籍用リスト、机、椅子、書架、目録カードなど図書館運営や設備に最新のものを採り入れている。また、文庫の主幹に頼倫の欧米遊学に同行した斎藤勇見彦が就いた。近代的図書館モデルとして蔵書も充実し、一九二一(大正十)年には蔵書が一〇万冊に達する。しかし、二三年十二月、関東大震災によって壊滅に瀕した東京帝国大学附属図書館の窮状を見て、文庫の主館建物と全蔵書を同大学に寄贈し、その歴史を閉じた。なお、副館が、熱海に移築され、ホテル、ヴィラ・デル・ソルのレストラン「南葵文庫」として利用されている。

徳川頼貞は、音楽堂にパイプ・オルガンの設置も考えた。オルガンはヨーロッパの常識からするとコンサート・ホールには必須のものである。しかし、当時の日本には一つか二つ、教会にある程度だった。オルガンの設置について、頼貞は、まだ父に相談していなかった。そこで、外堀から埋めようと、小泉に手紙を依頼する。小泉は上田宛ての上記の手紙のなかで、パイプ・オルガンは「奏楽堂になくては叶はぬ、それがなければ音楽堂を建てる甲斐が無いとさへ頼貞様」が言われるものだ、と伝えている。

さらに、頼貞は、オルガン製作者にじかに注文してから帰国しなければ、不安だと主張した。これに小泉も賛成する。というのは、オルガンは製作に最低六カ月かかる。頼貞が日本に帰り、建築業者と設置方法などを相談してから注文したのでは、すぐ一年が経ってしまう。「頼貞様にはかゝる悠長は到底我慢が出来かねるだらうと思ふ」と小泉は、上田に強調したのであった。

小泉の手紙は、費用にも触れている。ネーラー博士が、二社から三〇〇人内外の聴衆を想定したホールのオルガン製作の見積りをとったところ、一社が八〇〇ポンドで、もう一社は一二〇〇ポンドであった。これが、現在の金額にしていくらなのか分らない。しかし、小泉は、ネーラー博士からオルガンの内部を見せてもらい、「八百磅《ポンド》は高くないと云ふ説に改宗し」たという。以上の意見を上田から徳川家の財務部長・日足信亮に伝えてほしい。オルガン注文の許可を得れば、徳川家が考える音楽堂の大きさに合わせて、オルガンの規模を決め、ビルダーに寸法書を作らせて、音楽堂の設計を進めたい、というのが、頼貞の希望だと上田に伝えたのだ。

かくしてパイプ・オルガンは、リーズ市のアボット・スミス社に製作が依頼された。だが、第一次世界大戦の影響で職工が不足し、オルガンの最も大切な材料である錫が戦時禁制品となったので、オルガン製造ができなくなった。製造が再開されたのは、大戦の終わった一九一八年十一月以降。楽器が日本に到着したのは、注文してから五年後の一九二〇年の春であった。

予定より早い頼貞の帰国の理由《わけ》は?

徳川頼貞のイギリス留学は、当初三年を予定していた。それで、小泉信三は、上田貞次郎から頼貞の監督を引き継ぐとき、慶応義塾が希望している一九一六年三月までの帰国を、一六年八月上旬まで延ばし、九月早々に授業を開始することで内諾を得た。ところが、小泉の一五年二月末付上田宛の手紙では、帰国が早まっている。小泉は

〈頼貞様御皈朝の期日に就てはまだ何ともはつきりした御話はありません。
ケムブリッヂを来学期で御仕舞にし、それからロンドンに少し居て、伊太利かアメリカを通って秋の始め御皈朝と云ふ事にしたら、一番御都合が宜しからうと云ふ私の意見ですが、何事も強いて御すゝめしない方針ですから、まだ何とも申上げません。〉

と、書いているのだ。「来学期」は、この後の進展からすると一五年六月までの学期と推測される。そうすると、一三年九月二四日にロンドンに到着した日から数えても、留学期間は二年弱にしかならない。この予定より早い帰国の理由は何なのだろうか。考えられる理由が二つある。

一つは、第一次世界大戦の戦禍がイギリスにも及び始めたこと。頼貞も「大正四年（一九一五年）十月、欧州戦乱はます〳〵酣《たけなわ》になつたので、私は遂に三《ママ》年近く住み慣れた倫敦を後にして帰朝すべく、米国に向ふことにした」（『薈庭楽話』）と記している。

だが、小泉が上田に手紙を出した一五年二月末の時点では、ドイツのイギリスへの爆撃はそれほど逼迫したものではなかった。もう一つの理由は、お天気屋で飽きっぽい頼貞の性格を見抜いた小泉が、戦争の激化を理由に帰国を促したというもの。しかし、帰国は頼貞の意向次第なので、なかなか決まらなかった。

そうしたなか、頼貞は、四月十三日からロンドン郊外のリッチモンドに一週間ほど滞在する。運動嫌いの頼貞の健康を心配したお付の人が、小泉に相談すると、合宿してボートを漕ごうということになったのだ。テムズ川上流のリッチモンドは、小泉が一三年の春に訪ねて気に入ったところ。参加者は、小泉と頼貞のほかにスペイン旅行に同行した山東。小泉信三は、慶応の普通部時代から体育会庭球部の中心選手として活躍したスポーツマン。ケンブリッジでもテニス、ボート、自転車などを楽しんでいたのである。

一行の宿舎はテムズ川に臨む小さなホテルで、庭先からすぐに舟に乗れる。そこには、川の上に突き出したバルコニーがあって川風に吹かれながら朝食を摂ったり、お茶を飲んだりできる。こうして、くつろいだ日々を過ごし英気を養ったのである。

リッチモンドからケンブリッジに戻った五月に、頼貞の帰国が決まる。頼貞の希望は、八月にアメリカ経由で出発すること。五月七日に大西洋航路のイギリス船ルシタニア号がドイツ潜水艦に無警告で撃沈され、約一二〇〇人が死亡する事件があった。しかし、小泉は「ルシタニヤ事件で日本人は大いに驚いて居るでせうが、イギリスから出る船なら大丈夫です。殊にアメリカの船なら平気なものです」（上田宛手紙　一五年五月十八日）と全く気にかけていない。それより小泉は、最後のイギリスの春を美しく感じて、次のように書き送っている。

〈ケムブリッヂの郊外は実によくなりました。麦畑の空には雲雀が鳴き、緑りの牧場には冬中何処に隠れて居たかと驚かれる程数多き牛や馬や羊が草を食べたり寝転んだりして居ります。僕の書斉《ママ》の窓はライムの新葉に依つて程よく暗い蔭を与へられました。隣の庭から塀越にライラックが咲きこぼれて居ます。林檎の花はもう散りはじめました。二三軒措いて隣りの庭の八重桜は何時の間にか葉桜になりました。僕はとり分けライラックの花を好みます。〉（同前）

〈晩餐後、庭の籐椅子に寝て居ると、ライラックの匂いが微風に送られて来ます。ライラックを独乙ではフリイダアと云ひます。伯林の大学の窓にかぶさるように一杯薄紫の花が乱れ咲いて居た事を思ひ出します。早く戦争が済んで呉れれば、帰るまでにもう一度伯林に行つて見たいと思ひます。（中略）

大学の裏手の芝生にはアネモネ、菖蒲、チュリップ、水仙などが一杯に咲いて居ます。〉
（松本千宛手紙　一五年五月九日）

小泉信三は、帰国すると大学の授業を受け持つことになっていた。この留学が彼の学生時代の最後である。私は、イギリスの春の描写を、小泉が過ぎ去っていく留学・青春時代を愛惜しているように読んでしまうのだ。

六月十八日、徳川頼貞と小泉信三はケンブリッジを引き払ってロンドンに移った。ロンドンの宿舎は、頼貞が繁華街のリージェント・ストリートやオックスフォード・ストリートに近い、ウエルベック・ストリートのクリフトン・ホテル。小泉は大英博物館の図書館に通うのに便利なタヴィストック・スクエアに、親友の水上瀧太郎や澤木四方吉と同宿した。ここには、郡虎彦も訪ねてきた。水上の『倫敦の宿』には、郡は茅野として登場する。頼貞が彼等に郡を紹介したのだろう。頼貞と小泉の宿舎は、直線で二キロほどだから、緊急のときすぐ駆けつけられるような場所でもあった。

こののち頼貞は、十月にロンドンを発ってニューヨークに向かうのだが、それまでの彼の行動は、ツェッペリン号の空襲に出逢った話しか書き残されていない。しかし、四カ月ほどのロンドン生活で音楽会に通わなかったはずがない。思い出に残るコンサートがなかったので書かなかったのだろう。

一方、頼貞から音楽の手ほどきを受けた小泉は、「その頃、私は昼は大英博物館の図書館に通い、夜は夏中毎夜クウィンスホオルという大会堂に催される音楽会を聴きに行」（「大学生時代」）った。この音楽会には頼貞も通ったことだろう。

八月帰国の頼貞の予定が延びたのは、この音楽会のプログラムを知り、帰国前に音楽を堪能したいといったためかもしれない。

隣室のチェロ弾きは、パブロ・カザルス

頼貞は、一九一五年十月にアメリカの客船セント・ルイス号でニューヨークに向かった。同行は、山東誠三郎と横浜正金銀行ロンドン駐在から帰国する鎌田竹夫、帰国後、新設された東北帝国大学医科大学教授に就任した加藤豊治郎博士、岡本連一郎陸軍中佐(のち、中将、参謀次長)の四人であった。

十月の大西洋は波が荒い。船は小さくて古く、ドイツの潜水艦の襲撃を避けるためジグザグの航路をとったので、余計に揺れが激しかった。船に弱い頼貞は船室で寝ていた。すると、隣室からチェロの音が聞こえてくる。その音は、朝九時から始まり、途中昼食の時間を除いて夕方まで鳴っている。音楽好きの頼貞は、はじめ楽しく聞いていたが、船酔いのなかで気になりだし、不快に感じ始めた。こんな日々が続いていたある日、昼食のあと頼貞が甲板の椅子に座っていると、加藤博士が、

「あそこにいる、背の低い、朴訥な感じの田舎者風な男が、隣のチェロ弾きですよ」

と教えてくれた。

ニューヨークに着く二日前、突然船の事務長が頼貞の部屋を訪ねてきた。

「明日の晩、航海の無事を祝し、また船旅の名残を惜しんで音楽会を催します。ついては、船客にチェロの名人がいます。その人にも演奏してもらうつもりですが、伴奏する人がいません。あなたは、ケ

ンブリッジ大学で音楽を勉強なさったそうですね。誠に恐縮ですが一つチェロの伴奏をして下さいませんか」

「いや、私は、公衆の前で演奏しないことにしています。申し訳ありませんが、お断りします」

事務長はこれで引き下がったが、数時間後、船長がチェロ弾きと共にやってきた。

「音楽家も快諾して下さいました。ぜひ伴奏していただきたいのです」

「実をいいますと、私は今まで一度も公衆の面前で演奏したことはありません。自分ひとりなら間違っても自分の恥で済みますが、伴奏するとなると、自分が間違うと相手を傷つけることになります。とても引受けられません。そのかわり、ヨーロッパ人が多数乗っているので、一人くらいピアニストがいるでしょう。その人を事務長と一緒に探すことでご勘弁いただきたい」

と提案した。船中を捜し回ると、二等船客にパリ音楽院を卒業した女性がいる。事情を話すと承諾してくれたので、頼貞はひと安心した。

翌日、晩餐のテーブルに着くと、メニューと一緒に音楽会のプログラムが置かれていた。開いて見ると、歌やピアノなどが並ぶ中に、「チェロとピアノ」というタイトルがあり、チェロ演奏者パブロ・カザルスと書いてある。頼貞はびっくりしてもう一度名前を読み直した。船長は、チェロ奏者を紹介しなかったし、頼貞も断るのに必死で、名前を聞く余裕もなかった。船長はケンブリッジで音楽を研究したのだから、カザルスを見知っていると思ったのかもしれない。しかし、頼貞はロンドンで、世界一のチェロ奏者カザルスの演奏を聴きたいと思っていたが、機会がなく顔を知らなかったのである。

食後、サロンに出かけコンサートを聞いた。いよいよカザルスの番だ。彼は無雑作にチェロを抱えてステージに現れた。そのあと、頼貞が捜し当てたフランスのピアニストが登場。カザルスは、かるく会釈をして椅子に腰掛けた。その恰好は、ちっとも音楽家らしくみえない。中年の田舎紳士である。

〈彼の弓が一度び弦に触れるや否や、カザルスは全く別人になつた。実に驚くべきことであつた。カザルスの奏する楽器からは此の世のものとは思はれない絶妙な音楽が奏し出された。私は今日もなほ、よくその当時をあり〳〵と想ひ浮べることが出来る。曲の最初のアレグロの楽章で、十二小節程セロだけが奏する部分がある。カザルスは、実に力強い迫力を以て弾きこなした。ピアノがセロの旋律を繰り返して奏する処は、伴奏が婦人であつた故か、優雅な表情が、前の力強い演奏と対照されて、曲を生々と躍動させた。カザルスの妙技は、更に第三楽章のアダヂオ・モルトに於て最も素晴らしく発揮された。最後のアレグロ・ヴィヴァーチェも譬へやうのない壮麗さを以て演奏された。（中略）カザルスは、セロといふ楽器を以て驚くべき音楽を弾き出だし、音楽といふものゝ真の美を我々の耳に伝へた。カザルスはベートーヴェンといふ偉大な天才の作品を完全に私達の前に表現し、作品の持つ本当の美を示して呉れた。私は心の底からカザルスの偉大な演奏に感歎させせられた。〉（『蒼庭楽話』）

曲目はベートーヴェンの「チェロ・ソナタ第三番イ長調作品六九」。ロンドンからニューヨークへのつらい船酔いの旅が、この最後の一晩によって「最も楽しい思ひ出の一つとなつた」（同前）のだ。

このとき、パブロ・カザルスは三九歳。前年にアメリカの歌手スーザン・メトカルフと結婚したばかりだった。

頼貞は、後年パリでピアニストのアルフレッド・コルトーの紹介でカザルスと再会するが、この船旅の出来事を話すことはなかったという。

ニューヨークで頼貞はオペラを一つ見た。今は無きマンハッタン・オペラハウスで演じられたオーベルの歌劇「ポリティーチの唖娘」である。これにはカルメンを当り芸とするスペイン、カタロニア生まれのマリア・ゲイが出演していたが、頼貞が注目したのは、漁夫マサニエロの唖の妹フェネルを演じたアンナ・パヴロワ。バレリーナだから歌わないのだが、いるだけで美しさが輝き、存在感があった。

一九〇九年五月にパリのシャトレ座で演じられたディアギレフ率いるバレエ・リュスの公演は、パリの観衆に熱狂的に迎えられ、アンナ・パヴロワ、タマラ・カルサヴィナ、ニジンスキーは、一躍世界的な名声を獲得する。

アンナ・パヴロワは、翌年自分の一座を組織し、ロンドンを本拠に世界各地を巡演。彼女の演じるサン＝サーンス作の「瀕死の白鳥」は絶品と持て囃された。一三年にはイギリスに居を構えている。

頼貞は、最初ロンドンのいわゆるヴァラエティ・シアターと呼ばれるコルシアム劇場で、パヴロワを観た。いろいろな出し物に挟まれたなかで登場したので、彼女の芸術に対する冒瀆ではないかと思った。が、サラ・ベルナールもこの劇場に出演していることを知って、ロンドンの幅の広さを理解したのである。この日は、サン＝サーンスの「瀕死の白鳥」を踊ったが、短時間であったにもかかわらず、パヴロワの素晴らしさが充分に理解できた。

その後のクイーンズ・ホールの公演では、午後八時から三時間の舞台を堪能。「彼女の踊りは、優雅と洗練そのもの」で「伝統を離れず倦むことのない精進によって磨き上げられた完璧な舞踏芸術」だと感じた。終演後、友人に誘われて彼女の楽屋を訪ね、「社交的な洗練された露西亜の貴婦人」という印象を受けている（『薈庭楽話』）。この夜、パヴロワはパトロンと約束があるので無理だったが、伴奏のオーケストラを指揮するテオドール・スティアを誘い、ピカデリー・ホテルのグリルで大いに飲み談笑してすっかり親しくなった。

そのパヴロワと図らずもニューヨークで出会ったのである。第一次世界大戦中、彼女は、戦禍を逃れて南北アメリカ大陸各地を公演していたのだ。

ニューヨークに世界中の名歌手や演奏家が集まる様子をみて頼貞は、ある感慨をもった。

「こうした状況が生れるのは、アメリカの富が世界の名歌手・名演奏家を呼び集めたからだ。アメリカの上流人は、自分たちが習得した高尚な趣味を一般に普及するため、その財力を善用している。デモクラシーの国で、誰でも金持になる可能性があるといわれているが、依然として古い資産家がこの国の富の中心をなしている。事業に成功した資産家は、初代は浪費したかもしれないが、二代目、三代目になると教養を備え、学問や芸術に理解を示す。アメリカの多くの美術館、図書館、歌劇場、音楽堂などいろいろな学問芸術のための施設が資産家の寄付で成り立っているではないか」と。

頼貞が《音楽のパトロン》となる芽がもう育ち始めているといえるだろう。

次いでニューヨークからボストンに移り、三年前に開業したばかりのホテル・コプレ・プラーザに泊まる。ここで、モーニング・コンサートを楽しんだ。

「モーニング・コンサートといふのは、朝の十一時頃から昼餐時まで開かれる音楽会で、アメリカでは粋《いき》な音楽会として、通例一流の音楽家のみが演奏するものとされてゐる」という。（同前）

頼貞が聞いたのは、レコードで親しんでいた二人のオペラ歌手。ソプラノのガドスキーとバリトンのゴゴルザであった。ドイツ人のガドスキーはワーグナーの「ローエングリーン」から「エルザの夢」ほか数曲を歌った。この「エルザ」は、ガドスキーが一八九五年にニューヨークでデビューしたとき歌った思い出の曲である。

頼貞は「可成りの年齢に見受けたが、まだ〳〵音量があり、堂々たる歌ひ振りは楽堂を圧してゐた」（同前）という。このときガドスキーは、四三歳。ゲルマンの女性は、老けてみられるのかもしれない。ニューヨークはブルックリン生まれのスペイン系アメリカ人、ゴゴルザは、小曲を数曲歌い、終わりに「ラ・パロマ」を歌って大喝采を博した。しかし、頼貞は「声は蓄音機の方が遥かによいと思ったが、その歌ひ振りや抑揚の妙味はやはりレコードでは窺へないものがあつた」（同前）と書き残している。

ボストンから、アメリカを横断し、サンフランシスコから東洋汽船の春洋丸に乗って頼貞一行が横浜に着いたのは、一九一五（大正四）年十二月七日。二年と少しの海外生活だった。

一方、小泉信三は、イギリスで頼貞一行を見送ったあと、パリに移る。そこからスイスのローザンヌを経てイタリアをミラノからナポリまで周遊。十一月にパリに戻り、ソルボンヌ大学前の小さなホテルに居を定めている。そのホテルには、澤木や水上もやってきてまた同宿となった。島崎藤村も時々あらわれ雑談したという。戦時中でも大学は開いていたので、許可を得て社会政策や経済学の授業を聞く。

一六年二月にパリを発ち、ロンドンに寄り、リヴァプールからアメリカの船でニューヨークに向かう。ニューヨークでは、メトロポリタン・オペラを観劇するなど一〇日間滞在。シアトルから日本郵船の船で日本に戻ったのは三月二四日。足かけ五年の留学であった。

四　来日音楽家たちとの交友

頼貞と島津為子の結婚式

ケンブリッジ大学の留学から帰国した徳川頼貞を待っていたのは、旧薩摩藩主の公爵島津忠義の末娘為子との結婚であった。

結婚準備は、頼貞の帰国が決まった一九一五（大正四）年八月に始まっている。教育係の上田貞次郎は、頼貞が両親との同居を拒否していたので、紀州藩士で当時衆議院議員の岡崎邦輔に新居の相談をした。

岡崎は、陸奥宗光の従弟。陸奥の地盤を譲り受けて和歌山から出馬し、衆議院に当選。陸奥の亡き後、星亨、原敬を支え立憲政友会の領袖として活躍。一九三六（昭和十一）年に八三歳で没した。彼は、実業家としての才もあり、渋沢栄一の推薦で古河鉱業に理事として入社。大番頭として敏腕を振るった。このほか、京阪電鉄を創業し社長を務め、大同電力（関西電力の前身）の創立にも尽力、取締役になっている。

当時、岡崎は大森駅からほど近い大井鹿島谷（現・品川区大井六丁目）に日本館と西洋館の邸宅を構えていた。上田は、とりあえずこの洋館を借りて、頼貞の新婚生活を始めたらどうかと考えて、岡崎と会ったのだった。仮住まい中に頼貞の希望を聞き、家を新築する案を徳川家に示したが、「大森では飯倉の本邸から遠すぎる」と却下されてしまう。飯倉から近いところを探して、徳川家は、白金三光町にある福沢諭吉の四男大四郎の邸を買い入れることにした。代金は三万五〇〇〇円。これは、当時塾長だった鎌田栄吉の紹介だろう。

ところで、若い頼貞夫妻の新居となる家の代金三万五〇〇〇円は、現在ではいくらぐらいになるのだろうか。この二年後、大正六年の東京のもりそばが四銭、銭湯の料金も四銭であった。現在の料金は、それぞれ約五〇〇円と四五〇円。一万倍以上となるので、新居の代金は三億五〇〇〇万円以上と考えられよう。

頼貞が帰国した一九一五（大正四）年十二月七日には、新居の準備は整っていた。だが、結婚話は順調に進まない。頼貞がぐずっていたようだ。上田の一六年二月の日記に「三光町にも結婚問題困難になり、山内、鎌田、中島夫人、竹田などと屢々会談したり」とある。「結婚問題困難」の理由は書かれていないが、頼貞の両親への反抗ではないか。

三月二二日、婚約者の島津為子が三光町の邸にやってきて少し展望が開ける。上田日記は「解決の曙光を認めたるも、全部解決に至らず」と記す。このゴタゴタした頼貞の結婚問題は、七月八日に急転直下解決する。「三光町の方も島津帰朝斡旋の結果、急転解決を告げ、二十五日婚礼と決す」と上田は書く。ケンブリッジに留学していた頼貞と同じ歳の島津忠弘が帰国して、妹為子との結婚を懇請したのだろうか。頼貞の気が変わらないうちに結婚させてしまおうとする意図が、「二十五日婚礼と決す」の言葉に透けて見える。

徳川頼貞と島津為子の結婚式は、一九一六年七月二五日午後三時から飯倉の徳川頼倫侯爵邸で行われた。頼貞は二三歳、為子は一九歳であった。媒酌人は徳川慶喜家を継いだ公爵慶久と妻の実枝子。実枝子は有栖川宮威仁親王の次女である。他に列席者は、妻為子の兄で島津家の当主となった忠重公爵夫妻に頼貞の父頼倫の兄二人――宗家一六代の徳川家達公爵夫妻と徳川達孝伯爵夫妻（田安家）。そして、頼貞の母久子の妹孝子が嫁した旧宇和島藩主伊達宗陳《むねのぶ》侯爵夫妻に同じく久子の妹保子が嫁した祖父茂承の実家伊予西条の松平頼和子爵夫妻。水戸家の流れを汲む旧高松藩の松平頼寿伯爵夫妻など。また、両家の旧藩士もそれぞれ二夫婦のみが陪席を許された。紀州徳川家からは鎌田栄吉と下村海南。島津家からは松方正義と東郷平八郎である。

式は、飯倉の敷地内にある徳川家の霊廟前で、出雲大社の宮司千家尊弘を斎主に挙行。両家主宰の披露宴が、午後六時半から築地精養軒で催され、出席者は数百名に及んだ。

その後、頼貞夫妻は軽井沢の別荘を借りて夏を過ごす。ここを訪れた上田や小泉信三は二人が仲睦まじく生活しているのをみて安堵している。

南葵楽堂の建設計画を発表

徳川頼貞の新婚生活が落ち着いたところで、彼の日本での音楽との関わりをみていこう。帰国した頼貞は、早く自分の夢を発表したいと、気が急いていたようだ。「南葵文庫の音楽堂計画」と題した記事が、雑誌『音楽界』の一九一六（大正五）年三月号に載った。取材と雑誌発行のタイムラグを考えると、インタヴューは、帰国して一カ月経つか経たないかの頃だろう。当時の日本における西洋音楽の状況や頼貞の意気込みも分るので、少し長いが全文を紹介したい。

〈二条公令嗣が音楽奨励会を組織したり岩崎男が私費を投じて音楽の留学生を出したり、是迄も音楽の保護をする貴族が必ずしも珍しくは無かつたが茲に徳川頼倫侯令嗣頼貞氏は近く音楽ホールを建設して斯界に貢献する処あらんとの意気込である。頼貞氏は学習院に居る頃から音楽学校助教授本居長世氏に就いてピアノを学ぶ事二年、学習院卒業後倫敦剣橋大学に遊び専ら音楽の作曲と理論的方面をネーラー博士に就いて研究する事足掛三年、旧臘十二月七日に帰朝したが在英中歌劇を見る事四十三回に及びスコーア及びレコードを悉く持つて帰つた、パイプオルガン及びピアノラ附グランドピアノ等も買つて来たといふ丁度父頼倫侯に南葵文庫附属の講演堂を建築する希望があるのを期とし其講演堂にも兼用し得る音楽ホールを麻布飯倉なる侯爵邸内南葵文庫の隣接地に設ける事となり目下頼貞氏専ら其計画中であるが其建築は倫敦で音楽堂建築の大家サーブルメルトーマス氏に託して特に設計させたものに依り日本空前の新様式を見せる筈尚此外に音楽図書館をも設け音楽に関する図書を蒐集すべく又附属のコーラス団（五十人）をも養成する計画中である。氏は曰く「具体的の設備はまだ出来て居ないが今年中には是非落成させたいと思つて居る、只私のホールで演奏する音楽は通俗的なものではなくしたい、通俗的の音楽はいくらも他で聞く事は出来るし、それでは立派な音楽は出来ない、成るべく高級趣味の音楽を極熱心な真面目な少数の人に聞いて貰ひたいと思ふ、私は技芸をやる事はやつて来たがそれは音楽の理論の研究の階梯としてやつたまでゝ私は今後益理論的方面を研究し及ばず乍ら音楽の保護者として努力する考へである。」〉

初めの二条公爵や岩崎男爵の例以外は、頼貞の話をそのまま紹介した記事といえよう。

「私は、滞英中にオペラを四三回も見ました。もちろんそのカタログはみんな持っていますし、貴重なスコアやレコードも見つけ次第買ってきました。ピアノラ（自動演奏）附のグランドピアノも送らせました……」

と、記者に向かって二三歳の頼貞が、音楽について熱く語っている姿が見えるようだ。ここで興味深いのは、すでに彼が、音楽のパトロンになろうとする意志を明確に持っていたこと。また、合唱団も養成しようと考えていたあたりは、「ご立派」と称えたい。実際には、実現できなかったのだが……。

あとで詳しく語ることになるが、徳川頼貞は、ケンブリッジの生活で身分の高い者は、それに応じて果たさなければならない社会的な責任と義務がある、という欧米社会の基本的な道徳感を学んだと思われる。この《ノーブレス・オブリージュ》を頼貞は、自分の好きな西洋音楽を日本に根づかせようとすることに賭けたのではないだろうか。

六歳違いの三人――山田耕筰、徳川頼貞、近衛秀麿

頼貞のインタヴュー記事で、当時の音楽状況に触れているので、もう少し詳しく大正中頃までの日本の西洋音楽受容の流れをみておこう。

明治の初め、日本に西洋音楽が入ってきたが、聴きなれない音楽なので普及は遅々たるものであった。一八七九（明治十二）年に明治政府は、音楽取調掛を設立し音楽教育を開始するための教材作成や教員養成をはじめる。邦楽と洋楽を融合させるという和洋折衷の方針が採用されたが、「邦楽の組織を西洋音楽の組織の中にはめ込むとか融合させるのは不可能に近い」（野村光一、中島健蔵、三善清達『日本洋楽外史』）ことが判った。そこで、八七（明治二十）年に音楽取調掛は洋楽を中心とした専門家養成の機関とし、東京音楽学校と改称したのである。

こんな状態だから、「明治初年代から日清戦争（一八九四〜五）が始まるまで、多数の職業音楽家たちが来訪して演奏会を開き、あるいは日本に留まって音楽教師となるなどの例があったにもかかわらず、彼らが主たる対象とした聴衆・生徒は在日外国人」（中村洪介『近代日本洋楽史序説』）だった。

一八九七（明治三二）年一月には、東京音楽学校主事の上原六四郎を会長に明治音楽会の定期演奏会が始まるが、その曲目は洋楽と邦楽を交互に組んである。まだ、洋楽だけでは定期演奏会が開けるほどの観客がいなかったのだ。

やがて洋楽を聴く日本人が少しずつ増えてきたものの、明治の終わり頃までその数は、東京音楽学校の春秋二回の定期演奏会を聴きに来る七〇〇〜八〇〇人ほどしかいなかったという（『日本洋楽外史』）。一九〇五（明治三八）年八月に日比谷公園の野外音楽堂ができると陸海軍の軍楽隊が定期的に演奏会を開き、洋楽ファンを開拓した。〇七（明治四十）年三月に東京音楽学校の卒業生を中心とする帝国音楽会、一〇年の四月に三菱の岩崎小弥太がパトロンとなった東京フィルハーモニー会、同年十月に以前紹介した学習院主体の音楽奨励会が始まっている。

翌一一（明治四四）年三月に帝国劇場が開場。歌劇部が創設され、十二月に日本で初めてイタリア・オペラが上演された。演目はマスカーニの歌劇「カヴァレリア・ルスティカーナ」から独唱と二重唱の抜粋。当時日本に滞在中のイタリアのテノール歌手、アドルフォ・サルコリーと柴田（のち三浦）環が共演した。サルコリーは、日本にベルカント唱法を伝えた最初の人で、日本に永住し、門下から原信子、喜和貞子、関屋敏子など優れたソプラノ歌手が育った。

大正に入ると、一四（大正三）年一月に山田耕筰が岩崎小弥太の支援を受けたドイツ留学から帰国した。山田は、作曲家志望だったが、当時東京音楽学校に作曲科がないので声楽科に入り、副楽器としてチェロを学んだ。卒業後、ヴェルクマイスター教授からチェロの弟子である岩崎を紹介され、ベルリンの高等音楽院に留学して作曲を学んだのである。

岩崎は、その年の十二月六日に行われる東京フィルハーモニー会第一四回演奏会で、山田に指揮を任せる。音楽学校の卒業生、海軍軍楽隊、三越少年音楽隊などから集めた八〇余名の大編成のオーケストラで、「ローエングリン」の前奏曲のほか、山田作の「曼荼羅の華」、交響曲「かちどきと平和」などを演奏した。

さらに岩崎は、「東京フィルハーモニー会管弦楽部」の編成を山田に託す。そして、一五年五月から、毎月一回、月末の日曜日の午後に帝劇で東京フィルハーモニー会管弦楽部の定期演奏会を開催する。民間のシンフォニー運動の始まりである。山田耕筰は、『音楽世界』（大正四年六月号）に「フィルハーモニー第一回試演に就いて」というタイトルで抱負を述べている。

〈日本の男ばかりの音楽会を組織してこの音楽家を補助し、音楽の愛好者にも尚多くの愛を増させる為めに、七八月を除いて毎月一回月末の日曜日の午後帝劇のマチネーとして試演する東京フキルハーモニー会今度の出し物は、第一の私の作った序曲を除いた外に、ヨハン・シトラウスの三つのワルツとレオ・フアール及レハーの各二曲都合七曲のワルツである。何故ワルツのみを出したか夫には色々の理由がある。〉

と、書き出し、ワルツだけを演じる理由を列挙する。

・第一に演奏者の技術がまちまちなのでシンフォニーをやるのは無謀である。
・聴衆も洋楽を聴き慣れていないので、「五目飯のやうな雑多なものを演るよりは、一晩に一色のものを」聞いたほうが理解できるだろう。
・ワルツは東洋人にいちばん欠けているリズムなので、一晩にこれだけやれば、ワルツに対する理解が深くなるだろう。

そして、山田は、ヨーロッパを懐かしみ、次のように記す。

〈誰でも一度欧洲の空気に触れて来た人はこのワルツにあの華やかなウイーンの夜を思はない人はないであらう。そして又ワルツを聞く人々の頭には屹度ウイーンの夜が想ひ起されるであらう。で私共のオーケストラで今迄の日本のオーケストラの持たないたゞ単に音楽を弾くのではなく単に巧妙に指を転ばせるのでなく充分な又用意周到の研究をして自分達の好む芸術家の作物の核心を吃り乍らも伝へたいのである。〉

（『読売新聞』一九一五年五月二一日）

しかし、こうした山田耕筰の抱負は、わずか六回で潰え去る。一九一六年一月に突然、岩崎が支援を打ち切ったのである。こうして、民間における日本で初めてのオーケストラ運動は挫折した。

理由はいろいろ取りざたされている。

音楽評論家の野村光一は、「山田先生という人は経済観念がまるでなくて乱費するものだから、たちまち行き詰って挫折することになってしまう。なにしろ、入場料などの収入は全部純益だと思って、支出ということを全然考えない人だからね。それで岩崎さんも弱っちゃって協会を解散しちまうんですよ」（『日本洋楽外史』）と説明する。しかし、どうやらこれは好意的な意見のようだ。

金にルーズな面に加えて、女癖の悪い山田の女性関係のスキャンダル、それらをひっくるめた山田の人間性への中傷などが原因だったろう。

かくして山田耕筰は、得意の絶頂から失意の底に沈む。そんなとき、牛山充の紹介で作曲を志す一八歳の近衛秀麿が山田を訪ねるのである。このとき山田は、一回り上の三〇歳。ちなみに、徳川頼貞は、二人の真ん中の二四歳であった。

この六歳違いのつながりに私は、興味をおぼえた。六歳ずつの歳の差に、日本における西洋音楽の受容の変化が微妙に影を落としているのではないか。日本の作曲家・音楽運動の組織者として大をなした山田。日本に西洋音楽を普及させようとして自費で日本初のコンサート・ホールを作る頼貞。そして、日本のオーケストラをつくり、日本人で初めてベルリン・フィルを指揮した近衛。この三人は、日本の西洋音楽の揺籃期から普及期のキイ・パースンである。彼らは、接近したり離れたりしながら相互に関わっていく。徳川頼貞だけでは見えない日本での西洋音楽普及の様子を山田と近衛からも照射したいので、これから折に触れて二人が登場することになるだろう。

近衛秀麿は、近衛公爵家の次男として一八九八(明治三一)年に生まれた。学習院中等科の頃から音楽に熱中し、ヴァイオリンを末吉雄二とグスタフ・クローンに学ぶ。しかし、乃木希典が明治天皇に殉じたあとの学習院の院長も陸軍大将の大迫尚敏で、軍隊式鍛錬を重んじていた。その結果、学内は硬派の雰囲気が支配し、音楽をやるような軟派な連中は軽んじられる。秀麿は、柔道や剣術の稽古をせずにヴァイオリンに入れあげていたので……

〈……校内で禁制の音楽練習と全校を支配する軍国調とは絶対に相容れるはずもなく、しばしば海軍志望の同級生から音楽断念の戒告や鉄拳制裁を受けたり、野球のバットを川中島の信玄のようにバイオリンで受け止めたりいろいろな思い出がある。楽器は割れたがまた新しいのをもってきて練習を続けた。〉

(近衛秀麿『風雪夜話』)

意地になった秀麿は、白いズックの鞄に横文字で「ベートーヴェン」と書き、楽譜や五線譜を入れて持ち歩いた。

やがて作曲家になることを志し、当時東京音楽学校で学友会誌『音楽』の編集兼発行人であった牛山に山田を紹介してもらうのだ。

山田は、週一回の条件で秀麿を教えることにした。秀麿は、九月に学習院高等科に進む。そして翌月の記念祭で自作の曲を発表しているから、作曲の勉強は順調だったのだろう。

また、山田の方は、再起を期すためアメリカ行きを決意し、一七（大正六）年十二月十七日に横浜から旅立つ。この旅行の資金は、秀麿の奔走によって得たものであった。山田は、ニューヨークで舞踏家伊藤道郎と出会う。伊藤はアメリカで人気があり、彼の踊りの伴奏をしながら各地を旅行する。この巡業のなかでシカゴの富豪と知り合い、その援助で一八年十月十八日にカーネギー・ホールで自作の演奏会を開くことができたのである。さらに翌年の一月に二回目のコンサートを開いた。この成果を持って、耕筰は一九年五月二四日横浜に戻ってくる。

六月二二日には、「赤い鳥」社主催による「山田耕作氏歓迎音楽会」が帝国劇場で開かれた。「日米協会々長金子子爵岩崎男爵の賛助で内外の貴紳の来場多く非常な盛会」（『音楽』一九年七月号）と書かれているので、岩崎の怒りも解けたのだろうか。この音楽会で、山田は自作の音詩「青い焔」やチャイコフスキーなどの曲を指揮した。また、「作曲の弟子なる近衛秀麿氏の『序曲』の初演奏をしてやつた」（同前）とある。秀麿が作曲した「序曲」の指揮を山田がしたのだろうか。山田のこの《演出》

は、アメリカ行きの資金を工面してくれた秀麿への返礼だったのではないだろうか。

近衛秀麿は、この年一月に子爵に列せられ、四月には東京帝国大学文学部美学科に入学。学校の勉強よりも学習院仲間とのオーケストラ活動に熱中していた。

チェロの名手ボグミル・シコラ

一方、本場の音楽を聴いてしまった徳川頼貞の視点からは、日本の洋楽はまだまだ物足りなかったようだ。彼は、帰国してから日本の音楽家たちとの交友を書き残していない。付き合いはあったろうが、彼らは海外で聴いた二流の演奏家たちのレヴェルにも達していないから、書かなかったと私は推測している。だが、来日したヨーロッパの音楽家たちは違った。彼らを家に招き、親しく付き合い、そのことを書いている。

一九一七年にロシアで二月革命、十月革命と続いて、数多くのロシア人が日本に亡命してきた。そのなかにミス・ベルソンというヴァイオリニストがいた。彼女はエルマン、ハイフェッツ、ジンバリストが学んだアウアー教授の門下生。日本に来るとすぐ帝国ホテルで演奏会を開いた。彼女の弾いたメンデルスゾーンの「ヴァイオリン協奏曲ホ短調」は、音が伸びやかで、日本では聴くことのできないレヴェルだ。頼貞は演奏の翌日に田村寛貞と共に彼女を訪ねて、家で演奏してくれるよう依頼する。これがきっかけとなって白金三光町の頼貞の邸に西洋の音楽家たちがやってくるようになった。

翌一八（大正七）年は、頼貞にとって記憶されるべき年となった。邸を訪れた大物に、チェコ人のチェリスト、ボグミル・シコラとロシアの作曲家プロコフィエフがいた。さらに、徳島でベートーヴェンの「第九」の演奏を聴いたのである。

ある日頼貞が『ジャパン・ガゼット』を読んでいると、「チェロの名手ボグミル・シコラ氏来朝」という記事が目にとまった。早速、横浜ゲーテ座の演奏会を聴きに出かけると、彼の技倆は卓越している。頼貞は大西洋上で聴いたカザルスのあの名演奏を想い起こし、こう考えた。

「カザルスには及ばないにしても、たしかに立派な腕を持ったチェリストだ。音楽家として優れている」と。

演奏が済むと楽屋を訪ね、感想を伝え、「東京へ来たときは、三光町の家にぜひ遊びに来てください、及ばずながら日本滞在中はお世話をしましょう」と誘った。

シコラの東京での最初の演奏会は、その年の五月十八日。頼貞も参加している音楽奨励会の主催で、東京音楽学校の奏楽堂であった。この演奏を、学習院教授で作曲家の小松耕輔はこう書いている。

〈……立派な芸術家で、実に優れた技巧をもつていた。当時、彼にまさる音楽家がまだ来朝しなかつた。聴衆はほとんど魅せられてしまつた。当日の曲目はサンサーンスのイ短調協奏曲、ヘンリー・エックルズのソナタ、チャイコウスキーのロココの主題による大変奏曲等であつた。拍手は急霰の如く下つて止むところを知らなかつた。〉

（『音楽の花開く頃』）

シコラは、約束通り三光町にやってきた。二人は意気投合し、その後もよく訪ねてきては、夜が更けるまで音楽のことを語り合っている。すっかり日本が気に入った彼は、ひと夏、大磯は小磯海岸の松林のなかに家を借り、そこにピアノを持ち込んで猛練習していた。大磯には徳川家の別荘もあるから、頼貞の紹介だろう。頼貞は、箱根宮ノ下の富士屋ホテルで避暑をしていたが、たびたび小磯海岸の家に遊びに行っている。

プロコフィエフに作曲を依頼

作曲家プロコフィエフとの出会いは、ロシア大使館の一等書記官ベール男爵の紹介であった。作曲家は、頼貞より一つ歳上の二六歳。ピアニスト兼作曲家としてちょうど売り出し始めたところだ。彼は、ロシア革命を避け、日本経由でアメリカに渡ろうと考えて、ウラジオストックから乗船。五月三一日、敦賀に到着した。

一八（大正七）年六月二五日の『都新聞』は、「露国青年作曲家セルギー、プロコフヰエフ氏」という見出しで、

〈作曲家として洋琴家としてルビンスタイン賞を得た露国のセルギープロコフヰエフ氏（二七（数え年））が来た。昨今奈良観光中であるが両三日中東京に於て自作の演奏をなすと云ふ（中略）其楽風は奔放軽快で昨今批評界の中心となつて居る未来ある音楽家で前途に多大の注意を以て観られて居るといふ。〉

と、書いた。

プロコフィエフは、六月一日横浜に行き、そこでペテルブルグ音楽院の先輩メローヴィチと出会う。

彼から興行師ストロークを紹介され、東京の帝国劇場での演奏会を企画してもらったのである。

演奏会は七月六日（土曜日）と七日（日曜日）の午後一時十五分からで、「世界的大作曲家大洋琴家セルギー・プロコフィエフ氏　ピアノ大演奏会」と銘打たれていた。曲目はプロコフィエフの作品が主体。だが、初日にはショパン二曲、二日目にはシューマンとショパンが各一曲、含まれている。初日の聴衆が少なかったので、二日目には帝劇の支配人が無料招待券を一〇〇枚配布。この努力もあってホールは八割方埋まり、外見上コンサートは成功といえた。しかし、プロコフィエフは日本人聴衆の反応に不満を漏らす。「とても礼儀正しく聞いているが、拍手が起こるのは、技巧的な曲だけだ」と。

一日置いて七月九日に横浜グランド・ホテルのホールでも演奏会が行われた。入場料が五円もしたので、聴衆は四〇〜五〇人ほど。淋しいコンサートとなった。しかし、プロコフィエフはお客の反応には満足している。このあとの演奏先が決まらず、翌十日に興行師は契約を打ち切った。

プロコフィエフがベール男爵に連れられて頼貞の家を訪ねたのは、演奏会を終えた七月十二日のことである。

〈東京に行き、徳川侯爵のところで昼食をとった。若くて非常に面白い日本人で、西洋音楽にとても入れ込んでいる。日本の貴族とはどんなものか、興味をもって見たが、侯爵はまったくもってヨーロッパ的な人物で、じつに魅力的で飾り気がなく、東洋をまるで感じなかった。〉

（「プロコフィエフ　日本滞在日記」『プロコフィエフ短編集』サブリナ・エレオノーラ／豊田菜穂子訳）

と、プロコフィエフは、頼貞の印象を記す。

彼は、白金の邸で、スクリアビン、シリル・スコット、ストラヴィンスキー、ドビュッシーなど近代音楽の巨匠のピアノ曲を弾き、現代音楽についていろいろ話し合った。

頼貞は、プロコフィエフを優れた作曲家と認め、日本滞在の記念にピアノ・ソナタの作曲を依頼する。しかし、彼のアメリカ行きが突然決まり、曲は作られることはなかった。ところがこの経緯、頼貞とプロコフィエフで微妙に食い違っているのだ。

頼貞は、プロコフィエフが「亡命中で気分も落ち着かないが、近い中に箱根のフジヤ・ホテルに行って日本を離れる前の数日をゆっくり送る心算であるから、出来ればその時作ってお送りすると返事して来た」が、落ち着かなかったとみえて、注文の曲は出来なかったと書いている（『薈庭楽話』）。

ところが、プロコフィエフが日記に残した作曲依頼のいきさつは、こうだ。

七月二二日、ベール男爵からの手紙で、頼貞の作曲依頼を知らされる。男爵を介して、やりとりがあり、七月二六日、作曲料として五〇〇〇円を要求する。しかし、「いくら彼が金持とはいえ、日本人には大金だと思う」と、作曲料が高すぎて断られる不安を記す。そんな気持を抱いて、二日後の七月二八日に箱根宮ノ下に行く。滞在していた大森から二時間ほどでいける美しい山の中ということと、富士屋ホテルに泊まっている頼貞を訪ねる約束をしていたからだった。ここで、作曲の話を詰めたかったのだ。だが、訪問日時を決めていなかったようで、頼貞は不在。帰りの車に乗ろうとしたとき、頼貞が帰ってきたので五分間だけ話す。「彼は大森に私を訪ねると約束したが、注文の話は一言もしなかった。いずれにせよ、大使館を通じて交渉しておいて、高いからといって断るのは、彼にとって恥る。

だろう」と日記に書き、プロコフィエフの気持のなかでは作曲の契約は依然ペンディングになってい

七月三一日、アメリカ大使館からヴィザがおりたと電話がある。早速横浜のアメリカ領事館に行きヴィザをもらうと、そこに偶然クック旅行会社の支配人がいた。明後日ホノルルに行く船の切符があるというので、すぐ前金を支払う。

しかし、彼はまだ迷っている。「だが徳川氏はどうしよう？　お金はどうなる？　ホノルルに寄らずに注文を待ったほうがいいのでは？　だが、もしも正式な注文がなかったら？　いや、行くのは早ければ早いほどいい」と。

八月一日にロシア大使館に別れの挨拶に行くと、ベール男爵が頼貞に電報を打って出発を伝えるのが礼儀だといった。プロコフィエフは、作曲の注文がはっきりしていないので、気持はすっきりしなかったが電報を打つ。

翌二日、ホノルルへ出発の日、頼貞から電話があり、作曲が間に合わなかったことをたいそう残念がった。

以上がプロコフィエフの日記の記述である（『プロコフィエフ　日本滞在日記』）。ここから判るのは、頼貞とプロコフィエフとの金銭感覚の違いであろう。紀州の若殿様・頼貞は、自分が依頼した作曲の費用には無頓着だった。つまり、依頼したのだからその時点で相手が断らない限り、契約は成立したと思っていた。ところが、プロコフィエフは、手持ち資金が尽きかけていたので、作曲料を少々吹っか

けて請求した。五〇〇円は、現在の金額にして二〇〇〜三〇〇万円ほどになろうか。それで、頼貞の「了解」の返事がない限り、契約は成立していないと悩んでいたのである。生活資金に汲々としていたプロコフィエフには、金に不自由しない頼貞の金銭感覚が理解できなかったのだ。この辺の機微が分っていれば、頼貞に献呈されたプロコフィエフのピアノ・ソナタが生まれたのだが……。

三年後の二一年に頼貞は、プロコフィエフに再会する。場所はパリのテアトル・シャンゼリゼ。ストラヴィンスキーの「火の鳥」や「春の祭典」をバレエ・リュスが公演したときのことだ。プロコフィエフは、頼貞のすぐ近くのボックスにモノクルをかけた紳士といた。頼貞を見つけて、休憩時間に訪ねてくる。

「侯爵、お久し振りです。パリでお会いできるとは思ってもみませんでした。私はあれからアメリカに渡り、ニューヨークやシカゴにいましたが、二〇年の春にパリに来ました。いまディアギレフとも仕事をしています。私と一緒にボックスにいるのは、作曲家のストラヴィンスキーです。彼に侯爵のことを話したら、ぜひお目にかかりたいといってます。いかがですか、お会いになりませんか」

と誘った。ストラヴィンスキーは、型どおりの挨拶のあと、頼貞にこう告げた。

「侯爵、私はこのパリ公演が済むとイタリアに行かなければなりません。秋にはパリに戻ってきますので、そのときゆっくりお目にかかって、お話をしたいのですが、いかがでしょうか」

「それは、願ってもないことです。ご連絡をお待ちしています」

と応えたのだが、頼貞は秋の初めにアメリカに渡ってしまった。その後、ストラヴィンスキーに再会することはできなかったのである。

徳島板東収容所での「第九」の演奏会

さて、ベートーヴェンの「第九交響曲」だが、永らく日本での初演は、一九二五（大正十四）年十一月二九日と三十日の両日、東京音楽学校の定期演奏会でのことと信じられていた。

ところが、それよりも七年前の一八年六月一日に徳島県で演奏されていたのである。場所は、板東収容所。演奏者は、第一次世界大戦でのドイツ軍の捕虜たちであった。このことは、『バルトの楽園』という映画にもなったので、現在よく知られるようになった。七〇年近く忘れられていたこの事実を掘り起こすきっかけになったのが、頼貞の音楽的自伝『薈庭楽話《わいていがくわ》』の記述だったのである。

豊橋技術科学大学の冨田弘教授と徳島県立中央高校の林啓介教諭（共に一九八六年当時）が、頼貞の本に「第九」を聴きに徳島まで出かけたと書かれていることを知った。そして、「これだけの大物の来所となれば、警察に記録があるに違いない」と調べていくと、警備報告書から一八年八月十三日に頼貞が、板東収容所を訪問していたことが判明したのだった。その警察資料は、八月十三日の日付で警備警察官出張所巡査部長東谷近蔵が「徳川頼定《ママ》来所ノ件報告」と題して板西警察分署長の寺岡彦太郎警部に宛てたもの。これには、

〈本日徳川頼定ハ家族一名家従弐名帯同板東俘虜収容所長ヲ訪問シ俘虜ノ感想捷康状態及ヒ其他参考事項ヲ聴取シ所内視察ヲナシ午後三時爰地出発致候及報告候也　追テ同人ハ旧紀州藩徳川頼

倫侯ノ息ナリ　申候也〉

と記されていた。

『蒼庭楽話』には、「徳島で第九交響曲を聴く」というタイトルで、「四国の徳島で第九交響曲を聴くと云つたら人は不思議に思ふであらう。ところがそれは真実《ほんたう》のことである。たゞその演奏家が、日本人ではなくて独逸の捕虜なのである」と始められている。青島《チンタオ》から連れてこられたドイツの捕虜が、収容所で管弦楽団を組織して種々の音楽を演奏している。「時にはベートーヴェンの第九交響曲も演奏するといふことを聴かされ」て八月の暑い真盛りに、「第九」を聞きに友人と徳島を訪れたという。

ところが、この『蒼庭楽話』には、オリジナル版があって、それにはもう少し詳しい記述がある。それは、私家版で一九四一年十一月に限定五〇部印刷され、「銀婚を記念して／この書を／妻為子におくる」と記されている。

この私家版が好評で、市販が計画された。しかし、刊行が四三年三月となり、太平洋戦争に突入していたので、世情を考慮して全体で四〇ページほどを削除して発売されたのである。以下、オリジナル版の引用は『私家版』と記す。

徳島の収容所で捕虜たちが「第九」を演奏するというのを聞いて、頼貞は、

〈東京の音楽学校でも演奏が出来ないといふこの大交響曲を、捕虜達が手慰《てなぐさみ》に演《や》つてゐるといふ話は、少くとも私にとつては驚くべきニュースの一つであつた。と同時に、かねぐ〳〵日本の楽壇で演奏させたいと思つてた矢先でもあつたので、これは是非一度出掛けて行つて聴いて見よう

と考へた。そこで、早速陸軍省に願ひ出て、特に陸軍大臣の許可を得、八月の暑い真盛りであったが、四国徳島に出掛けた。〉

（『私家版』）

のであった。出迎えた収容所長の松江豊寿大佐は、

「捕虜たちは、自分たちの組織したオーケストラのことが東京まで伝わり、わざわざこの四国まで聴きに来る人がいるというのを聞いて喜んでいます。遠来の珍客をもてなそうと、ベルリンや青島でコックをしていた者や料理好きの者たちが、純粋のドイツ料理を作ってお待ちしています。お口に合うかどうか分りませんが、召し上がってください」

といった。出された料理も給仕の仕方も素晴らしい。頼貞は北ドイツ式の鳥料理が特に気に入った。食事が終わると、演奏会場の雨天体操場へ案内される。ここは縦三五メートル、横七、八メートルほどの細長い建物で、すでに四〇人ほどの捕虜たちが楽器を持って集まっていた。頼貞一行が席につくと、指揮者が立って、

「東京から遥々おいでくださったことに満腔の謝意を表します。自分たちの技術は未熟で、お耳に入れることを恥じるけれども、聞いていただけることは身に余る光栄です」

と歓迎の辞を述べた。

音楽は、最初がハイドンの「サプライズ・シンフォニー」から第一楽章と第二楽章を演奏。しばし休憩ののち、いよいよベートーヴェンの「第九交響曲」である。第一楽章だけだったが、頼貞は捕虜たちの音楽に対する真摯な態度に心を打たれた。そして、素人でも音楽芸術に対してこれほどの興味

と理解を持っているドイツ文化の偉大さに羨望を感じたのである。

こうして、徳川頼貞は、日本で演奏された「第九」を聞いた初めての日本人となったのだ。

ドイツの捕虜たちは、週刊新聞『ディ・バラッケ』を発行して、収容所での出来事を記録していた。一九一八年六月一日の「第九」の演奏については、六月二日、六月九日、六月十六日、七月十四日の各新聞に関連記事が載っている。しかし、頼貞が聴いた「第九」については、記事がなく、東京から頼貞一行がやって来たことも書かれていない。

いまは「第九」の日本初演は、板東収容所であることが定説になったが、頼貞の記述がなければ、まだ、「第九」は、一九二五年十一月の東京音楽学校での定期演奏会が初演と考えられていたかもしれない。

五　日本初のコンサート・ホール南葵楽堂

ヴォーリズに楽堂の設計を依頼

シコラやプロコフィエフとの交友、「第九」を聴きに徳島旅行と、音楽にどっぷり浸ったような頼貞の一九一八年だが、秋に大きな出来事があった。待ち望んでいたコンサート・ホール南葵楽堂《なんきがくどう》の開館である。楽堂は、七月三十日に完成し、内部の細かい部分に手を入れて、十月二七日に開堂式を行った。当日は、宮内、文部、内務の各大臣、東大や早慶の総長が列席している。この式の詳細を語る前に、南葵楽堂の設計のいきさつを紹介しておこう。

一九一四年の末か一五年の初めにブルメル・トーマスに設計を依頼した頼貞は、図面の完成を心待ちにしていた。だが、第一次世界大戦が激化し、トーマスは軍に召集されて便りもない。苛々している頼貞をみかねた紀州徳川家の財務部長で元陸軍主計少将の日疋《ひびき》信亮が、こう提案した。

「頼貞さま、トーマス氏の設計が大戦のため遅れているので、いっそのこと日本にいる適当な設計者に新しいプランを相談してみたらどうでしょう。というのは、トーマス氏はまだ日本に来たことがありません。図面は完全なものができるでしょうが、日本の事情や気候風土に通じていないと、出来上がったあとにいろいろな不便が起きないとも限りません。トーマス氏の図面が届いて、設計が重なっても、それぞれのいいところを併せて建てればよろしいのでは」と。

日疋のいうことはもっともだが、当時の日本の建築界で西洋音楽の知識を持っている人はほとんどいなかった。八方手を尽して、近江八幡でキリスト教の伝道に努めているアメリカの建築家が音楽にも造詣が深いことが判った。その人の名前は、ウイリアム・メレル・ヴォーリズ。そう、大丸心斎橋店や京都大丸、山の上ホテル、東洋英和女学院などを設計し、メンソレータムを発売したあのヴォーリズである。

ヴォーリズは、一八八〇年アメリカのカンサス州生まれ。コロラド・カレッジを卒業し、一九〇五年二五歳で滋賀県立商業学校（現・滋賀県立八幡商業高校）の英語教師として来日する。英語を教えながらキリスト教の伝道をしていたが、学生への伝道に反発する人たちとの摩擦が起こり失職。一九〇八年建築事務所を開き、主に京都や近江の建物を設計していた。当時東京で見られるヴォーリズの建築は、一九一六年に完成した明治学院大学礼拝堂ぐらい。新進の建築家といえよう。

たまたまヴォーリズが、外国語学校（現・東京外国語大学）の英語教師ミュラーの中野の家にきていることを知り、会いたい意向を伝えた。ミュラーからは、「おいでいただいて、夕食を一緒にどうですか」という返事だ。頼貞が日疋と共に訪ねて行くと、田舎道のなかに洒落たアメリカ風の建物が見えた。ミュラーの家だろうと近づくと、カーテン越しにアメリカの田舎でよく見かける古風なランプが灯っている。当時はまだ、東京の郊外に電気が届いていなくて、ランプで生活していたのだ。家からは、オルガンの音が聞こえてくる。表札を見ると、やはりそうであった。二人を居間に招じ入れたミュラーは、アメリカ（ハーモニウム）・オルガンの傍らにいた人を紹介してくれた。それがヴォーリズである。この家は、ヴォーリズが設計したことをあとで知った。

頼貞はヴォーリズと夕食を共にして、彼に興味を持った。建築家は、音楽が大好きで、大学でパイプ・オルガンの演奏をまかされたこと、若いときアメリカの讃美歌の募集に応募して採用されたことなどを語る。

話を聞いていて頼貞は、「この男に楽堂の設計を頼んでみよう」と思った。そして、留学時代からの理想や楽堂の建設案について話すと、

「それは素晴らしい。私も日本に十年以上住んで、日本に愛着を持っています。自分の好きな音楽に関する建物を日本に残せる仕事を与えられるのは、この上ない喜びです。トーマス氏の設計は設計として、私も設計してご参考にご覧に入れましょう」

と熱を込めて語った。その後、一六年の夏正式に楽堂建設委員長を依頼すると快諾してくれたのである。

楽堂のオープニングは、ベートーヴェンで

待ちに待ったブルメル・トーマスの設計図が届いたのは、一九一六年の秋。ケンブリッジ大学キングス・カレッジのチャペルにヒントを得た古典様式である。頼貞の希望を理解し、理想通りにできていた。しかし、実際に建てるにあたっては、日本の気候、地質、材料などを考えると変更すべきところがみられる。それで、ヴォーリズにトーマスのプランを示し、これを基礎として日本の実情に即したものを依頼したのだった。詳細な実施設計の図面ができたのは、一七年の春。三月二四日には飯倉の本邸の敷地内で地鎮祭が行われた。その夜、頼貞は七時半から三光町の邸で内輪の祝賀音楽会を催す。招待者はヴォーリズをはじめとする関係者。演奏は、海軍軍楽長・瀬戸口藤吉と彼の率いる築地海軍軍楽隊一二人の楽士である。演目はチャイコフスキーの「アンダンテ・カンタービレ」とヴェルディの歌劇「ラ・トラヴィアータ（椿姫）」から「ア・フォルセ・ルイ」、サン＝サーンスの歌劇「サムソンとデリラ」のなかの「わが心」の三曲。「ア・フォルセ・ルイ」は、東京音楽学校在学中の武岡鶴代が、「わが心」は、同じく音楽学校生の花島秀子（のち柴田秀子）が歌った。

その年の九月十五日に定礎をし、翌一八（大正七）年七月三十日に竣工した。建物の様子を頼貞の文章から引いておく。

〈正面玄関の上には、南葵文庫（南葵とは南の葵ということで、紀州徳川を意味し、南葵文庫は明治三十二年私の父が開いた日本最初の私立公開図書館である）のマークである捻じ葵から考案された酸漿《カタバミ》の紋をつけた。これは紋章学のオーソリティでその研究によって文学博士の学位をえ

た沼田〔頼輔〕博士のデザインである。入口の階段と左右にならぶ四本の大円柱は水戸の稲葉産〔正しくは笠間市の稲田〕の花崗岩《ミカゲイシ》を使用した。建物全体の大きさは、間口七間〔約一二メートル〕、奥行十五間半〔約二七メートル〕、天井の高さ二十八尺〔約八メートル〕で、建坪はおよそ百坪であり、座席は三百五十名をいれられた。

（『頼貞随想』）

楽堂の内部について頼貞は書いていないが、ブルメル・トーマスの音楽堂についての説明が残っている。基本的な構造は同じと思われるので、ここから推測していただきたい。

〈此の音楽堂は、外形はケンブリッヂ、ユニヴァシティー・カレッヂの礼拝堂の如くにし、内部はケンブリッヂ・キングス・カレッヂの礼拝堂に形取り、後部及び両側の座席を中央席より一段高く設計せり。収容人員は室内二百七十五名、ギャラリー三十五名、合計三百十名の聴衆及び舞台《ステージ》に七十名の演奏者を容るゝものとせり。他に六人席のボックスを設く。その入口は特別に設けたり。正面入口は一つとす。十段の石段は堂より外に向ふ。側面に設くる二つの階段は両横の出口、階下の陳列室、及び入口ホール上のギャラリーに通ず。オルガンの設置場所はオルガン製作者より送附ありたる設計図に従ひて設けたり。地階は、携帯品預り所二個所、陳列室及びこれに続く小室二つ。オルガン吹奏装置はオルガン設置場所の下方に設けたり。〉

（『蒼庭楽話』）

残されたヴォーリズの図面には、地階に楽譜書庫とリハーサル室が用意され、楽団員は直接地階からステージに登場できるようになっていた。

いずれにしても、小ぢんまりとしてインティメイトな雰囲気を持ったコンサート・ホールであることがうかがわれる。

九月二二日、『読売新聞』が南葵楽堂を紹介した。曰く、日本にまだ音楽研究の楽堂がないことを嘆じて建てられた大規模な音楽堂で、「近江八幡のホーリス会社のホーリス博士設計の下に、敷地七千余坪、工費八万円を投じ」た。階下にオルガン送風室、読書室、客室、男女室に書籍が三〇〇部備えられている、と。

南葵楽堂の開堂式は、一九一八年十月二七日の日曜日。午前九時から行われたが、あいにくの雨模様。来賓は波多野敬直宮内大臣、中橋徳五郎文部大臣、床次《とこなみ》竹二郎内務大臣、山川健次郎東京帝国大学総長、大隈重信早稲田大学総長、鎌田栄吉慶応義塾塾長を始め約二〇〇人。

まず頼貞の父頼倫が、「自分の建てた南葵文庫は目の修養の機関で、今度は耳を修養する楽堂を造ったが、多少なりとも社会に貢献するところがあれば幸いだ」と述べた。次いで建設実行委員長としてヴォーリズが流暢な日本語で、「楽堂は精神的な教養を公衆に与えようとする高尚な趣旨で造られた」と語る。

来賓代表として波多野宮内大臣、中橋文部大臣、山川総長、大隈総長、鎌田塾長がそれぞれ楽堂の意義を述べ、式は十一時に終了。

その日の晩七時から南葵楽堂の第一回演奏会が行われた。演奏は東京音楽学校の職員と学生に海軍軍楽隊が加わった約八〇名の混成管弦楽団。指揮は同校の教師グスタフ・クローンである。

プログラムは、頼貞の好きなベートーヴェンで揃えた。一曲目は、開堂式にちなんで序曲「家の祭祀に寄す（献堂式）ハ長調　作品一二四」で日本初演。二曲目は、頼貞の一番好きな曲である「ピアノ協奏曲第五番変ホ長調《皇帝》作品七三」。ピアノ演奏は、東京音楽学校のピアノ教授パウル・ショルツ。この協奏曲全曲の演奏も日本で初であった。最後の三曲目は、カンタータ「海の静けさと幸ある航海　作品一一二」で、男女二〇〇名の音楽学校の生徒によって歌われた。歌詞は、東京音楽学校教授で友人の田村寛貞の訳。これもまた日本初演である。

翌日の『朝日新聞』は「雨の為めに来賓は思つたよりも少かつたが一族の夫人達から女流音楽家の甲乙《たれかれ》及び好楽家を集めた床しい心地のする会であつた」と評した。

頼貞は書き残していないが、開堂式の演奏会は十月二七日と二八日の両日行われたようだ。というのは、小松耕輔が『音楽の花開く頃』に「徳川頼貞氏の大なる苦心と計画によつて建てられた南葵文庫の音楽堂はいよいよ落成して十月二七日、二八日の両日その開堂式が催され、盛大な記念演奏会が行われた」と書いているのだ。また、前記『読売新聞』にも十月二八日が開堂式の予定とされている。のちのパイプ・オルガンの披露演奏会も二日間を予定し、初日は招待者、二日目は一般の公開としているので、開堂式の演奏会も二八日は一般公開だったのだろう。

こうして開堂式は盛会裡に終わったが、主催者の頼貞は出席していなかった。運が悪いことに、十月上旬から病気で寝込んでいたのである。

耳と目から音楽知識を普及

この開堂式の演奏会のあと、南葵楽堂で第二回目の演奏会が開催されたのは、約四カ月後。一九一九年二月十六日の日曜日であった。期日が開いた理由を頼貞は「諸種の準備のため」(『薈庭楽話』)といっている。定期的にさまざまな演奏会を開くには、演奏者たちとの交渉があるので、これぐらいの準備期間は必要かもしれない。また、病気で寝込んだ頼貞の体力回復も考慮に入れる必要があろう。

第二回目の演奏会は、東京と横浜の在留外国人のアマチュア管弦楽団が演奏した。指揮は、イギリス大使館員でロンドンのローヤル・アカデミーを卒業したヒュー・ホーン。ピアノはプロで、ロシアからの亡命ピアニスト、スカルスキー。曲目は、ベートーヴェンの「ピアノ協奏曲第三番ハ短調 作品三七」、ビゼー「アルルの女」組曲、ドビュッシー「神聖な舞曲と世俗的な舞曲」などであった。この日の演奏について『月刊音楽』三月号が次のような好意的な評を載せている。

スカルスキーのピアノの「デリケートな而して力強い弾奏振りは実に第五のリストの曲に於て非常な効果をあらしめ、聴くものをしてこれこそ真の美の極致とも思はしめ、且つ最つとも深い感動を特に与へた」。管弦楽の奏者たちは「素人とは言へ、いづれも洗練された技巧を持つてゐる」。ホーンの指揮は「実に簡明にして要を得たもので」、ドビュッシーの舞曲は「恰も幻のやうな優雅な美しさをもつて描き出された一巻の音画とも思はしめて、聴く人の心を恍惚たらしめた」、という具合である。

もう一つ、頼貞が南葵楽堂で定期演奏会を考えていたのが、東京音楽学校のメンバーによる演奏だ。第一回が一九一九年十二月十四日(日)に秋季演奏会と銘打って催された。指揮はクローン教授。曲は一番目が、ウェーバーの歌劇「オベロン」序曲。二番目がベートーヴェンの「交響曲第五番ハ短調《運命》作品五七」。今日あまりにも有名な「運命」は、当時、ほとんど知られていなかった。それで、頼貞が特に所望して演目に入れたもの。日本で二回目の演奏であった。三番目が、ワーグナーの歌劇「タンホイザー」から第二幕の間奏曲とアリア、歌の広間を音楽学校の教師ペッツオールド夫人が歌った。最後が同じく「タンホイザー」から祝祭行進曲（大行進曲）と合唱。

辻邦生は小説『樹の声　海の声』で、このコンサートを詳細に描いている。そこでは、主人公逗子咲耶が、頼貞の親友である兄尚武（図師尚武がモデル）に連れられて訪れ、演奏のあまりの素晴らしさに感極まって泣き出すのである。

このコンサートで取り上げた曲目は、ほとんどが日本で二回目の演奏。頼貞の意欲的な試みといえた。だが、彼は、はじめもっと革新的な演奏会を考えていたのだ。それは春秋の二回、東京音楽学校の管弦楽団と男女学生混声合唱団を招いて、日本初演の曲だけを演奏するというもの。音楽学校の教育に刺激を与える一方で、音楽愛好者にも喜んでもらおうという意図であった。ところが、「実際は上野で定期演奏した曲目をそのまま後で演奏しにくるような始末で、はじめの考えとは離れたものになってしまった」と嘆いている。この演奏に「毎回二、三千円ほどの謝金を出し」ていたのだから、なおさらであろう（『頼貞随想』）。

頼貞は、南葵楽堂で西洋音楽を広く紹介する一方で、「耳と同時に更に目からも音楽知識の普及を計り度いと考へ」ていた（『薈庭楽話』）。つまり、楽堂に付属した音楽図書館を設立したのである。音楽学者・徳川頼貞らしい発想といえよう。

頼貞はケンブリッジ大学で音楽学を修め、音楽書や楽譜を蒐集し、持ち帰っていたが、それだけでは図書館の蔵書として不十分だった。頼貞は、「偶々大正六年の夏《ママ》、倫敦発行の音楽雑誌でカミングス博士の遺した図書を競売するといふ広告を見た」（同前。競売の実際は一七年五月十七日から六日間）。W・H・カミングスは、声楽家、オルガニスト、指揮者として活躍したが、音楽史家・学者として名高く、なかでも一七世紀イギリスの大作曲家ヘンリー・パーセルの権威として知られていた。その彼が一九一五年に八四歳で没し、約二〇〇〇部の図書・楽譜などを遺族が売り出したのだ。

頼貞は、早速ケンブリッジでの師・ネーラー博士に電報を打ち、オークションでの購入を依頼した。それから半年後に届いた約五〇〇部のカミングス・コレクションには、貴重な資料が多数蒐集されていた。ヘンリー・パーセルの大量のマニュスクリプト、ヘンデルの遺稿、バッハの室内楽の遺稿、ロッシーニやハイドンの自筆原稿や書簡があるかと思えば、ベートーヴェンの「第九」の初版本がある。これは、ワーグナーがロンドンのアルバート・ホールで指揮したときに使用したもので、ワーグナーの注意書きが鉛筆で書き込まれている。また、羊皮紙にラテン語で書かれた一四〇〇年頃のグレゴリアン・チャントもあるなど、ヨーロッパ音楽研究のための貴重な資料が豊富に揃っていたのである。「此の価格は全部で一万余円の巨額に達したといふ」（『音楽界』一九二〇年二月）。

音楽学者の兼常清佐《かねつねきよすけ》は購入したカミングス文庫の意義をこう評している。

〈この文庫の価値は或る博物館の持つ価値であります。この文庫の日本への将来は要するに私共

がこの地に在っては決して見る事の出来ない大英博物館の一部分を私共に紹介したといふ事であります。〉

（『南葵音楽図書館所蔵カミングス文庫に就て』）

これらを整理して、一九二〇年十月二日に南葵音楽文庫は一般公開された。このときの閲覧蔵書は楽譜一二六四冊、音楽書四七三冊である。近衛秀麿は、曲をよりよく理解するために写譜に励み、南葵音楽文庫にもよく訪れていた。

〈その後、ホルマン（Josef Holmann）、フリードレンダー（Max Friedlaender）のコレクションを加え、さらに独自な収集を行ったことにより、ベートーヴェン、ヘンデル、リスト、ロッシーニ等の手稿、パーセルやヘンデルの初版や初期版、一六世紀から一七世紀の詩編集やパートソング等、九〇〇点の貴重資料、四八〇〇の図書、五〇〇〇点の楽譜等を含む、東洋最大の私有コレクションとして知られるようになった。〉

（松下鈞「南葵音楽文庫の現状」）

二九年四月発行の「南葵音楽事業部摘要第一」によれば、「所蔵の閲覧用整理済のものは音楽書及楽譜合計三万冊蓄音機レコード約二千五百枚」だという。

パイプ・オルガンの完成披露コンサート

ところで、ひとまず南葵楽堂は開堂したが、「完成」したわけではなかった。パイプ・オルガンがまだ設置されていなかったのである。オルガンは、第一次世界大戦が終わった一九一八年の晩秋にアボット・スミス社から製造に取り掛かるとの連絡があり、二〇（大正九）年春に横浜に到着した。ここで問題が起こる。一般にオルガンといえば足踏み式のオルガン（ハーモニウムとリードの二種類がある）しか知られていなかったので、税関ではパイプ・オルガンと書かれた多量の円柱が、なんだか判らない。そこで、建築材料の部品と考えて、一つ一つの容積と目方を量って税をかけようとした。そんなことをしたら、オルガンの代価より高くなってしまう。頼貞は文部大臣と大蔵大臣に会ってパイプ・オルガンを説明し、教育品として無税の通関にしてもらう。

だが、これで一件落着とはいかなかった。東京に着いたオルガンを組み立てられる人が日本にいなかったのである。やむなくアボット・スミス社に電報を打ち、技師を送ってもらうことにした。プリチャードという技師が到着したのが、その年の六月だった。

プリチャードは日本語がわからないので、オルガニストとして知られた東京商科大学（現・一橋大学）のガントレット教授に手助けを頼み、オルガンの設置作業の手伝いを日本楽器（現・ヤマハ）に依頼した。この経験を生かして日本楽器は、三二（昭和七）年東京本郷の聖テモテ教会に国産初のパイプ・オルガンを取り付けることになる。

エドワード・ガントレットは、イギリス人で一八九〇年に来日。岡山の第六高等学校、山口高等商業学校、東京商科大学などで英語、ラテン語を教えるかたわら、エスペラント語の紹介につとめた。また、山田恒と結婚し、彼女の弟山田耕筰に西洋音楽の手ほどきをしたことでも知られる。

〈義兄は素人ばなれのした音楽愛好家で、オルガンは特にうまく、英国の教会音楽者の免状も持っていた。夕飯後の義兄の奏くオルガンは、何にもました喜びであり、ベェトォヴェン、モォツァルトはもちろんメンデルスゾォンの曲などをはじめて耳にし、興奮してねられなかった。（中略）いつも義兄の側に立って、譜面めくりをさせられた。私は、目を皿にして楽譜を見おとすまいと焦った。〉

（『若き日の狂詩曲』）

と山田は、ガントレットを語る。

オルガンの設置工事は、七月から始まり十一月初旬までかかった。頼貞はプリチャードに、「オルガン竣工の披露演奏会を開くので、それまで日本に滞在しないか」とすすめた。しかし、「クリスマスを家族と祝いたい」といって、急いで帰ってしまったのである。当時、横浜からロンドンまで船で五〇日ほどかかったので、十一月二二日の披露演奏会に出席すると、イギリス着は年を越してしまうのだ。

〈パイプ・オルガンの大きさは高さ四間（約七・二メートル）、奥行二間（約三・六メートル）、幅三間（約五・四メートル）で、パイプの総数千五百余本、鍵盤三段、ストップ三十六個、最長のダイヤ・ペーソンは十六フィート（約四・九メートル）で、送風には七馬力半のモーターを用いることになっていた。モーターを使用せずに人力で送風するとしたら、何人ほど要するかと訊ねてみたら、およそ十六、七人を要するということであった。〉

（『頼貞随想』）

当時パイプ・オルガンは、築地の三一教会、立教大学と暁星中学の講堂、横浜の山手教会などに備えられていたが、これほど大規模なものはなかった。

パイプ・オルガンの完成披露演奏会は、一九二〇（大正九）年十一月二二日（月）と二三日（火）

の両日と決まった。頼貞は、初日を招待日とし、二日目は「ノミナルなプライスで入場券を音楽愛好者に分かちたいと考えたが」、父の頼倫が「徳川家とあろうものが切符を売るなどとはコケンにかかわる！」と強硬に反対する（『頼貞随想』）。そこで、入場券を演奏会の前日二一日の午前十時から午後四時の間に楽堂の受付で希望者に交付すると発表した。

すると二一日の朝八時頃から、楽堂前に大勢の人が集まってきた。男女の学生が大部分だが、晴れ着の令嬢や婦人の姿も見える。定刻の十時には楽堂前の庭は大混雑。所轄の警察署が警官を派遣する始末だ。係員が「切符は充分用意してありますからご安心ください」と大声で叫び、貼り紙をして群集を鎮めようとするが、先を争って受付に殺到した。なかには鉄柵を乗り越えたり、窓から楽堂に飛び込もうとする青年もいる。そんな熱狂的な人々に抗しきれず、係員は三〇〇枚配布の予定を、倍の六〇〇枚渡してしまった。楽堂には、最大三五〇人しか入れないのだから、頼貞は悩んだ。そこで、演奏者たちとも協議した結果、音楽会をもう一日続けて再演し、切符を持った人はすべて演奏が聴けるように手配したのである。

パイプ・オルガンの完成披露演奏会の様子を紹介する前に、南葵楽堂について気になっていることを、記しておきたい。それは、南葵楽堂をどのように公開・維持したかということである。私は、楽堂主催のコンサートとホールを貸した演奏会があり、両方とも入場料をとっていると思っていた。ところが、「徳川家とあろうものが切符を売るなどとはコケンにかかわる」という頼倫の発言を知って混乱している。楽堂主催のコンサートはすべて無料だったのだろうかと――。

前に紹介したように東京音楽学校の春秋の定期演奏に「毎回二、三千円ほどの謝金を出し」ているのだから、主催コンサートがこの二回だとすると現在の金で約六〇〇〇万円、隔月に開催すると謝礼だけで年間一億五〇〇〇万円前後の持ち出しとなるではないか。紀州徳川家は旧藩主のなかでも加賀の前田家、薩摩の島津家と並ぶ有数の大資産家として知られていたが、そんなに鷹揚なのだろうか。

無料は、南葵楽堂のオープニングとこのパイプ・オルガンのときだけかもしれないと考えて、当時の音楽雑誌に南葵楽堂の演目とあわせて入場料が載っていないかと探した。戦前の音楽雑誌を所蔵している図書館がほとんどなく、あっても記事が載っていない。有料か無料かの確証を見つけられないでいた。ところが、『日本洋楽外史』で中島健蔵が、「僕は南葵文庫にはいくらか恨みがあるんだ。あそこで時々演奏会をやったでしょう。聴きたくてしょうがないんだけれど、なかなか入れてくれないんだよ」といっているのを見つけた。有料なら「なかなか入場券が買えなくて」という表現をして、「なかなか入れてくれない」とはいわないだろう。よって、無料で招待者だけに聴かせたと考えている。

招待日には皇族が二八人

パイプ・オルガン完成披露演奏会の第一日は、午後二時半に開場した。この日は招待日なので、階上を皇族の席、階下を一般の席とする。出席した皇族は、伏見宮貞愛《さだなる》親王、閑院宮戴仁《ことひと》親王、東伏見宮周子《かねこ》妃、久邇宮俔子《ちかこ》妃、久邇宮良子《ながこ》女王（昭和天皇の皇后）、久邇宮信子女王、梨本宮守正親王夫妻、梨本宮方子《まさこ》女王（李王妃）など二八人もの多きに達した。

演奏はグスタフ・クローン教授指揮の東京音楽学校管弦楽団で、まずベートーヴェンの「エグモント」序曲に始まり、次いでベートーヴェンの「交響曲第三番《英雄《エロイカ》》」の全曲。そして三番目が、東京音楽学校助教授中田章（作曲家中田喜直の父）によるパイプ・オルガンである。バッハの「プレリュード ニ短調」とライベルガーの「ソナタイ短調」の間奏曲が、堂内に壮麗な響を奏でた。続いて安藤幸子のヴァイオリンとパウル・ショルツ教授のピアノでグリークの「ヴァイオリン・ソナタ ト長調作品一三」が演奏され、最後にチェロのボグミル・シコラが登場した。

頼貞は、自分の理想が実現したコンサート・ホールのお披露目には、現在の日本で考えられる最高のメンバーを揃えたいと、十月の下旬にマニラで演奏旅行中の名手シコラに電報を打ち、来日を依頼したのだった。まずシコラ同伴のヒルブルグ夫人のピアノ伴奏で一八世紀イタリアの作曲家アントニオ・ロッティ作フィッツェンハーゲン編曲の「歌謡調（アリアか）」とチャイコフスキーの「悲しき歌（エレジーか）」。次に商科大学のガントレットによるパイプ・オルガンの伴奏でバッハの「G線上のアリア」とタルティーニの「アンダンテ・カンタービレ」でめでたく演奏会は終了したのである。

頼貞が控え室に行って演奏者たちの労をねぎらっていると、シコラが、チェロを抱えてやってきた。まだ覚めやらぬ昂奮に眼を輝かせ、頼貞の手をきつく握っていう。

「私は今日ほどの幸福を味わったことがありません。多くの日本の皇族と音楽愛好家の前で演奏した名誉は一生忘れることができないでしょう。聞くところによれば、日本では皇族は決して拍手をしないといいます。ところが、今日はどの宮様も熱心に拍手された。私はこのような喜びをかつて味わったことがありません」と。

二日目のコンサートは、午後六時半から開演。一般公開といっても東京駐箚の各国大公使、外交団に頼貞の友人たちも含まれていた。

第二日目と臨時の第三日目の演目は同じものだが、初日とは異なっている。雑誌『音楽』(一九二〇年十二月)の記事を紹介しよう。

〈十一月二十三、四日の夜七時より南葵楽堂で南葵管弦楽演奏会が開催され、海軍軍楽長横枕文四郎氏の指揮の下に興味ある曲目が提供された。殊にチェルロの名手ボクミルスィコラ氏は徳川頼貞氏の招きに応じて態々来朝され、横枕氏の指揮する管弦楽の伴奏で、チャイコフスキーのロココ大変奏曲〔ロココ風の主題による変奏曲〕を演奏されたことゝ武岡鶴代氏がスィコラ氏のチェルロ、ヒルベルク夫人の洋琴、ガントレット氏の有管風琴の伴奏でヘンデルの「救世主」の中の抒情調〔アリアか〕と、バッハーグノーの「アヱマリア」を唱ったのが非常な喝采であった。曲目第一の序曲は頼貞氏が師事されたネーラー博士が特に南葵楽堂開場式のために作曲して寄せられたものださうである。此両日の音楽会のために徳川家より発せられたる招待状と入場券の総数は七百の多数に上ったとのことである。〉

パイプ・オルガンを有管風琴というなど、当時の表現が興味深い。雑誌『音楽』に載せられたプログラムに説明を加えながら記しておこう。

はじめは、ネーラー博士が作曲した「南葵楽堂のための序曲」。二番目が武岡の上高音〔ソプラノ〕

独唱。次がシコラのチェロ独奏で、チャイコフスキーの「ロココ風の主題による変奏曲」。シコラの得意曲の一つだという。これは、チャイコフスキーがドイツのチェリストで作曲家のフィッツェンハーゲンに献呈した曲。フィッツェンハーゲンが作曲者に無断で改訂してしまったことでも知られている。前日のアントニオ・ロッティ作「歌謡調」もフィッツェンハーゲン編曲だから、この改訂版を演奏したのだろう。

四番目が、前日と同じくガントレットのパイプ・オルガンの伴奏で、シコラがバッハの「ト弦の歌調〔G線上のアリア〕」とタルティーニの「唱謡併歩曲〔アンダンテ・カンタービレ〕」を。五番目もシコラのチェロだが、ピアノ伴奏でショパンの練習曲〔エチュード第一九番 嬰ハ短調〕作品二五 第七番〔グラズノフ編曲〕とプラハ生まれのチェリスト、ポッパーの「タランテルラ〔タランテラ〕」を演奏して音楽会は終わった。

パイプ・オルガンの披露演奏会を盛況裡に終えて、頼貞はこう述べている。

〈私は、この三日間に亘る音楽会によつて、自分の理想であり夢であつたことの実現されたことを嬉しく思つた。楽堂もパイプ・オルガンも完成し、それが実際に活かされたことにこよなき喜びを感じた。嘗て倫敦に勉学中に描いた夢が、幻影の世界から下つて実相の世界に入り、現実の姿となつたことを神に感謝した。夢が現実として働くに至ることは、恰度地中の芽が日光を求めて地上に萌え出るやうなものである。芽生への成長は限りなく喜ばしい。それには人知れぬ努力が要る。然し、夢もやがて姿を調へ現実となつて実を結ぶのである。かく思へば夢もまた現実的

なものであると云へよう。〉

（『私家版』）

とうとう徳川頼貞は、自分の夢を実現させた。パイプ・オルガン付きの本格的なコンサート・ホールを日本で初めて、それも個人で建設したのである。日本の西洋音楽受容史における偉業であろう。日本でコンサート・ホールにパイプ・オルガンを備えるようになったのは、一九八〇年代前後なのだから。だが、現在、音楽のパトロンとして頼貞の名前を知る人はほとんどいない。

ベートーヴェン生誕百五十年紀念音楽会

充実した一九二〇年の締め括りとして、頼貞は十二月十一日に南葵楽堂で一番好きな作曲家ベートーヴェンのコンサートを催した。タイトルは「ベートーヴェン生誕百五十年紀念《ママ》音楽会」である。当時西洋音楽に関して興味を持っていたのは一部の人でしかなかったので、《ベートーヴェン祭》は、一般の人にはほとんど話題とならなかった。しかし、日本人の理解力・吸収力は旺盛で、七年後のベートーヴェン没後百年祭には、大きな盛り上がりをみせることになる。

この紀念音楽会の演目は、

一　エグモント序曲

二　エグモントのための音楽　二曲

「太鼓は響く」「喜びに満ち、悲しみに満ち」

三　交響曲第三番《英雄》

四　ピアノ協奏曲第三番　ハ短調　作品三七
五　悲歌「生けるがごとく安らかに」（四重唱曲）作品一一八
で、指揮グスタフ・クローン、演奏は東京音楽学校の職員、卒業生、海軍軍楽隊からなる管弦楽団に音楽学校男女生徒の合唱団。ソプラノ長坂好子、ピアノ小倉末子、オルガン中田章であった。

日本の西洋音楽普及の現実を知悉している頼貞は、このコンサートの聴衆のために二冊の小冊子を作成して配布する。

一冊は『*Works of Beethoven*（*Beethoveniana*）』で、ベートーヴェン関連文献目録、作品リスト、ピアノ・ソナタ全三二曲の難易度表、ベートーヴェンの肖像画などを載せ、ベートーヴェンをより深く知ってもらうための資料とした。

もう一冊は『演奏楽曲に就て』で、兼常清佐による三〇ページもの長文解説である。「西洋音楽の導入に未だ汲々としていた当時の日本人に対して、日本人の目線から、西洋音楽の理解とは何かを考えさせる文章であった」（篠田大基「Oxalis」Ⅲ）。兼常は音楽を聴く基本姿勢を判り易く説いているので、ここには譜例は載っていないし、個々の作品に関する説明もほとんどない。「音楽は私共に取っては実に不思議な神秘な世界です」と書き出し、こんな風に作品に触れながら、疑問を提出してゆく。

〈今、第三『コンツェルト』の管弦楽の長い序節が終ってピアノから突如として玉を転ばす様な音階と、堂々たる力強い主題の和絃が響いて来ます。其れは私共の心を此の瞬間に不可思議なる芸術の境地に投げ込みます。そして美しい感激に溢れた心は、暫時は恍惚として他の一切の物を

忘れてしまいます。然し退いて静に考へるならば、是れは実に大なる謎語です。先づ第一に此の曲の主題の意味は何でせう。何事を物語るために抑も此の主題は、作り出された〔の〕でせう。其れがピアノと管弦楽の上に燦爛と発展して行く驚くべき作曲の技巧はたゞ冷なる頭脳が生んだ音の戯れでせうか。（中略）私共の感覚を数分の間眩惑し去る不思議な音の万花鏡に過ぎないでせうか。是れは実に大なる謎語です。今日此のベトーヴェンの大作の前に坐つた私共は、是非共解かなければならぬ大なる謎語です。〉

音楽を理解するとは、つまるところ、こうしたさまざまの《謎語》を抱きながら曲を聴き、考えたり、作曲家の創作史を学んだりして理解を深めていくしか方法はないのである。

このコンサートの聴衆は六〇〇人に達したというから、南葵楽堂は立錐の余地のない超満員であったのだ。

山田耕筰、念願のオペラに挑む

頼貞だけでなく、一九二〇年は日本の西洋音楽史にとって重要な年となった。「ベートーヴェン生誕百五十年紀念音楽会」から一週間後、山田耕筰が、念願のオペラの上演に挑んだのだ。この年の九月、山田を中心に小山内薫、岡田三郎助、土方與志、近衛秀麿、斎藤佳三《かぞう》と音楽、美術、演劇の分野から一〇〇余名が集まり日本楽劇協会が設立された。そして、この協会により、十二月二八日から三十日の三日間、帝国劇場で本格的な歌劇の公演が行われる。演目はドビュッシーの「放蕩息子」全一

幕やワーグナーの「タンホイザー」第三幕など。指揮は山田耕筰で、合唱指揮を近衛秀麿が担当した。装置衣装は山田の親友斎藤佳三。斎藤は、図案家、作曲家、舞台美術家、演出家、あるいはドイツ表現主義の紹介者と多才で、ジャンルを超えた総合的な芸術を目指した人である。舞台監督は土方與志。土方は秀麿と学習院の同級生で同人誌の仲間だ。歌手やオーケストラの大部分は日本人だったが、主要なキャストは白系ロシア人であった。まだ、日本人だけでオペラを上演する力量に達していなかったのだ。ロシア革命によって祖国を追われたロシア人たちが、この後も日本の洋楽の発展に大きな影響を与えることになる。

雑誌『音楽』は、この歌劇をこう称えた。

〈十二月二十八、二十九、三十の三日間山田耕作氏の指揮の下に我国の歌劇史上最も特筆大書すべき大事件たるデビュッスィーの「ランファンプロディグ」と、ワーグナーの「タンノイザー」の上演が帝国劇場であつた。すべての方面にこれだけ細い芸術的の注意が払はれて歌劇が上演されたことは従来我邦に於ては無かつたことゝて、物質上の損失は数千円の額に上つたことゝ思はれるが、芸術上に収め得た成功は優にこれを償つて余りがあると思はれる。〉（一九二一年一月号）

山田耕筰も

〈……出場者や管弦楽員に十数人の外人を混へたばかりで、他は悉く日本人のみの手になつたといふだけでも、ずゐぶん特徴のある試みであつた。而かも、出し物が今までにない芸術的なものであつたばかりでなく、その演出が、劇的にも、音楽的にも、照明学的にも、舞台装置に於いて

も、かなりの成功を見せ、日本の劇芸術に一新境を開拓した点に於いて、此の試みは確かに日本の音楽史を飾るに足るものだつたと思ふ。〉（「楽壇十五年」）

と自慢している。その一方で、山田は、日本の演奏技術の未熟さを実感し、「完全な楽劇を上演するには、先づ絶対に必要なのは優秀な管弦楽団を養成することだと考へるやうになつた」（「日本交響楽運動の思ひ出」）のである。

山田の考えが実現するために、日本の洋楽界はもう少し時間が必要であった。

六　音楽巡礼の旅

南仏でオペラをはしご

南葵楽堂のパイプ・オルガン披露演奏会は、好評裡に終わった。だが徳川頼貞は、これで満足したわけではない。日本の音楽愛好家に西洋音楽鑑賞の場所を提供したあとは、自らがヨーロッパの音楽を再体験しようと約一年の予定で妻為子と共に音楽巡礼の旅に出かけるのである。その出発は、年明けてまもない一九二一（大正十）年一月二七日であった。

教育係を務めていた上田貞次郎は、「自分は此洋行を機会として大に生活を一新せよと勧めたけれど、実はあまり望みを嘱しては居ない」と日記に頼貞への失望感を記している。厳しく自分を律しながら勉学に励んで一流の経済学者になった上田からみると、若殿様は金遣いが荒く、勉強にもあまり身を入れない、できのよくない生徒なのであろう。

頼貞一行は三月中旬にマルセーユに到着。ただちにニースへ向かった。頼貞は学生時代、モーパッサンのヨットによる地中海旅行記『水の上』を読み、南仏のコート・ダジュールに憧れていたのである。滞在先は一九一二年にできたばかりのニース第一のホテル、ネグレスコ。長旅の疲れでぐっすりと寝込んだ翌朝、美しいソプラノの歌声で目を覚まされた。ホテルの窓の下で中年の婦人が伴奏者を従えて歌っていたのだ。

〈この歌姫の美声に夢破られてか、方々の窓が開いて彼方此方から色々な顔が現はれ出した。（中略）皆は盛んにブラボー〳〵と呼んでは握り金の雨を降らしてゐる。それは恰度東京の下町で新内の流しに窓から金を投るのと少しも変らない。歌姫はオペラの舞台《ステージ》で聴衆の熱誠なアンコールに答へるプリマ・ドンナのやうな身振りで盛んにキスを送つてゐる。ピス〳〵といふ声が起つた。歌姫はこれに答へてトーマの歌劇「ミニヨン」の名高いアリア「君よ知るや南の国」を唱ひ出した。〉

（『蒼庭楽話』）

彼女の声はかなり荒れていたが音程はしっかりしている。「流しの楽師でさえこんなレヴェルなのだから、ニースのオペラ座にはさぞよい歌手が揃っているだろう」と頼貞は思った。ホテルのコンシェルジュに相談すると、明晩グノーの「ファウスト」が上演され、ニースの代表的な歌手が出演するという。一番いいボックス席を手配してもらい、聴きに出かける。翌朝、コンシェルジュが感想を聞くので、

「なかなかよかった。特に主人公のマルグリットに扮した婦人は、さすがにニースの代表的歌手と

いうだけあって、大変美しかったし、声もよいし歌も上手だった」

と答えた。すると彼は、相好を崩して
「実はあのプリマ・ドンナは私の家内でございます」

といった。

数日後、モンテ・カルロのカジノにある歌劇場でモーツアルトの歌劇「魔笛」が上演されることを知り、聴きに出かける。出演者のフリーダ・ヘンペルとジョン・マコーマックに興味があったのだ。

フリーダ・ヘンペルは一八八五年、ドイツ生まれ。一九〇五年にベルリンでデビューし、〇七年にはロンドンのコヴェント・ガーデンに出演。一二年にニューヨークに渡り、一九年までメトロポリタン歌劇場を主な舞台として活躍していた。この晩の彼女の役は「夜の女王」。この役は高いC音を必要としているので、コロラトゥーラ・ソプラノの彼女は適役であった。「このアリアのコロラチュラは単に高音の動きばかりでなく、張緩伴つた真の高まりであるから、その音楽的表現は決して容易ではない。けれども、ヘンペルは見事にこの至難な曲を歌ひこなした」(同前)と頼貞は評している。

一方のジョン・マコーマックは、一八八四年アイルランドの労働階級に生まれた。幼いときから歌手に憧れ、一九〇三年にアイルランドの音楽祭でテナーのゴールド・メダルを受賞する。その後イタリアで学び、〇七年に二三歳でコヴェント・ガーデンにデビュー。この劇場でのプリンシパル・テナーとして最年少の記録をつくった。次いで、アメリカで活躍し、一九年にはアメリカの市民権を得ている。

この日、マコーマックは、「王子タミノ」を演じたが、頼貞は彼には声量がないと感じた。「独逸式の歌ひ方から見ると、彼のは謂はゞ甘いのである。けれども彼の声の美しさは確かに素晴しいものであつた。彼の演技は上手ではなく、従ってマッコーマックは立派な歌手ではあるが優れた役者ではないといふのが私の第一印象である」（同前）と書いている。だが、マコーマックは、イタリアのベルカント唱法で歌うテナーなので、「独逸式の歌ひ方」という指摘は、見当違いといえるかもしれない。ベルカント唱法とドイツ式唱法は相反する発声法なのである。

謎の多い「マノン・レスコー」の観劇談

頼貞一行は、ニースからパリに向かわず、ローマを訪ね、グランド・ホテル（現ザ・セント・レジス・グランド・ホテル）に宿をとった。このホテルは、一八九四年にホテル王セザール・リッツによってイタリア一豪華でエレガントなホテルとして建てられ、各国の君主、首脳、貴族、有名人に愛されてきた。学生時代と違って、結婚した紀州徳川家の若殿の宿は、各地のトップクラスのホテルとなった。

四月四日、頼貞はイタリア音楽界の指導者で、パトロンでもある旧知のサン・マルティーノ伯爵から、プッチーニの「マノン・レスコー」に誘われた。ここで頼貞は、「感動的な出来事に遭遇した」と書いている。だが、それは歌劇ファンなら首を傾げる記述なのだ。まず、『薈庭楽話』からこの話の大筋を紹介しておこう。

「羅馬の帝室歌劇場「テアトロ・レアーレ」」の伯爵専用ボックスは、正面にありローヤル・ボック

スの隣という最高の場所。幕が開き「本物のベルカントが、第二のカルーソーと謂はれたラウリ・ヴォルピの透き徹るような声で歌はれた時は、その美しさに恍惚《うつとり》として仕舞つた」。すべてが素晴らしく「私は、始めから終りまで、夢に夢見る心地して聞き入つてゐた」。オペラが終わっても場内の拍手は鳴り止まず、そのうち「プッチーニ」、「プッチーニ」と呼ぶ声がする。聴衆が指差すボックスには、作曲者がいたのだ。伯爵の説明によれば、「今晩は「マノン・レスコー」がこの劇場に上演されてから恰度三十五年目に当るので、プッチーニが」わざわざやってきたのだという。やがて、プッチーニが舞台に現れ、「右に「マノン」の役を演じたプリマ・ドンナのパーチ・レオーネ（Paci Leone）左に指揮者ヴィンチェンツオを擁して」挨拶をした。プッチーニの話が終わると、聴衆から前よりも激しい喝采が起こり、皆が「プッチーニ万歳」と叫んだ。「かういふ情景は、芸術を愛する国ならでは見られないことだとつく〴〵思つた」。

まことに感動的な一夜だったわけだが、気になることを挙げてみる。

まず、「テアトロ・レアーレ」。現在「ローマ歌劇場」として知られる、このオペラ・ハウスは、頼貞が訪れた当時、「テアトロ・コンスタンツィ」と呼ばれていた。それで、まず「おや？」と思う。だが、この劇場は二六年に「テアトロ・レアーレ」と改称されている。『薈庭楽話』の出版は一九四三年だから、読者に分りやすく当時の劇場名を書いたのかもしれない。

私が理解に苦しんでいるのは、プッチーニのくだりである。彼の出世作となった「マノン・レスコー」が、一八九三年二月一日、トリノの「テアトロ・レージョ」で初演されたのは、オペラ・ファンには

よく知られている。そして、ローマでの初演は、その年の十一月九日であった。頼貞が見たのは、一九二一年四月四日だから、初演から二八年目であり、日付も合わない。三五年目ではないが、ほかのプッチーニの代表的な歌劇が上演された日かと思ったが、「ラ・ボエーム」と「トスカ」のそれぞれのローマ初演は、一八九六年二月二三日と一九〇〇年一月十四日である。とすると、頼貞は、次の一九二九年からの洋行のときのことと混同しているのだろうか。だが、プッチーニは、一九二四年十一月二四日に死去しているので、その可能性はない。さらに、このコンサートの数日後に頼貞夫妻がプッチーニと会った証拠がある。プッチーニが一九二一年と記し、サインを入れ、「蝶々夫人」の楽譜の一部を書いて、マダム・トクガワに贈ったものが『薈庭楽話』に載っているのだ。これで、私はさらに混乱し、「いったい何をどう間違えたのだろう」と理解できないでいる。

さらに、細かい疑問点を述べる。八〇歳過ぎまで歌い続けた奇跡のテナー、ジャコモ・ラウリ゠ヴォルピは、ローマ大学の法学部で学んだあと、オペラ歌手となる。彼のデビューは遅く、一九一九年二七歳のときだった。翌二〇年に「テアトロ・コンスタンツィ」で上演されたマスネー作曲「マノン」のデ・グリュー役で注目され、スターへの階段を上り始める。二一年には三月から五月にかけてスペイン公演を行っているので、この夜に出演している可能性はなさそうなのだ。

そして、ケアレス・ミスと思われるのが、「「マノン」の役を演じたプリマ・ドンナのパーチ・レオーネ（Paci Leone）」という記述。バリトン歌手のレオーネ・パーチは、確かにこの日の「マノン・レスコー」に出演しているが、「マノン」の兄役の「レスコー」を演じているのだ。「マノン」を演じたのは誰だっ

たのだろう。
なんとも理解できない「マノン・レスコー」の観劇談なのである。

プッチーニに送った「トゥーランドット」の資料

この「マノン・レスコー」観劇のあと、サン・マルティーノ伯爵は、ホテルで別れ際に、「侯爵、プッチーニに会ってみませんか。「マダム・バタフライ」の作者ときみが会ったら、面白い話ができるでしょう」

と誘う。頼貞は迷ったが、このすすめに応じることにした。数日後、ホテルに伯爵の手紙が届く。それには「明日午後五時、ホテル・クイリナーレにプッチーニを訪ねろ」とあった。「テアトロ・コンスタンツィ」にほど近いホテル・クイリナーレは、プッチーニの定宿である。委細は彼に話してあるという。頼貞は、伯爵が同行しないが、万事アレンジされているなら行かねばならない、と度胸を決めて訪れた。

ホテルに着いて、案内を乞うと、通されたのは小ぢんまりした瀟洒な客間。やがて現れた巨匠は、「英語は解るが話せないのでフランス語で話したい」といってイタリア訛りのフランス語でゆっくり話し始めた。

「あなた方ご夫妻にお会いできたことは、私にとって喜ばしいことです。実は、私はいままで日本の方に会ったことがありません。あなた方が初めて会う日本人です。私は、かねがね日本の方に会っ

たら聞いてみようと思っていたことがあります。私の作った「マダム・バタフライ」ですが、あなたはあの歌劇をどう思っていますか」

「マエストロ、誤解なさっては困ります。私の親友のサン・マルティーノ伯爵が私をあなたにどうご紹介申し上げたか存じませんが、私は音楽家でも批評家でもありません。ですから、あなたの作品について申し上げる資格はありません。私は、ただ音楽を愛する一介のディレッタントに過ぎません」

「いや、そんなにご謙遜なさる必要はありません。どうぞ、何でもいいのです。日本の方がどう思ったかをぜひ知りたいのです。遠慮など無用です」

そこで、頼貞は、日頃思っていることを述べて、プッチーニがどう答えるか、知りたいと思った。

「分りました。仰せに従って「マダム・バタフライ」について意見を述べることに致します。が、その前に一つ二つ質問したいことがありますがお許しいただけますか」

「よろしい。お答えしましょう」

「では、お聞きします。一つは、日本にいらしたことがあるかどうかです」

「私は、日本に行ったことがありません。日本は美しい国、夢のような国であるとかねてから聞いています。本で読んだこともあるので、一度は行ってみたいと思っていますが、いままでその希望を実現できないでいます」

「それでは一度も日本に行ったことのないマエストロが、どのようにして歌劇のなかに使われている日本固有の旋律を知ったのか、お聞かせください」

「あの旋律は、「マダム・バタフライ」を作曲中に、ローマにいらした日本公使、大山さんと記憶しますが、その人から送っていただいた楽譜から採ったのです」

この後、日本に戻った頼貞が、たまたまピアニスト兼ヴァイオリニストの幸田延（幸田露伴の妹）にプッチーニの話をしたとき、当時ウィーンに留学していた彼女が、ローマの日本公使館から日本の楽譜を送るよう依頼を受けたと聞かされた。

頼貞は、疑問が解けたところで、プッチーニの質問にこう答えた。

「私は、マエストロが日本の単純な旋律をあのように美しく用いられたことに心から敬服しています。でも、日本人があの歌劇を聞いていると妙な感じを受けます。たとえば、結婚の場面に出てくる旋律の「宮さん宮さんお馬の前で」という節は、明治維新のときの俗謡です。また、ラヴ・シーンのしんみりした場面に流れるやさしい旋律は、明治の子守唄です。知らない外国人はなんとも思わないでしょうが、知っている日本人の耳にはどうしても奇妙に響くのです」

プッチーニは、じっと頼貞の話を聞いていたが、

「あなたはたいへんよいことを言ってくださった。ご指摘の点を今まで考えたことがありませんでした。友人の誰からもそのような批評を聞いたことがありません。いいお話を伺いました」

と喜んでくれた。そして、

「あなたのお話で、一つお願いができたので、聞いていただけませんか。いま中国の物語を題材として歌劇を書いています。そのための、四〇〇年位前の中国音楽の楽譜を調達できないでしょうか。

いま聞いたような間違いをふたたび繰り返したくないので、できれば一つ一つの楽譜に解説をつけてほしいのですが」

「マエストロ、同じ東洋といっても日本と中国は違う国です。喩えていえば、フランスとドイツのような関係でしょうか」

と説明した。プッチーニは、一々頷いていたが、ほかに頼む人がいないらしく、「あなたの計らいで何とかしていただけないか」と懇願する。そのとき、頼貞は中国音楽を研究している田辺尚雄の名前が浮かんだ。田辺は、一八八三年東京生まれ。頼貞より九歳年長で、東京帝大と同大学院の理論物理学科で音響学を専攻するかたわら、東京音楽学校選科でヴァイオリンを学ぶ。さらに、フランス人ノエル・ペリに師事し、和声法と作曲法を研究。その後、長唄、哥沢、謡曲、雅楽なども習得し、日本と中国の楽律の研究に従事するという、東洋と西洋の音楽を熟知した音楽学者である。長命で一〇一歳まで生きた。

頼貞は、彼の経歴を話し、斡旋を引き受け、ホテルに戻るとすぐ田辺に電報を打った。これで「中国の物語を題材とした歌劇」つまり「トゥーランドット」が完成したら頼貞と田辺の名前は西洋の音楽史に残ったのだが、現実は残酷であった。

頼貞が帰国するとすぐに田辺が訪れ、自分の研究がプッチーニのような大作曲家の役に立つのは光栄なことなので、持っていた中国音楽の楽譜をすべて送ったと興奮気味に話した。それから数カ月後、プッチーニからの手紙を持って、田辺がやってきた。おそらく送った楽譜の礼状だろうという。頼貞

が見ると、確かにプッチーニの筆跡だが、イタリア語なので内容が判らない。そこで、数日後、イタリアの大使館付武官としてローマに滞在してイタリア語に堪能な海軍の山本信次郎少将と田辺を晩餐に招待する。少将が翻訳した内容は次のようなものだった。

「あなたが私に宛てた手紙を落手しました。お手紙にある中国の楽譜を送って下さったということも確かに了解しました。けれどもその楽譜は、今日まで自分の処に到着していません――イタリアは音楽の盛んな国なので、しばしば楽譜が紛失することがあります。もしあなたが送って下さった楽譜の小包が途中で包装が解けて、内容が楽譜であることが判ると盗難にあうことも考えられるのです。送って下さった楽譜もそのような不幸に遭ったのではないでしょうか」

頼貞が思わず田辺の顔をうかがうと、平生から蒼白い彼の顔がより白く感じられた。音楽研究者として貴重な文献を失った無念さは、いかばかりだったろうか。田辺の落胆は、推察してもあまりある。後年頼貞は、歌劇「トゥーランドット」を観るたびに、こんな想像をしている。

「もし、田辺君の送った楽譜がプッチーニの手に届いていたら、恐らく歌劇「トゥーランドット」の音楽は今日あるものとは異なっていただろう。あるいは、「間違いをふたたび繰り返したくない」といったプッチーニは、音楽の考証のために「トゥーランドット」を未完成にして終わったかもしれない」と。

このプッチーニのエピソードには、頼貞が「仏蘭西語が不束」（『薈庭楽話』）なため、聞き間違えたと思われる記述がある。それは、「頼貞夫妻が初めて会う日本人」というくだり。『ジャコモ・プッチー

ニ　生涯と作品』（ジュリアン・バッテン）や『プッチーニ　生涯・芸術』（モスコ・カーナ）では、プッチーニは「蝶々夫人」の資料収集のため大山公使夫人と数回にわたって会っていて、「彼女は、私に沢山の面白い話を聞かせてくれ、自分の国の歌などもうたってくれた」（モスコ・カーナ、加納泰訳）と語っているのだ。

もう一つ、頼貞の勘違いがある。「プッチーニは「トゥーランドット姫」を完成して此の世を去つた」（『薈庭楽話』）と書いているが、ご承知のように「トゥーランドット」は、第三幕第二場の二重唱とフィナーレを残して、世を去り、友人の作曲家フランコ・アルファーノがプッチーニの草稿に従って完成したのである。

また、プッチーニに送った楽譜紛失の話は、田辺が九九歳のときに出版された『続田辺尚雄自叙伝』にも描かれている。ここでは、頼貞からの楽譜送付の依頼は電報ではなく郵便で、プッチーニからの手紙はイタリア大使館に頼んで訳してもらったとある。そこに書かれた楽譜紛失の原因は、当時ドイツが楽譜を秘密暗号にしていたので、スパイの暗号と誤解されて政府に没収されたのかもしれないという。田辺宛のプッチーニの手紙は、武蔵野音楽大学の図書館に寄贈されている。

大指揮者ニキシュのバトン

四月のある日、頼貞夫妻が車でテヴェレ川を渡り、ボルゲーゼ公園のあるピンチョの丘に向かっていたときのこと。突然、為子が、

「ニキシュがローマに来ているようです。いま通り過ぎた壁にニキシュの音楽会の広告がありました」という。ホテルに帰ってフロントに訊ねると、五日後にアウグステオ楽堂でニキシュが楽堂付のオーケストラの指揮をする、と教えられた。

アルトゥール・ニキシュは当時の大指揮者の一人。「オーケストラの奏者たちは彼のことを魔術師と呼び、その指揮棒に釘づけにされて坐っていた」（ノーマン・レブレヒト、河津一哉訳『巨匠《マエストロ》神話』）とも伝えられる。

一八五五年ハンガリー生まれ。ウィーン音楽院に学び、ヴァイオリン奏者として活動していたが、八九年にボストン交響楽団の常任指揮者に就任して名声を確立。九五年からライプツィヒ・ゲヴァントハウス管弦楽団とベルリン・フィルの常任指揮者に就き、両楽団を世界的なレヴェルに高め、終生その職にとどまった。「ニキシュは情熱的で抑制された美しい弦の響きを引き出す能力と、自在で柔軟なテンポの感覚を持つことで知られていた。後世の指揮者に多大な影響を与えた」（『ニューグローヴ世界音楽大事典』）。彼以後、ベルリン・フィルの常任指揮者は、フルトヴェングラー、カラヤン、アッバード、ラトルと続く。

あらえびすこと野村胡堂は、名著『名曲決定盤』の物故せる指揮者の項で、ニキシュを次のように紹介している。

〈専門の指揮者として一家をなした人はハンス・フォン・ビューローに次いではこの人位で、非常に偉い人であつただけに、沢山の逸話を残してゐる。ブラームスが自作の曲をニキシュに指揮

されるのを、特に喜んだのは有名なはなしで、彼の『第四交響曲』は褒貶《ほうへん》区々な曲であったのを、ニキシュの指揮によって俄然その真価を人に知られたと言はれてゐる。

彼の人となりは含蓄の多い床《ゆか》しい感じを人に与えるが、真摯《しんし》な静かな性格の反面には常に愛すべきユーモアがあったといふことである。

彼の指揮は、作曲者の予想した最上のものを表現したばかりでなく、屢々それ以上のものに到達した。彼以前の指揮は全く指揮者の主観と云ふものは考慮に入れられず、ただ作曲者の指示を忠実に生かす事ばかり専念したのであるが、彼に到って始めて作品を一つの素材とし、之を指揮する事によって自分の主観の上に新しい芸術を創造する事が出来たのである。僅かに残された彼のレコードで見ても、作者の指示した表情記号等をかなりの程度まで自在に変へて、独特の効果に立ちいたってゐる。

彼の指揮には常に一種独特の強いアクセントがある。フルトヴェングラー等は彼の直系の後継者と見做されてゐるだけに、充分ニキシュを偲ばせる諸特質を具へてゐると云はれる。〉

ローマの頼貞夫妻に戻ろう。

その日の夕方、たまたまサン・マルティーノ伯爵と会い、ニキシュの話をすると、

「私は、アウグステオ楽堂の館長だから、ニキシュに紹介するのは簡単だ。彼が来たらさっそく引き合わせよう」

といってくれた。

エンリコ・ディ・サン・マルティーノ伯爵は、一八九五年から一九四六年までの長期間サンタ・チェチーリア・アカデミーの総裁を務め、イタリア文化行政の中心人物として内外で活躍した。このアカデミーは、音楽学校、図書館、専門家コース、オーケストラと音楽関係の部門のほかに、俳優学校、映画学校も擁していた。

サンタ・チェチーリア管弦楽団も彼の任期中の一九〇八年に創設されたイタリア初のシンフォニー・オーケストラ。創設から三六年まで、ローマ時代のアウグストゥス帝の廟址に建てられたアウグステオ楽堂を本拠地とした。この楽堂は三五〇〇人収容するローマ一の劇場だったが、ムッソリーニの命令により道路拡張のため三六年に取り壊された。その後、本拠地が三回変り、二〇〇三年からレンゾ・ピアノ設計のオーディトリウム・パルコ・デッラ・ムジカ（音楽の公園）で演奏している。

いよいよアウグステオ楽堂でニキシュの練習が始まる日、頼貞は為子とともに伯爵の紹介状を持ってニキシュを訪ねた。控え室で紹介状を手渡し、おぼつかないドイツ語で挨拶すると、ニキシュは「あなたは英語の方がよろしいでしょう」と流暢な英語で話しはじめた。しばし歓談ののち、指揮者に促されて楽堂のなかに入ると、すでにステージには演奏者が並んでいる。ニキシュがプラットフォームの前の席に着くと、彼らは一斉に起立して偉大な指揮者に敬意を表する。

練習の演目は、ベルリオーズの「ローマの謝肉祭」とベートーヴェンの「交響曲第五番」、そしてワーグナーの「リエンツィの序曲」。これらの曲を頼貞は、クローン教授指揮の東京音楽学校管弦楽団の演奏で聴いていた。だが、ニキシュのバトンから導き出される音色は、まったく違っている。その美

しさに頼貞は、恍惚となってしまった。「同じ楽曲でありながら、演奏者によってかくも異なったものになるのだろうか」と感嘆するばかり。

ニキシュは、暗譜で指揮することで知られているが、練習では指揮中に楽譜から目を離さず、気に入らなければ何回でも繰り返す。頼貞は、ニキシュの演奏の背後にある並々ならぬ努力を目の前で見て、芸術家としてますます尊敬の念を深めたのだった。

練習の後、頼貞夫妻はニキシュと話をして、すっかり打ち解けた。当時、彼はドイツの起こした戦争の影響で、ヨーロッパのごく一部の国と南米か東洋にしか行くことができない、と嘆いている。「それなら、日本においでいただけないか」と頼貞が誘うと、「二年後なら行かれるし、一度東洋にも行ってみたい」と答えた。しかし、残念ながら、彼は、この翌年の二二年一月二三日、ライプチヒで死去する。享年六七であった。

頼貞は、一月二七日の『読売新聞』朝刊に「世界一の音楽指揮者ニキッシユ氏の訃を悼む」と題した文を寄稿した。ニキシュの経歴を説明した後、ローマで彼と会ったことを語り、「指揮振りは活気そのものの如く、厳格それ自身のやうで、七十人が一箇の楽器としか思はれない」と演奏の様子を描写。そして、日本に来てくれる約束をしたが、「管弦楽団の指揮者として世界三指の中一人の天才を喪つたこと、音楽に漸く芽生えようとしつゝある我国に、この天才を迎へずに終つたことは返へす返へすも残念なことでした」と結んでいる。

ニキシュの死にショックを受けたのは、頼貞だけではなかった。近衛秀麿も大きな衝撃を受ける。

彼は、山田耕筰の下で作曲と指揮を学ぶ一方、東京帝大管弦楽団を率いて演奏活動に熱中。ニキシュに指揮の神髄をみていたのである。家長である兄文麿に、

「大指揮者ニキシュが亡くなって、ベルリン・フィルがどうなるのか。どのように西洋音楽が変わっていくのか、いま見ておかなければ機会を逸することになります。ドイツに行かせてください」

と懇願した。

「よかろう。ただし一年だぞ」

文麿は、あっけないほど簡単に許してくれたが、期限を切る。母の心配を慮ってのことである。留学が決まって晴れやかな気持の秀麿が銀座を歩いていると、斎藤秀雄とばったり出会った。斎藤は上智大学生だが、東京帝大管弦楽団のメンバーとしてチェロを弾いていたのだ。秀麿が、ちょっと自慢げに

「俺は近いうちにドイツに行くよ」

といった。

「それでは、ぼくも連れて行って下さい」

と斎藤は思わず口走ってしまったのである。

「ああ、いいだろう」

秀麿は鷹揚に応えた。

家に帰ってすぐ斎藤は、書生を通して父に会えるよう求めた。父の秀三郎は、三一歳で正則英語学

校を設立した英語学の第一人者。寸暇を惜しんで仕事をしていたため、用事がある時は、息子であっても面会を申し込まなければならなかったのだ。秀雄は父の眼を見ながら、

「近衛秀麿さんが、ドイツに留学します。一緒に音楽の勉強に行きたいのですが」

「いいだろう」

こうして一九二三年二月二十日、二五歳と二一歳の未来の指揮者は、神戸港から鹿島丸でドイツに向かって旅立つのである。

二人の巨匠が頼貞夫妻のために演奏

話は一九二一年の四月に戻る。

ニキシュの練習に日参していた頼貞夫妻に、ある日素晴らしい贈り物があった。それは「リスト以降最大のビルトゥオーソの一人」(『世界大百科事典』平凡社)といわれるピアニストのフェルッチョ・ブゾーニが、ニキシュ指揮のサンタ・チェチーリア管弦楽団の演奏で二人のためにベートーヴェンの「ピアノ協奏曲第五番《皇帝》」を弾いてくれたのである。

経緯はこうだ。いつものように練習を聴きに行くと、ニキシュから背の高い初老の男を紹介された。それが、ブゾーニであった。彼はニキシュの一連の演奏会でモーツァルトの「ピアノ協奏曲二〇番ニ短調」を弾くので、その練習に来たのだ。ニキシュは頼貞夫妻にブゾーニを紹介した後、

「彼は、練習が済んだらきっとあなた方のために何か弾いてくれるでしょう」

とウインクする。頼貞は、単なる外交辞令と受け取っていた。ところが、練習が終わって、ニキシュと話していたブゾーニが、夫妻に向かってこういう。

「東洋から遥々おいでになったあなた方のために、何でもお望みの曲をニキシュ氏と一緒に演りましょう」と。

頼貞は、びっくりしてしまった。というのは、ピアノ演奏会のあと、聴衆や友人の希望で、アンコールとして一、二曲弾くことはある。だが、大オーケストラの伴奏で二人の巨匠がたった二人のために演奏してくれるなどということは、考えられないことである。頼貞は、二人の絶大なる好意に感謝した。

「では、お言葉に甘えて、できればベートーヴェンのカイザー・コンチェルトをお聞かせ願えないでしょうか」

と応えた。二巨匠は、それは容易なことだという。ニキシュが楽団員に何かいうと、数分後には全員に楽譜が配られた。頼貞は、このときの感動を、次のように記す。

〈……羅馬第一の大楽堂で、私達たつた二人の為めに洋琴協奏曲中最も壮大な此の音楽が奏し始められた時、私達は、この世の最大の幸福を味はつてゐるといふ心持ちの涌くのを禁じ得なかつた。この図らざる幸運は、私にとつて一生涯忘れられない喜ばしい思ひ出の一つである。〉

(『薈庭楽話』)

サン=サーンスとヴァンサン・ダンディ

四月の半ば過ぎには、頼貞夫妻はフィレンツェにいた。宿舎は、貴族の宮殿を改築した豪華なグランド・ホテル。ここではサン・マルティーノ伯爵の紹介状を持って帝室音楽院を訪ね、ガルネリウスやストラディヴァリウスを見せてもらった。

ついで、ヴェネツィアへ向かう。共和国時代の総統ダンドロ家が所有していた一四世紀建造の宮殿を復元したホテル・ダニエリにゴンドラで到着。部屋からはサンタ・マリア・デル・サルート教会がよく見える。この夜は、旧家のモチェニーゴ伯爵夫人からオペラ「蝶々夫人」に誘われていた。オペラも素晴らしく、帰りのゴンドラでの雰囲気もいい。ヴェネツィアを満喫して、イタリアを離れ、パリに到着したのは五月一日。ホテル・クラリッジに旅装を解く。

徳川頼貞はパリ滞在中に二人のフランス人大作曲家と知り合っている。紹介者はチェリストのヨーゼフ・ホルマンである。彼は一八五二年オランダのマーストリヒトに生まれ、ブリュッセルの音楽院で学んだあと、パリ音楽院に留学。七四年に卒業し、欧米各国で演奏旅行を重ね、チェロの名手として評判を得る。サン=サーンスから、「チェロ協奏曲第二番ニ短調」を贈られた人でもある。頼貞はホルマンと知り合った経緯を書いていないが、父の頼倫と親交があったようだ。というのは、一九一二年にウージェル社からホルマン作「アンダンテとアレグロ」の楽譜が出版されているが、この曲は徳川侯爵夫妻に献呈されているのだ。一二年当時、頼貞は二〇歳。結婚もしていないし、侯爵でもない。頼倫は一八九六年から二年間ヨーロッパに滞在しているので、そのとき知り合ったのだろう。

そして、頼貞はパリ滞在中に、ホルマンと連絡をとり、音楽家は、音楽に情熱を持つ頼貞に好感を抱いたと思われる。

ある時、ホルマンは、

「サン＝サーンスに会ってあなたの話をしたら、ぜひ一度会いたい、といっています。近いうちに彼の家に行ってみませんか」

と誘う。頼貞夫妻はフランス語に自信がなかったので、フランス語に堪能な友人の夫人と共に訪問することにした。

当日、ホルマンがホテルに迎えにきて、一行四人は自動車でサン＝サーンスのアパルトマンへ。エラールのピアノが置かれた広いサロンに通されると、間もなく作曲家が姿を見せた。一八三五年十月生まれだから、このとき八六歳。洗練されたフランス人らしく、

「自分の家にマダム・バタフライやロティの物語で親しんでいる日本の女性を迎えることができたのはとても嬉しい」

と、まず、妻為子に挨拶した。さらに話を継いで、

「日本に行ってみたいが、歳で体も弱くなったので行かれそうもない。まだ若いのだからムッシュー・ホルマンはぜひ日本を訪ねるべきだね。ぼくの代わりにいってほしい」

という。後年、ホルマンが日本を訪問したのは、この話がきっかけだ。

頼貞が印象に残ったのは、サン＝サーンスの創作裏話。

「どういうわけか私はエキゾチックな気分が好きだ。エキゾティシズムは創作の力を与えてくれる。歌劇「サムソンとデリラ」も「アルジェリア組曲」もアルジェリアで作ったものだ」

と語った。作曲家は、この年の十二月十六日にアルジェリアの首都アルジェで客死する。ここで死ねたのは本望だったのかもしれない。葬儀は、二四日で、かつてオルガニストを務めていたパリのサント・マドレーヌ教会で行われた。国葬であった。

アルジェリアの話が途切れたとき、ホルマンが、

「遠来のお客のために何か弾いていただけないか」

とマエストロに頼んだ。すると、気安く自作の「フランス軍隊行進曲」を演奏してくれたのだ。頼貞は、聴いていて、一般に弾かれているよりかなりテンポが速いことに気づいた。ピアニストで評論家の青柳いづみこも、CD化されたサン＝サーンスの演奏を聞いてこう書いている。

〈八十四歳のときに弾いた『フランス軍隊行進曲』は、自作の『アルジェリア組曲』のフィナーレだが、超ハイスピードのなか、スケールもアルペジオも和音の連打も実にクリアに弾かれている。〉

（『ピアニストは指先で考える』）

曲が途中までくると、頼貞を見て、

「この曲をオーケストラに編曲したとき、このパッセージは木管にしました。この部分は、弦だけにしました」

と、編曲の裏話をしてくれる。曲が終わると、ホルマンに向かって、

「きみはなぜチェロを持ってこなかったんだ。久し振りに合奏ができたのに」

と残念そうにいう。

「それは申し訳なかった。雨が降らなければ持ってくるんだった」

とホルマンは、すまなさそうに応えた。

頼貞は、サン＝サーンスに会い、曲を聴いて、彼の優雅な音楽は、フランスの国土がもつ「優しさ」が育んだものであると思い至ったのだ。

もう一人のフランス人大作曲家は、ヴァンサン・ダンディである。パリ音楽院でセザール・フランクに学んだダンディは、フランクの音楽精神を伝えようとパリにスカラ・カントルムを創設、その校長を務めた。また、パリ音楽院でも編曲法科の教鞭を執り、後進の指導に当たっている。翌月に七〇歳の誕生日を迎えようとしていたときだった。

ホルマンは、ある日、「ヴァンサン・ダンディを紹介しよう」といった。これを聞いたとき、頼貞は奇妙な感じがした。というのは、ダンディはゴシック精神の塊のような芸術家で、ホルマンとは正反対な肌合いを持った音楽家だと思っていたからだ。しかし、このときを失しては大作曲家と会えないかもしれない。ホルマンと共にダンディ夫妻をホテル・クラリッジでの晩餐に招待することにした。

ホルマンの紹介でダンディ夫妻に初対面の挨拶を済ませ、一緒にレストランに入ると、いままで元気よく演奏していたオーケストラがぴたりと演奏をやめた。そして、一斉に立ち上がって二人に挨拶をしたのだった。二人は軽く会釈し、テーブルに着く。すると、また軽快な音楽が始まった。頼貞は、

この光景から「二翁のような大芸術家は、あまりこのホテルには見えないのかも知れない」（『蒼庭楽話』）と書いている。私は、このような行為は、オーケストラの人たちのマエストロへの敬意の現れだと思っていたが、大音楽家たちがよく訪れる店では、慣れているので、音楽を中断しないということなのだろうか。

それから数日後、ダンディは頼貞夫妻をスカラ・カントルムに招待した。彼は学校を案内し、講堂のパイプ・オルガンでセザール・フランクの曲を演奏するサービスまでしてくれた。そして、別れ際に、著書『セザール・フランク伝』とサインした彼の写真を渡してくれたのだった。『蒼庭楽話』にダンディのサイン写真が載っている。その日付をみると、かすれて読みにくいが一九二一年五月十九日と読める。

前章に記したが、パリのテアトル・シャンゼリゼにバレエ・リュスを観に行くと偶然プロコフィエフと出会い、ストラヴィンスキーを紹介されたのも、この五月のパリ滞在中であった。

パリの皇太子裕仁

おりしも皇太子裕仁（昭和天皇）がヨーロッパを外遊中で、五月三十日にイギリスのポーツマスからル・アーヴルに入り、三一日パリに到着した。頼貞夫妻は、皇太子が宿泊しているオッシュ通り七番地の日本大使官邸にご機嫌伺いに出向く。一時間ほどの歓談の折、珍田捨巳供奉長から、「近日中に殿下は、オペラをご覧遊ばされるので、お伴をしてご説明してはいかがでしょう」

と提案があった。しかし、頼貞は、

「いま、陛下に音楽をご教授申し上げた学習院の小松耕輔教授がパリに滞在中なので、私よりはるかに適任です」

と小松を推薦した。ところが、折悪しく小松はスペイン旅行中でオペラに陪席することはできなかった。小松の代わりに自分がオペラに行ったと書いていないので、観劇時に頼貞夫妻はパリを離れていたのかもしれない。そのパリ・オペラ座で皇太子が鑑賞した日は、六月八日。演目は「アイーダ」である。

このオペラ鑑賞の前、第一次世界大戦の英雄ジョッフル〔フォッシュ〕元帥が主催した皇太子殿下歓迎のソワレが行われ、そこに頼貞も出席したと『頼貞随想』にある。

ソワレのシーンを紹介しよう。

会場はエリゼ宮に隣接したサント・ノレ通り〔フォーブル・サント・ノレ三三番地〕にあるリュニオン・アントル・アリエというクラブ〔セルクル・リュニオン・アントルアリエ〕。ロスチャイルド家の所有だったが、クラブに寄付したものだそうだ。「大小多数の部屋を通り抜けて」庭園に出ると、広い芝生になっている。そこにプラットフォームが設けてあり、木々の枝には日本の提灯が吊り下げてある。やがて「ラマルセイエーズ」の演奏のあと、「君が代」が流され、ジョッフル〔フォッシュ〕元帥の先導で、ミルラン大統領と肩を並べて皇太子が登場し、余興が開始された。「プラットフォームに美しい舞姫が数十人現われて典雅なバレーが展開される。そして音楽の変るにつれて松明の火も紅や青や緑に変り、

その光は、後方の森に照り映えて、さながらコローの絵を見るような夢幻的な美しさを現じた。この時の音楽は特にグランド・オペラ座のオーケストラ百五十人が演奏し、舞姫はいずれもオペラ座選り抜きのバレリーナであった」。（〔　〕の中は皇太子に随行した二荒芳徳・澤田節蔵著の『皇太子殿下御外遊記』により訂正した。）

頼貞は、この光景を眺めながら、ルイ一四世時代のヴェルサイユの宮廷を思い浮かべていたという。このソワレは六月二日。石井菊次郎大使主催の外交団を招いた晩餐会のあと、午後十時からフォッシュ主催で開かれたのである。

サー・ヘンリー・ウッドが楽器を選ぶ

頼貞夫妻は、パリからベルリンへ入る。ここで、音楽を生きがいとするジーモン夫人と知りあった。前駐日ドイツ大使ゾルフ博士がぜひ会うべきだと薦めた人である。晩餐に招かれ、ベルリン郊外のゴシック風の邸宅を訪ねると、居間にはグランド・ピアノが二台置かれている。そして、ダイニングルームは家庭用のパイプ・オルガンを備え、オルガンの前が一段高くなってグランド・ピアノが置かれていた。

夫に先立たれた夫人は、三人の息子も第一次世界大戦で戦死。その寂しさを紛らわせるため、ピアニスト、ヴァイオリニスト、チェリストを住まわせて、毎晩食後に音楽を演奏させているのだという。当日も、食事のあと、演奏が始まった。はじめは、ベートーヴェンの「ピアノ三重奏曲第七番変ロ長

調」。いわゆる、《大公トリオ》である。次に夫人が遠来の客のためにと、パイプ・オルガンでバッハの「トッカータとフーガ」を弾いてくれた。そしてまた、三人の奏者がドヴォルザークの「ピアノ三重奏曲第四番ホ短調《ドゥムキー》」を演奏。

頼貞は、夫人の不幸には同情するが、最愛の音楽を自分だけで、好きなときに聴くことができる境遇は「最も恵まれた者のみに与へられた幸福である」(『薈庭楽話』)と思った。こんな音楽の楽しみ方があったのだ。「音楽の最高形式とする室内楽を、只一人の自分の為めに、好む時に演奏させて慰安とする」(同前)ことに羨望を感じたのである。

ヨーロッパ大陸の旅を終え、頼貞夫妻は、夏、ロンドンに赴く。ここには為子の兄で当時海軍少佐の島津忠重公爵が私費留学中だった。忠重は、一八八六年に生まれ、一二歳で父忠義が死去して公爵を継ぐ。一九〇一年、島津家はドイツ皇帝ヴィルヘルム二世の五人の皇子を教えたイギリス人家庭教師エセル・ハワードを招き、忠重と四人の弟たちの教育を託した。日本の貴族で初めての試みだった。忠重は、途中で海軍兵学校に入ったため三年間だったが、彼女は七年間、語学だけでなく日常の挙措動作に関してもイギリス紳士の教育を島津家の子息に授けたのである。

頼貞夫妻がイギリスの拠点にしたのは、忠重の住むマーブル・アーチに近いグレイト・カンバーランド・プレース二二番地。ある男爵の家を借り受け、イギリス貴族と同じような生活をして、バトラーを置き、召使には英国の貴族の習慣通り、金ボタンの燕尾服を着せていた。

頼貞にはロンドンでぜひとも会いたい人がいた。それはイギリスの有名な指揮者、サー・ヘンリー・

ウッドである。彼は一八六九年ロンドン生まれ。ローヤル・アカデミーで学んだあと、八八年に指揮者デビュー。九五年にはクイーンズ・ホールでのプロムナード・コンサートを企画。上層階級の専用だったクラシック音楽を一般に普及させた功労者である。

グレート・レックス横浜領事夫人がウッドの姉だったので、頼貞は彼女の紹介状をもらってきていた。このおかげで、ロンドン滞在中、何度もウッドに会えたのである。クイーンズ・ホールでのオーケストラの練習も聞かせてもらったし、彼のハムステッドの家にもたびたび招かれ、郊外の「アップル・トゥリー」と名づけられた別荘にも遊びに行った。なによりも収穫だったのは、ウッド自らが南葵楽堂のコントラバスを選んでくれたことだろう。

あるとき、サー・ヘンリーと南葵楽堂の管弦楽のことを話していると、

「あなたのオーケストラはコントラバスをいくつ持っていますか」

と訊ねる。

「はなはだ恥ずかしい話ですが、四つくらいです」

「シンフォニーを演奏するには、最低六つのコントラバスがなければいけませんね」

「やはりそうですか。では、イギリスでコントラバスを二個購入しようと思います。よい楽器店を紹介していただけますか」

と頼んだ。すると、指揮者は忙しいなか、ピカデリー・サーカスのホークス（Hawkes & Son）という大きな楽器店に連れて行ってくれた。頼貞はここでコントラバスを三個購入する。

頼貞夫妻は、十月の始めまでイギリスに滞在して、アメリカに渡った。ニューヨーク、ボストン、オタワ、トロント、ヴァンクーヴァー、シアトル、サンフランシスコを経て日本郵船の天洋丸で横浜に到着したのは、十一月三日午前八時。こうして徳川頼貞の約一〇カ月にわたる西洋音楽巡礼の旅は終わった。

留学時代と違って、各国の優れた音楽家たちと親しく交友でき、充実した旅となった。

横浜から向かったのは、三光町の家ではなく、上大崎の森ヶ崎別邸。旅行中に頼貞の希望を入れ、アメリカ人の建築家ジェームズ・マクドナルド・ガーディナーが設計した新居である。頼貞は、この家を「ヴィラ・エリザ」と名づけた。「エリザ」は、妻為子も好きなワーグナーの楽劇「ローエングリーン」のヒロイン、エルザをイタリア風に読んだもの。

設計者のJ・M・ガーディナーは、一八五七年アメリカ・セントルイス生まれ。ハーヴァード大学を中退して、アメリカ聖公会から東京築地の立教学校の教師を任命されて来日し、立教学校第三代校長に就任した。あまりに不備な学校の施設に困惑し、校舎や教会などの諸施設の建設と改善に尽くし、神学校、聖三一大聖堂などを完成させた。以後、教育と併行して建築設計に従事。活動範囲を築地のアメリカ人関係の建築から日本各地に広げていった。現存する建物では、京都聖ヨハネ教会堂（明治村）、「外交官の家」（横浜）などがある。

頼貞の《音楽巡礼の旅》を紹介しながら、私には、どうして頼貞夫妻が、一流の音楽家たちと会う

ことができたのか、という疑問がずっとつきまとっていた。

当然、各国の大使や大使館員に相談し、ヘンリー・ウッドの例のようにいろいろな人からの紹介状を持って行ったのだろう。だが、より強力だったのは、頼貞の《音楽のパトロン》としての熱意と資金力ではなかったか。というのは、一九二一年八月十一日の『読売新聞』朝刊で、頼貞夫妻のヨーロッパ旅行は一七万円の予算と紹介しているからだ。これは、現在の金額にするとどのぐらいになるのだろうか。——当時の銭湯代が五銭から六銭、掛けそば代が八銭ぐらいだから、現在をそれぞれ四五〇円、五〇〇円とすると、約六〇〇〇〜九〇〇〇倍となる。現在の金額では、一〇億から一五億円ほどになる。が、ヨーロッパは第一次世界大戦で疲弊し、日本の円が強くなっていたので、もっと使いでがあったろう。

徳川頼貞は、つい五〇年ほど前まで日本の支配者であった徳川将軍家の縁戚である。その人が、《音楽のパトロン》として、一流の音楽家たちに金を惜しまず供応した。そのことで、頼貞の名前がヨーロッパの音楽界に知られていったと、私は考えている。

家督を継いだ次のヨーロッパ旅行では、金遣いがさらに派手になっていく。

七　超一流の演奏家たち

帝劇、超一流の演奏家を次々と招聘

一九二〇年代に入ると西洋音楽の超一流演奏家が日本にやって来るようになる。これは、第一次世界大戦で日本が一躍成金になり、経済上の余裕ができたからでもあった。

当時帝国劇場の専務だった山本久三郎が上海に本拠を置くロシア人のプロモーター、ストロークと組んで「ロシア歌劇や超一流のバイオリニストを次々に招聘するなど興行界の常識を覆す大胆な企画で大正期帝劇をリードした」（嶺隆『帝国劇場開幕』）のである。

山本は、慶応義塾出身。北海道炭鉱汽船を経て山陽鉄道、日清汽船、帝国鉱泉などで敏腕を振るった。帝国劇場開場のとき、慶応の先輩で山陽鉄道の上司でもあった西野恵之助専務から乞われて支配人として入り、一四年に専務に就任した。

「興行界の常識を覆す大胆な企画」ができたのは、西野、山本のコンビが実業界出身で、劇界の慣習に疎い素人だったからだといわれている。

日本の洋楽史に登場する《超一流の演奏家》の第一号は、ロシア生まれのヴァイオリニスト、ミッシャ・エルマンである。「亡命音楽家に演奏の場を提供するという、それまでの受身の姿勢ではなく、帝劇自身が積極的に招聘活動に乗り出した最初の演奏家でもあった」(同前)。

エルマンは、一二歳の時ペテルブルグ音楽院の名教師アウアーに見出され、一九〇四年一三歳でベルリンにデビュー。翌年ロンドンのクイーンズ・ホールでロンドン交響楽団と共演デビューし、天才少年としてヨーロッパの楽壇に旋風を巻き起こした。〇八年にはニューヨークでロシア交響楽団とチャイコフスキーの「ヴァイオリン協奏曲」を弾いて成功を収める。来日当時はアメリカを本拠として世界中を飛び回っていた。

エルマンの帝劇での独奏会は、一九二一(大正十)年二月十六日から五日間行われたが、入場料が破格であった。特等一五円、一等一二円、二等八円、三等四円、四等二円という値段(以後の《超一流の演奏家》たちの演奏会はこの料金)。この頃の巡査や小学校教員の初任給が四五円ほどだったから、現在の金額にすると特等は七、八万円というところだろうか。この高額な入場料でも帝劇は満員になったのである。

このときの演奏を、音楽好きの小説家・野村胡堂(あらえびす)は、『名曲決定盤』にこう記している。

〈……『楽聖』といふ触れ込みで日本へ来たエルマンの武者振りは全く我々世間見ずの度胆を抜

くに充分であつた。その頃のエルマンはまだ二十八九歳の青年であつたが、アウアー門下の逸足として、世界的に大名《たいめい》を馳せ、日本を訪ねるのは、何がなし、有難いことのやうに思へたものであつた。

エルマンのヴァイオリンを特色づける、所謂エルマン・トーンは、その頃最も脂の乗り切つた時で（中略）エルマンの音の豊麗な美しさは、クライスラーとは全く違つたもので、さらに脂の強く、生々《なま〳〵》しいものでさへあつた。（中略）

世界的なヴァイオリニストに接したことの無い、その頃の聴衆は、唯随喜し渇仰《かつがう》した。〉

エルマンはこのあと大阪中之島公会堂で三日間公演し、再び帝劇で三月十一日から三日間演奏した。このときのプログラムに山本久三郎は「エルマン氏「日本知己感激奉仕」について」と題した談話を寄せ、大音楽家招聘の意義を語っている。

〈音楽は人間の最も深い情緒を表現し得るものである。換言すれば音楽は人間の心、一国の音楽は即ち国民の心其のものであります。微力ながら私は此意味に於て壮厳雄大な真の国民音楽の建設に貢献したい心算であります。エルマン氏を招聘したのも、近くシューマンハインク女史を迎へやうとするのも、何等か音楽界に覚醒を与へ、我国の楽人に此等名手の芸術から偉大な或物を学んで戴きたいと考へたからであります。勿論吾帝劇は、之にて足れりとは致しませぬ。病気平癒の暁には、有名なるテノールであるカルーソー氏も招聘するであらう。シャリアピン氏にも、メルバ女史にも来演して貰ひたい。其上にも、幸に可能であるならばピアニストとして世界第一

位を占め、熱烈なる愛国者として知らるゝ前波蘭大統領パデレフスキー氏も呼びたい。ホフマン氏も、バハマン氏も、ゴドフスキー氏も、帝劇の舞台に立たせたい。それからエルマン氏よりも年少で楽壇に異彩を放ちつゝあるハイフェッツ氏や、クライスラー、クベリックの両氏にも、其他アルダ女史、アルマ・グルック女史、ファーラ女史、カサルス氏、ローゼンタール氏、ガーデン氏等の大芸術家にも出演を慫慂し度いのであります。さうして一面、日本の人々に偉大なる楽人を紹介し、他面、眠れるが如き我が邦楽界の人々に一大警告を与へ、一大刺激を与へて、海外に誇るべき国民音楽の育成に貢献したいと、考へて居るのです。又此等の芸術家を招くといふことは、彼等に我文化の程度を示し、我国民性を理解するの機会を与へることになり、従つて彼我の国交に良好なる影響を及ぼすであらうと信ずるのであります。〉

山本が挙げた音楽家の何人かは実際にその後来日し、日本の音楽界に大きな影響を与えた。エルマンに次いで同年の五月にアルト歌手のエルネスティン・シューマン゠ハインクの独唱会が行われた。翌二二年には五月に同じアウアー門下でアメリカに住むヴァイオリンのエフレム・ジンバリスト（俳優エフレム・ジンバリスト・ジュニアの父）、七月にこれもアウアー門下のヴァイオリンのミハイル・ピアストロ、九月にバレリーナのアンナ・パヴロワ、十一月にアウアー門下でカナダ人のヴァイオリニスト、キャスリン・パーロー、同じ十一月にピアノのレオポルド・ゴドフスキーと、世界的な音楽家・舞踏家たちが次々と帝劇で公演したのである。

このあとも相次いで《超一流の演奏家》たちがやってくるが、彼らの演奏を聴いた作詞作曲家の堀

内敬三は、次のように述べている。

〈日本の聴衆は大正終期の外来音楽家たちと外来歌劇団に洋楽の芸の力を初めて知った。これまで邦楽の演奏にだけあって洋楽の演奏からはほとんど感じ得なかった「芸の力」を、初めて外来音楽家から味わわされた。（中略）

大正終期の新現象として忘れることのできない外来音楽家と外来歌劇団の演奏は、日本の洋楽聴衆を非常に教育したのである。〉

（『音楽明治百年史』）

ジンバリストとゴドフスキー

わが徳川頼貞は、エルマンとシューマン＝ハインクの公演のとき、西欧音楽巡礼中であった。しかし、ジンバリスト以降の音楽家たちとは、自宅に招くなど親しく付き合い、《音楽のパトロン》として面目躍如たるものがある。

たとえば、ジンバリスト。彼は、このときから一九三二（昭和七）年まで五回来日しているが、二回目の二四（大正一五）年には、頼貞の邸宅を東京の宿舎とした。この経緯を、私はこんな風に想像する。――ジンバリストが初来日した二二年五月には、頼貞も西欧音楽巡礼の成果を問うべく、南葵楽堂でコンサートを企画して多忙であった。二一日に三浦環の独唱会、二二日、二三日の両日は南葵楽堂オーケストラの演奏会が開催されている。この二二日にジンバリストの送別会が、学習院の後輩三島通陽（章道）の邸で行われた。『歴史写真』二二年七月号は「三島章道、土方與志、近衛秀麿、山

田耕作、徳田秋声其他文壇、楽壇等の重なる人々五十余名は大正十一年五月二十二日の正午過ぎより東京千駄ヶ谷なる三島子爵邸に来朝中の世界的音楽家ヂムバリスト氏及び伴奏家アシュマン氏を招きて送別の茶話会を催した」と写真入で載せている。

日本の誰よりも西洋の音楽関係者と親しいという自負のある頼貞は、『白樺』の影響を受け同人誌『友達』を発行していた学習院の後輩、三島章道、土方與志、近衛秀麿らに《だしぬかれた》という気持があったのではないか。それで、ジンバリストに「次の来日のときは、ぜひ拙宅に泊ってほしい」といったと思われる。

その後、頼貞とジンバリストの交友は家族的なつながりにまで深まる。ジンバリストは三二年の夏、オペラ歌手の夫人アルマ・グルックを同伴したが、東北から北海道への演奏旅行先には、洋式のホテルが無い。日本旅館に慣れていない夫人は、頼貞が避暑をしていた大磯の別荘ヴィラ・デル・ソルに滞在してジンバリストの帰京を待ったのだ。

また、「パデレフスキー、ローゼンタール、ブゾーニ、パハマン、と並んで当時世界の五大ピアニストと言はれたゴドフスキー」(『名曲決定盤』)の場合はこんな具合だ。二二年十一月二日から五日まで帝劇で四日間演奏会を行い、翌六日に山本専務の案内で上野の音楽学校を訪問。その晩八時に南葵楽堂で皇太子(のち昭和天皇)妃殿下をはじめ在京の各宮妃殿下、姫宮全員の前で弾く。これはもちろん頼貞夫妻の斡旋である。皇太子妃殿下は頼貞の妻為子の姉で久邇宮邦彦王に嫁した俔子《ちかこ》の長女であったし、山階宮菊麿王妃常子《ひさこ》も為子の姉であったのだ。

レオポルド・ゴドフスキーと時期が重なるようにやってきたヴァイオリニストのキャスリン・パーローは、カナダ人だが、ロシアに赴きアウアーに師事して勉強した人であった。彼女は、頼貞のヨーロッパの友人からの紹介状を持って訪れた。それで、頼貞は、ゴドフスキーとパーローを晩餐に招いた。できれば晩餐のあとに、二人で演奏してほしいと依頼すると、快諾してくれたので、音楽に造詣の深い久邇宮朝融《あさあきら》王を招くことにした。

晩餐会は十一月七日となった。出席者は、久邇宮朝融王をはじめアメリカ大使夫妻、ポーランド公使に数名の外交官、パーローの伴奏者、日本の声楽家柴田秀子と武岡鶴代であった。

食事は賑やかに進行した。ゴドフスキーは、

「私は、ピアノを独りで勉強して、九歳のとき演奏会を開いたりしていましたよ。一三歳のときケーニヒスベルク（現在のカリーニングラード）の銀行家の援助でベルリン高等音楽院に入学しました。これが正式に音楽を勉強したはじめです。その後、フランスに行ってサン＝サーンスの弟子になったんです」

と説明した。

「そうですか。私は、昨年パリでマエストロを訪ねて、お話しました。その上、ピアノまで弾いていただきました」

と頼貞。

「懐かしいですね。マエストロの健康はどうでしたか。お歳なので心配しています。私は、マエストロが望んだときはいつもピアノを弾きました。マエストロは、私を亡くなられた息子さんの代わり

のように思っていたんです……

そういえば、去年エルマンが来日したそうですね。私は、彼とはとても仲がいいんです。彼とはこんなことがありましたよ。ちょうど二人がニューヨークにいたとき、ハイフェッツのデビュー演奏会があったので聴きにいきました……」

ヤッシャ・ハイフェッツは、エルマンと同じアウアーの門下生。一〇歳のときから天才少年として活躍し、一六歳でアメリカにデビュー。場所は、カーネギー・ホールであった。同じく天才少年として登場したエルマンは、ハイフェッツより一〇歳年長だが、弟弟子の演奏に対抗心を燃やしていたのである。

「演奏会は大成功で、全曲が終わっても聴衆は席を立とうとしません。ブラボー、ブラボーという声で、アンコールにアンコールを重ねて五回も演奏をしたんです。ハイフェッツへの嫉妬というか……そういうものがあったんでしょう。とうとうエルマンは耐えきれなくなったようで、私にこういったんです。「ここは非常に暑いから外に出て一緒に散歩しないか」と。それで私はこういってやりましたよ。「ヴァイオリニストには暑いかもしれないが、ピアニストのぼくにはちっとも暑くないよ」ってね」

こういってゴドフスキーは愉快そうに笑った。頼貞とキャスリン・パーローは、エルマンの顔を思い浮べ、さもありなんと目を見交わしたのである。

『名曲決定盤』に、アメリカでのハイフェッツのデビューと、エルマンとの比較にも触れた箇所が

あるので、同時代の意見として、それを紹介する。

〈米国に於けるハイフェッツの成功は、全く駭目的《がいもく》であつた。二十歳に満たぬハイフェッツは、あらゆる地方から引張り凧《だこ》になつたばかりでなく、その磨き抜かれたヴァイオリン音楽は、ビクターの赤盤に吹き込まれて、驚異と讃歎とを日本にまで舶載したことは、二十年前のファン達のよく知つてゐることであらう。

同じアウアー門下にも、エルマンとハイフェッツは、対蹠《たいせき》的な二大異彩と見られてゐた。エルマンの甘美さと、ハイフェッツの冷美さは、一見全く違つたものである。が、その違ひは個性的な音色の違ひで、本質的なもので無かつたことも事実である。二人の技巧と解釈のうちには、アウアー風の豪華な――やや誇張された技巧の裏付けがあつたからである。〉

このヤッシャ・ハイフェッツも二三年十一月に日本を訪れるが、関東大震災で帝劇が焼失し、演奏は帝国ホテル演芸場で行われたのである。

晩餐会後のコンサート

晩餐が終わるころ、スウェーデン公使夫妻、ドイツ臨時大使、フィンランド公使がみえた。また、前日に朝融王の両親・久邇宮邦彦王夫妻が、娘の良子女王と信子女王同道でゴドフスキーの妙技を聴きたいという申し出があり、九時三〇分にみえられた。一同がサロンに入ったところで、コンサートが始まった。この話は、『私家版』にしか記されていないので少し長いが引用する。

〈プログラムの第一はゴドウスキーとパーロー女史の合奏でグリークの「ヴァイオリン・ソナタ・イ短調」であつた。ゴドウスキーは多忙のため、このソナタをパーロー女史と一度も手合せしてゐなかつた。それにも拘らず演奏は実に見事で流石大家であると私はその時つく〴〵感服した。第二番目はゴドウスキーの独奏で、ショパンの「バラード」「スケルツオ」等数曲を演奏し、次にパーロー女史はフリント氏の伴奏でウイニアウスキーの曲其他数曲を演奏した。

両楽人の演奏に答へるため、次には武岡鶴代女史がヴェルディの「トラヴィアタ」の中の「ア・フォルセ・ルイ」を独唱し、柴田秀子女史はビゼーの「カルメン」の中の「ハバネラ」の歌を唱ひ、終りに武岡女史と矢田部東京高等音楽学院教授とでモーツアルトの歌劇「ドン・ジョヴアンニ」中の二重唱を歌つてこの記念すべき演奏会は十一時過ぎに終つた。各宮殿下に於かせられてはその間、熱心に御聴き遊ばされた。演奏が終つてゴドウスキーは、久邇大将宮殿下より拝謁の栄を賜り、有難いお言葉とともに、御手づから、今宵の記念にと御紋章入りの金のカフス・リング御下賜の光栄を担つた。また、パーロー女史も同じく殿下のお召しを賜り、花模様の美しい日本の着物を記念品として拝受した。二楽人が重ね〳〵の殿下の御温情に感涙したのは申すまでもない。この情景を拝見した各国大公使始め多くの人々は、ともに二楽人のこよなき名誉を祝福して何時までも拍手を送つて止まなかつた。〉

徳川頼貞侯爵の名前が消えた

翌一九二三（大正十二）年は、徳川頼貞が日本の洋楽界に一番積極的に働きかけた年といえるかもしれない。まず、二月十八日の『読売新聞』朝刊は、南葵楽堂の演奏会に参加していたソプラノ歌手・武岡鶴代の渡欧が頼貞の援助によって決まったと報道。九日後の二七日には、帝国ホテルにロシアの大指揮者ゲルスコウイッチが滞在しているので、頼貞の肝煎りで大管弦楽団を組織し、ベートーヴェンの「交響曲第五番」やチャイコフスキーの「ロココ風管弦楽」を指揮してもらう予定、と『読売新聞』や『時事新報』が記事にしている。

資料（秋山龍英編著『日本の洋楽百年史』）によると、この「東京シンフォニー管弦楽団第一回演奏会」は、四月十二日帝国ホテルの大宴会場で行われた。演奏は、前記二曲のほかレビコフの「小さなクリスマス・ツリー」とリムスキー＝コルサコフの「ロシアの復活祭」。賛助者は徳川頼貞侯爵、黒田清伯爵、ヒュー・ホーン、ロバート・ニコルズ教授、大倉喜七郎となっている。

堀内敬三は、このオーケストラを次のように紹介する。

〈東京において東京フィルハーモニー会が大正四年末に管弦楽部を解散して以来、最初の交響楽団体は大正十一年暮に生まれた東京シンフォニー・オーケストラであった。この団体は帝国ホテル社長、大倉喜七郎男爵が首唱となり、黒田清伯爵や渡辺伯爵未亡人が参画し、当時帝国ホテルで奏楽をしていたロシア人の優秀な楽士数名を中心とし、内外の楽士約五十人で出発した。指揮者はロシア人のゲルスコウィチ（のちアメリカに移る）、楽員は四十余名であった。〉

(『音楽明治百年史』)

四月十二日に行われた第一回公演では、

〈……ちょうどこのとき帝国ホテルにはクライスラーとブルメスターとホルマンが泊っていたが、この三大音楽家の前で演奏する光栄に緊張しすぎて、合奏長のステペンスキーは最後の曲の終了十数小節前で卒倒した。しかし、演奏は好評で、この団体はその後帝劇やYMCAで数回の公演をし、次のシーズンにそなえてドイツからフルートの名手クロッカーとハープの名手タイナーを招き、この二人は大正十二年八月中旬に日本に着き帝国ホテルに滞在中、九月一日関東大震災にあったので二人は帰国し、しばらく日本の楽団は管弦楽どころではないため、ロシア人の楽士たちは四散し、この団体は跡形なしに消滅した。〉(同前)

東京シンフォニー管弦楽団の成立時期など、新聞記事と細かい点で異なるところがある。が、気になるのは頼貞の名前が抜けていることである。私は堀内が頼貞をあえて《無視》したのではないかと推測している。堀内敬三は、浅田飴本舗の三男。金に不自由しなかったが、頼貞など学習院の人々や華族たちとは無縁だったようだ。とすると、南葵楽堂のコンサートは、ほとんどの場合、招待者しか入れないので、聴く機会があまり無かったのでは？　これは大田黒元雄、野村光一らと日本で初めての音楽批評誌『音楽と文学』を創刊したという自負を持つ堀内にとって屈辱だったろう。で、頼貞の業績を《若殿のお遊び》と考えたかったのではないか。また、《やっかみ》もあったろう。それで、頼貞の名前を外したのだと思われる。この本で頼貞が登場するのは、「音楽関係の公益事業」として、「世

界有数の音楽図書館」を作ったこと、パイプ・オルガンを備えた南葵楽堂の建設、雅楽の採譜など音楽関係の本を出版したことで、である。なお、黒田清伯爵は頼貞と学習院時代から洋楽趣味でつながった親友。陸軍大将黒木為楨《ためもと》の次男で黒田伯爵家に養子に入った人である。

ここに《我らのテナー》藤原義江の思い出を添えておこう。

〈大正の初期からすごい勢いで抬頭して来た我国の洋楽熱は、徳川頼貞侯と大倉喜七郎男爵に負うところが多いと言っても決して過言ではあるまい。徳川侯はその毛並みと数回にわたる外遊で身につけた国際感覚で、我国に初めての音楽堂としてパイプオルガンを備えつけた南葵楽堂を建設し、それに付属の音楽図書館も建てた。大倉喜七郎男爵が惜気もなくその財力をシンフォニー運動に注ぎ込んだことは周知の事実である。僕がこの二人に可愛いがられたことはたいへんな仕合わせであった。〉

（『歌に生き恋に生き』）

ホルマン、藤原義江、ブルメスター

一九二三年二月、頼貞が音楽巡礼中にパリで世話になったチェリストのヨーゼフ・ホルマンから手紙が届いた。それには「近々アメリカに行くことになったので、その帰りに日本を訪問したい」と書かれていた。「来日を心から希望する」という返事を出すと、三月二十日東洋汽船のサイベリア丸で横浜にやってきた。ホルマンはこのとき七〇歳。終生独身を通したが、こんなエピソードがある。

パリでホルマンは、頼貞に、

「あなたは私の親友だから、こっそり私の家内と娘を紹介しましょう」

と耳打ちした。興味津々で待っていると、二つチェロをもってきて、

「これが家内です」

と示したのがガルネリウスで、「娘」というのがストラディヴァリウスであった。

頼貞邸に旅装を解いたホルマンは、

「今回は、家内だけ連れてきました」

とガルネリウスを見せて笑った。

頼貞は、到着翌日の三月二一日にホルマンを紹介する会を南葵楽堂で催す。演奏はバッハの「アリア」、ビゼーの「アルルの女」から「アダージェット」、そしてホルマン作の「紡絲車」。今回の旅行に同伴した《愛妻》が奏でる響きを、音楽評論家の牛山充はこう評している。


〈……なる程チェロの老大家とはホルマン翁を形容する文字である。あの洗練に洗練を重ね、彫琢し尽された芸術の朗かさ、あゝした境地は老大家でなければ到達し得ない。真直ぐな、無雑作な、衒ひも態とらしさもない演奏の枯淡さは、南画の水墨画の与へる感じと同じやうな空気を醸し出す。〉（『蒼庭楽話』）

三月二五日には、ホルマンを東京音楽学校の卒業演奏会に連れて行き、日本の音楽教育の成果をみてもらった。感想は「器楽より声楽、特に合唱がいい」とのこと。

ホルマンの二回目の演奏会は、四月八日帝国ホテルの演芸場で開かれた。メンデルスゾーンの「チェ

ロ・ソナタ第二番ニ長調」で始まり、シューマンの「トロイメライ」やサン＝サーンスの「動物の謝肉祭」から「白鳥」などを演奏。翌九日には横浜、そして名古屋、京都、大阪、神戸と演奏会を行って東京に戻ってきた。

この演奏旅行中、大阪の中之島公会堂での演奏会にホルマンは、藤原義江を登場させている。頼貞によれば、ホルマンがニューヨークで「藤原義江君の歌を聴き、その技倆に感服して日本楽壇へ紹介した」（『薈庭楽話』）のだという。藤原は四月十日に五年ぶりで帰国。横浜港での『時事新報』（四月十二日付）のインタヴューに「目下滞在中のホルマン氏の伴奏で近々独奏（唱）を催す」と答えている。

しかし、藤原の話は頼貞と少し違う。第一回の演奏会は五月六日にＹＭＣＡのホールで行われ、その一週間後、第二回目がワグネル・ソサエティーの主催で慶応義塾の大ホールで開かれた。「この時は、僕よりも一足先に来朝した世界的セロの名手、ジョセフ・ホフマンと共演した。ホフマン翁は徳川頼貞侯の招聘で日本へ来た。」「東京が終わると、ホフマン翁と一緒に関西への演奏旅行に出た。これは日本を去る直前で日数の窮屈なのを、とくに僕一人ではという親切心から徳川侯と朝日新聞との相談の上で全く僕一人のためにしくまれた旅行であった」（『歌に生き恋に生き』）と、すべて自分のために世界が回っているような書き方である。

以前、拙著（『「バロン・サツマ」と呼ばれた男』）で薩摩治郎八と藤原の交友について検証したとき、藤原の記述がかなりあやふやであることを実感した。ここでも、記憶を自分の都合のいいように変形させているようだ。

頼貞は、演奏旅行から戻ったホルマンをねぎらう集まりを友人たちと企画する。ちょうど、ドイツ人のヴァイオリニスト、ウィリー・ブルメスターが来日していたので、彼も招待すると、「喜んで出席する」という返事だ。

ブルメスターは、ドイツ大使館が力をいれて紹介していたのだが、なぜか帝劇は不入りだった。このとき、彼は「日本という国は、ビクターの赤盤のアーティストでなければ歓迎しない国らしい。自分もビクターの赤盤に吹き込んで、また出直して来ることにしよう」といったと伝えられている。しかし、心ある人は「ブルメスターの手堅い、典雅な演奏は、相踵《あいつ》いで日本を訪ねたアウアー門下の提琴家達の派手な華麗な演奏に飽き足らない人たちを喜ばせたことは一通りでなかった」(『名曲決定盤』)という感想を持っている。ブルメスターは、頼貞を《心ある人》の一人とみなし、出席したのだろう。

頼貞は、「せっかく、チェロとヴァイオリンの名手が集ったのだから、一緒に演奏してもらいたい」と懇望。「ヴィラ・エリザ」で晩餐会のあとの共演が実現する。この日は、在京各国の大公使や友人を招待。久邇宮邦彦王夫妻に朝融王、良子女王も台臨した。各自の独演だけでなく、ベートーヴェンの「ピアノ三重奏第五番ニ長調《幽霊》」も聴くことができたのである。このときのピアノは、ブルメスターがドイツから連れて来て、一時東京音楽学校の教授を務めた名手ウイリー・バルダスであった。

クライスラーの来日とホルマンの叙勲

ホルマンは、「オーストリアが生んだ二〇世紀最高のバイオリン奏者の一人で作曲家」(『世界大百科事典』)のフリッツ・クライスラーも帝劇の演奏会の休憩時間に頼貞に紹介してくれた。クライスラーは、五月一日から五日まで五日間帝劇で演奏。好評で、帰国前の五月十八日から三日間、告別大演奏会を開催する。野村胡堂は、高熱を発して医者に外出を禁じられていたにもかかわらず、クライスラーの公演を聴きにいく。それも五日間全部。その後、四カ月間静養する羽目になったが、「クライスラーの演奏会は、全く命がけで聞く値打ちのあったものである」(『名曲決定盤』)と語る。

そのクライスラー歓迎の晩餐会を頼貞が計画した。出席者は、ホルマン、ベルギー大使夫妻、ドイツ大使夫妻、フランス大使夫妻、オランダ代理公使夫妻に親しい外交官や友人たち。久邇宮朝融王も参加された。

〈……白耳義大使バッソンピエール男爵夫人は独逸大使ゾルフ博士夫人とともに、その当時の外交団にあつては音楽愛好家の第一人者と呼ばれてゐて、バッソンピエール夫人はブリュッセルの帝室音楽院出身の立派な音楽家、ゾルフ夫人はピアノの他パイプ・オルガンも弾く音楽の教養高き人であつた。また仏蘭西大使クローデル氏は誰も知るやうに仏蘭西でも有名な詩人外交官である。だからこの晩餐会は、殆んど藝術家の集りといふ有様で、クライスラー夫妻を中心に、音楽や芸術の話がいろ〳〵と交されて賑やかであつた。〉(『私家版』)

歓談のなかでクライスラーは「日本人が西洋音楽の造詣が深いのに驚いた」と述べている。という

のは、アジア各地を演奏旅行で回ってきたが、聴衆の大部分は西洋人だった。ところが、日本では西洋人は少数で、しかも好む曲はいずれも立派なクラシックだったというのだ。お世辞もあるだろうが、日本人の洋楽理解のレヴェルが上がったということだろう。

晩餐のあと、記念撮影をし、久邇宮殿下がクライスラーに演奏を要望すると、気軽にストラディヴァリウスを取り出した。最初にベートーヴェンの「クロイツェル・ソナタ」、次いで彼の最も得意とする小曲ボッケリーニの「メヌエット」、自作の「愛の喜び」「愛の悲しみ」などを演奏。「一同は、演奏が終つても恍惚として我を忘れ、いつまでも美しい夢に見入つてゐるやうであつた」(『蒼庭楽話』)。

この歓迎の夕べの日付を頼貞は記していない。だが、『蒼庭楽話』にクライスラーのサイン入り写真が載っている。それにはフランス語で「徳川侯爵夫人へ／一九二三年五月六日の心のこもった魅惑的な夜会の思い出に／フリッツ・クライスラー」と書かれているので、帝劇公演直後の五月六日の可能性が高い。

「ヴィラ・エリザ」をしばしば訪れてコンサートを楽しんだ久邇宮朝融王は、「教養の基礎は真の芸術に在る」(『私家版』)という信念から、ことのほか音楽を愛好した。宮は、以前からチェロを勉強していたので、ホルマンが来日するとすぐに、マエストロから直接学びたいと頼貞に希望してきた。ホルマンに話すと、感激して「お請けします」と応えた。

ホルマンが教えてみると、宮は実に稽古熱心。

「一時間のお稽古が二時間、いや、それ以上になることもあります。初めにお教えした二、三の小

曲はすぐにお憶えになって、いまはサン＝サーンスの「白鳥」です。私はヨーロッパで各国の元首に拝謁し、皇族にもお目にかかり、貴族の方々とも交際しましたが、高貴なお方でこれほど真剣に音楽を理解され、私に厚いご同情を賜ったのは久邇宮殿下が初めてです」

とホルマンは感激して語る。しかし、ホルマンと宮との熱いレッスンが終わる日がやってきた。海軍にいた宮は遠洋航海に出るため横須賀に戻らなければならなかったのだ。最後の稽古の日、宮はホルマンと頼貞を晩餐に招いた。三人だけのしんみりとした食事であった。食事も終わり、いよいよお別れというときにホルマンが宮にこう語った。

「このたびは大宮殿下に拝謁を賜り、記念品まで頂きました。そのうえ若宮殿下にチェロをご教授申上げる光栄に浴し、殿下の音楽に対する深いご造詣とご熱心な態度に感激いたしました。ついては、私の第二の命として五〇余年愛用してきたガルネリウスのチェロを殿下に献上いたしますことをお許し賜りたいのですが」と。

頼貞も驚いたが、宮も意外だったようだ。しばらく考えたのち、宮は、

「では、頂きましょう」

と答えた。

後日、ホルマンは愛器を献上することを思いついてから三週間夜も眠らずに考えていた、と頼貞に語っている。

宮は、東京音楽学校の村上校長を招き、「この名器は、私には宝の持ち腐れですので、学校で使っ

てください」と下賜したのである。

ガルネリウスを下賜された東京音楽学校は、ホルマンを講師として迎えた。六月のある日、学校からマエストロに出校するよう連絡が入る。授業の打ち合わせだろうと思って行くと、校長がいう。

「来日以来、あなたがわが国の音楽界に尽した功績に対して、勲三等旭日中綬章が授けられます」と。

それまで音楽関係者で、勲三等を受けた人は誰もいない。森ヶ崎の頼貞邸に帰ってきたホルマンは、顔を紅潮させ、

「このようなことは、空想もしていなかった。本当に夢のようだ」

と興奮して話し、「スプレンディド！」と何度も何度も繰り返しながら、踊り歩いていた。

この叙勲は、彼の帰国が決まったからでもあったろう。そう考えるのは、ホルマンの告別演奏会が五月二六日に南葵楽堂で行われているからだ。『東京朝日新聞』が、六月十六日の朝刊でホルマンの勲三等を報道し、「今明日中に伝達式」と書いているので、内示があったのは、もう少し前のことと思われる。

また、ホルマンは帰国直前に義侠心を発揮して、一人の音楽家が愛器を手放す悲劇を救った。その音楽家とはロシア人ヴァイオリニスト、ミハイル・ピアストロである。彼は二一年七月に日本で演奏したあと、ジャワやスマトラ方面を回り、再度来邦。頼貞のもとにやってきて、こういった。

「私は、これからアメリカに行って、成功したいと思っています。だが、渡米の費用がありません。それで、愛用のガルネリウスを売って渡航費としたいのです。どなたかにお世話願えませんか」と。

頼貞がホルマンに事情を話すと、しばらく考えていて、

「偶然にも同じ名匠の作った楽器が、一つのところに揃うというのはめったにないことです。私のチェロと彼のヴァイオリンと誰かのピアノで三重奏を企画して音楽会を開き、その収益を渡米の費用に充てたらどうでしょう。私は、演奏料を要求するつもりはありません」

という。この話を音楽学校のバルダス教授にすると、喜んでピアノを弾くとのこと。

こうして、七月五日、帝国ホテル演芸場で「ピアストロ氏告別演奏会」が行われたのである。音楽会は、三人のほかに東京音楽学校の安藤幸（幸田露伴の妹）教授も参加。彼女とピアストロでバッハの「二つのヴァイオリンのための協奏曲ニ短調」を演奏した。眼目の三重奏は、ベートーヴェンの「ピアノ三重奏曲第五番ニ長調《幽霊》」。ブルメスターが、「ヴィラ・エリザ」で演奏した曲である。

音楽会は珍しい演奏者の取り合わせとプログラムの面白さで評判を呼び、満員の盛況。収益も予想以上にあって、ピアストロはガルネリウスを売らずに渡米できたのだった。

『薈庭楽話』に「ガルネリウスのセロ」という項がある。ホルマンのチェロの来歴を「マダム・ホルマンに就いて」という題で、南葵文庫が小冊子を作り、音楽愛好者に頒布した。そのほぼ全文を、この項に載せているが、久邇宮に献上したことは省いてある。そのなかで「マダム・ホルマンよ！今や私は御身と別れなければならない」というホルマンの悲痛な叫びが心に残る。

五月二六日のホルマンの告別演奏会は、ホルマン自身《愛妻》との告別演奏会でもあったのだ。このあと「五十余年愛撫し「妻」と呼んで来た名器を手離したホルマン翁は、急に第二の故郷である巴

里に帰りたくなった」(『薔庭楽話』)ようだ。「ピアストロ氏告別演奏会」は、そのホルマンが《愛妻》と最後の別れを交わした貴重なひとときだったのである。

関東大震災で南葵楽堂壊滅す

ホルマンがパリに発って二カ月もたたないうちに関東大震災が起こった。帝国劇場は、地震にはびくともしなかったが、風上にあった警視庁が炎上し、もらい火で焼失してしまう。ヴァイオリニストのエルマンは直ちにワシントンで義捐演奏会を開き、収益金を米国赤十字社を通じて寄贈。ジンバリストは、義捐演奏会の収益金のほかに、ニューヨークで開いた演奏会の収入五〇〇〇ドルを電送してきた。

一二三年九月に公演予定だったヴァイオリニストのヤッシャ・ハイフェッツは、十一月九日から三日間帝国ホテル演芸場で演奏した。震災の傷跡が残るなかで入場料は、「帝劇は大勉強で十円均一」(『読売新聞』一二三年十月三十日朝刊)とし、音楽学校の生徒や音楽研究者に限り二〇〇名まで六円均一。これでも高額だが満員となった。野村胡堂は「環境や空気のせゐで、宗教的な情熱のあるものであつた。紅顔の美少年〔当時二二歳〕ハイフェッツは、申し分なく好楽家を満足させ、その超人的な技巧は、誰にでも愛される性質のものであつた」(『名曲決定盤』)と記している。

焦土のなかでも詰めかけてくれた聴衆に感激したハイフェッツは、罹災した東京市民のために義捐演奏会を開きたいと申し出る。十一月十二日午後二時から日比谷公園新音楽堂(野外音楽堂)で開催さ

れ、入場料は一円均一。小雨の降るなかだったが大入り満員で、売上げ金三五八八円から諸経費八〇〇円を引いた二七八八円が東京市の震災救護事業に寄付されたのである。

一方、徳川頼貞は、地震のとき東海地方を旅行中で難を逃れたが、南葵楽堂は壊れてしまった。破壊された東京を見て人生観が変ったのか、頼貞は、「自分の生活をひきしめて一層真面目にやりたい」と上田に述べた。だが、上田は「長続きすればよいと思ふ」と懐疑的である（『上田貞次郎日記』）。

楽堂の修理は、新しく建てるのと同じくらいの費用がかかるとのことで、放棄され、パイプ・オルガンは東京音楽学校の奏楽堂に寄贈されることとなった。

私は、この理由のほかにもう一つ楽堂の維持に費用がかかりすぎるため、修理しなかったのだろうと推測している。前述したように、東京音楽学校のコンサートに毎回三〇〇〇円出費していたし、ほかの演奏会でも演奏者に謝礼は必要だろう。ところが《徳川家の矜持》から、入場料をとらないのだから金は出て行くばかりだ。現在の金額にして最低毎年一～二億円の出費となるのである。「若殿のお遊びにしては、金がかかりすぎるので、この際修理しないで、解体しましょう」という意見が徳川家の周囲にあったと想像される。当時はまだ一般に音楽は女子供のお遊びと考えられていたのだから……。

こうして南葵楽堂は、わずか五年の活動で終止符を打ったのである。

辻邦生は小説『樹の声　海の声　（中）』のなかで、主人公逗子咲耶の兄、尚武に関東大震災の後、こういわせている。

〈あの楽堂は頼貞の道楽にすぎなかった。本人もそう言っているし、多くの人もそう見ていた。しかしあの楽堂が崩壊したことは、日本の西洋音楽を三十年は遅らせるだろうね。頼貞は、口じゃ道楽だと言っているが、あれで、内心、ひどく真剣なところがあったんだ。彼だって、痩せても枯れても、ぼくら学習院の仲間だ。志賀や武者や柳や長與がやろうとしたことと同じことを、南葵楽堂で実現しようとしたんだ。彼なりに、日本に、西洋の最もいいところを移植して、それを日本古来の伝統の中に生かそうとしていたんだ。西洋音楽なんて、日本に土壌も何もない。移植できるかどうかさえ怪しい。それを、彼はたったひとりで真正面から取り組んでいる。殿様芸と頼貞の悪口を言うのはたやすい。しかしあの鷹揚な、ドン・キホーテそこのけの、体当り主義は、やはり何ものかではあるんだよ。頼貞の夢も、震災で消えなければいいがね。〉

辻は、ここで頼貞の《ノーブレス・オブリージュ》への《志》を語っている。そして、徳川頼貞の日本への西洋音楽普及の夢と活動はその後も続く。だが、自らが自由に企画公演できるコンサート・ホールを失ったことは大きな痛手であった。頼貞の考える西洋音楽を発信する場所がなくなったため、彼の名前が日本の洋楽史のなかで過小評価されているといえるかもしれない。

頼貞の手元から楽堂は消えたが、南葵音楽文庫は残った。はじめ、同文庫は、南葵文庫の一部として閲覧されていた。しかし、第三章で述べたように、南葵文庫は、関東大震災によって壊滅に瀕した東京帝国大学附属図書館の窮状を見て、二三年十二月に文庫の主館建物と全蔵書を同大学に寄贈し、その歴史を閉じた。しかしその際、楽譜一八二九冊と音楽書八六五冊は、寄贈項目から除外され頼貞

の手元に残された。そして、翌年に「南葵楽堂図書部」、二五年には「南葵音楽図書館」と名称を改め活動を始めたのである。

この図書館を運営する南葵音楽事業部は、頼貞を部長に、評議員には鎌田栄吉、上田貞次郎、小泉信三、山東誠三郎の紀州関係者、田村寛貞、上野直昭、黒田清、図師尚武らの学習院の友人たち、辻荘一、兼常清佐、遠藤宏など音楽学者が名を連ねている。

その後も多数の著名な西洋音楽家たちが頼貞を訪問している。そのうちの何人かをアト・ランダムに挙げておこう。

ピアニストでは、ミーシャ・レヴィツキー（ロシア系アメリカ人、二五年十一月）、アレキサンドル・ブライロフスキー（ロシア人、三二年三月）。ヴァイオリンのヤロスラフ・コチアン（チェコスロヴァキア、二二年十二月）、ジャック・ティボー（フランス、二八年五月）。テナーのジョン・マコーマック（アイルランド、二六年五月）などである。

徳川頼貞の書き残したものは、大好きだった音楽のことがほとんどで、《殿様》らしく自分が援助したことなどは書かれていない。頼貞は、『白樺』の連中とも親しかったので、文学や美術にも興味を持っていた。イギリス留学中に、「ロダンの展覧会をやりたいので、了解を取ってほしい」という『白樺』からの要望に応えて、ロダンに会ったこともある。

頼貞が、美術にも興味を持っていたという《証拠》が一つある。それは和歌山出身の彫刻家、保田龍門の留学を援助したという事実だ。

保田龍門こと重右衛門は、一八九一（明治二四）年、和歌山県那珂郡龍門村（現・紀の川市）に生まれた。一九一七（大正六）年、東京美術学校西洋画科を次席で卒業。在学中から彫刻を石井鶴三と藤井浩祐に学んでいたので、日本美術院彫刻部に入り、本格的に彫刻研究をはじめた。一九年、頼貞は一歳年長の龍門の才能を認め、留学の援助を申し出る。二〇年七月、龍門は欧米の美術を研究するため留学の途につく。まず、アメリカに渡り、二一年にフランスに入った。そして、パリのグラン・ショーミェールで彫刻をブルデルに学んでいる。関東大震災を知って二三年十月に帰国。翌二四年五月二四日から六月六日まで、留学の成果を「滞欧記念展覧会」と銘打ち、森ヶ崎の頼貞邸で開催したのである。出品は油彩五九点、彫刻一三点であった。

ちなみに龍門の息子・春彦は、日本を代表する現代彫刻家として活躍している。「保田龍門・春彦展――絵画と彫刻」を開催した平塚市美術館は、「西洋の感性と日本人としての感情の相克に苦しみながら、日本にあるべき彫刻の道を真摯に探求した保田龍門、世界を舞台とし空間に調和した現代彫刻のあるべきすがたを探る保田春彦」と紹介している。

ベルリン・フィルを指揮した近衛秀麿

ところで、ベルリンに着いた近衛秀麿は、どうしたのだろうか。彼は、シテルン音楽学校に通い、

指揮法をフェリックス・メンデルスゾーン教授に、作曲法を校長のフィーリッツに学んでいた。

関東大震災を知った秀麿は、予定を早めアメリカ経由で帰ろうとした。どっさり買い込んだ楽譜を日本に送り出し、住んでいたベルリンの《クーダム》にある豪壮な二部屋を着いたばかりの井上正夫に譲り渡す。こうして帰国の準備が整ったとき、秀麿に突然、「ベルリン・フィルを指揮してみないか」という話が舞い込んだのである。時期は一月だという。この絶好の機会を逃すことはできない。そこで、ベルリンのはずれに近いシェーネベルグに一時的に移り住む。シテルン音楽学校でピアノを学ぶ平田義宗と相部屋である。この界隈には、日本の音楽留学生が数多く住んでいる。斎藤秀雄もここに部屋を借り、クレンゲル教授の指導を受けに毎週二時間かけてライプツィヒに通っていた。他に高折宮次、田中英太郎、遠山芳蔵などもいる。

大野芳さんの『近衛秀麿』によれば、「この話を仲介した人物が、いまもって謎」だそうだ。ベルリン・フィルは一種の「株式会社」で、傘下にシテルン音楽学校、楽団の大ホール、小ホール、音楽会を企画する組織などを擁していた。ということは、コネと金があり、ある程度の実力があれば、ベルリン・フィルを揮ることができるのである。ただし、これは正規の演奏会ではないので、ベルリン・フィルの記録には残らないが。

一九二三年十二月六日に音楽会の詳細が決まる。

〈……早朝伯林第一の音楽事務所ウォルフ・ウント・ザックスから電話で正月中旬といふ僕の望み通りにベートヴェン・ザール（フィルハーモニーの小楽堂）もフィルハーモニーのオーケスト

ラも手に入つたと知らせて来た。十年の夢が実現されて一月十八日の晩八時から、伯林の聴衆に初見参《うひけんざん》する事になつたのだ。早速銀行へ、それからウォルフ・ザックスに飛んで行く。契約書にサインをして、会場費、広告費、オーケストラの費用の見積額を前払する。練習は一月に入って二回。公開練習はなし。事は至つて簡単に定《きま》る。〉

（近衛秀麿『シェーネベルグ日記』）

秀麿の指揮を危ぶむ人もいるが、彼は意気軒昂である。日記には続けてこう書かれる。

〈……僕には併し少なからず自信がある。早く当日になつて了へばいゝ。此秋の季節《セーゾン》に入つてから伯林を初め独逸の諸都市で、ハムブルグに音楽協会を指揮する博士ムック、ドレスデンの大オペラ座の指を屈する程もない。此中、真に敬服したものは五フリッツ・ブッシュ、ライプツィッヒのゲヴンドハウスと、伯林フィルハルモニーのフルトウェングラー（ニキッシュの後継者）の三人の他、マーラーやモツアルトを指揮するブルーノー・ワルター、オペラの指揮者ではレオ・ブレッヒ等には、尊敬を払ふ可き場合が多かつた。併し其他群小の老手《らうしゅ》、若手《わかて》の内には殆ど問題にならない程のが随分あつた。〉

秀麿の日記を書き写しながら《眼高手低》という言葉がちらつく。しかし、高い志を持った二五歳の青年には、これぐらいの意気込みが必要なのだろう。

秀麿が択んだ曲目は、

一　モーツアルト「劇場支配人」序曲

二　ラロ「チェロ協奏曲　ニ短調」

三　近衛秀麿「ふなうた」
四　カリンニコフ「交響曲第一番　ト短調」
であった。ベルリン・フィルを指揮する初めての東洋人ということに興味を持ってか会場はほとんど満席となる。演奏も好評で、アンコールに二度呼び出された。こうして、近衛秀麿は初めてベルリン・フィルを指揮した日本人となったのである。

翌々日の二十日、『モルゲン・ポスト』紙に批評が載った。

〈ヒデマロ・コノエ。（東京より来る）芸風は全く欧洲的だが、身振りに日本の習慣が残つて居る。羞かしがりで謙遜。……リズムは洗練されて居るがルバートに欠けて居る。……優雅なチェリスト、メンデルゾーンの伴奏はまだ不確《ふたしか》。けれども、彼自身の歌を温みに満ちた声で唄つたランゲルドルフの時にはズット好かつた。悲調を帯びた民謡調の単純な構想。何はともあれ、この人の感受力は驚くべし。人類友和の夢は自分の批評し様とする和らげられた心を幻惑する。〉

（『シェーネベルグ日記』）

秀麿は、この記事に満足し、批評として妥当なものだと思った。

秀麿の帰国日時は不明だが、二四年の七月末には日本に戻っていたことが判っている（『近衛秀麿』）。近衛秀麿の帰国は、まさにグッドタイミングであった。日本に交響楽団が根付く基盤が育ち始めていたのである。

八　頼貞、資産三〇〇〇万円を受け継ぐ

日露交驩交響管絃楽演奏会

一九二五（大正十四）年四月、日本のオーケストラ史上エポックを画する演奏会が行われた。会場は、東京の歌舞伎座。関東大震災で焼失し、岡田信一郎の設計で完成したばかりである。

コンサートのタイトルは、「日露交驩《こうかん》交響管絃楽演奏会」という。その名の通り、日本とロシアの演奏家が同じ舞台で共演したのだ。

前章で紹介したように、一九二〇年代に入って欧米の超一流の演奏家が日本を訪れ、妙技を披露してくれた。しかし、西洋音楽の本質は、独奏楽ではなく交響的合奏にあると信じていた山田耕筰は、何とか日本にオーケストラを生み出そうと努力する。だが、日本人の演奏技術はまだ幼く、《本物の音》を出すことができない。そんなオーケストラを聴いても、音楽の素晴らしさを理解してもらえないだ

ろう。

〈それならば、本物のオーケストラを呼んでしまえ――この破天荒な発想と行動力こそ、山田の真骨頂と言うべきものであるが、現実の問題としては、欧米からオーケストラを招聘することは費用の面でも時間の面でも不可能であった。そのとき、ハルビンという特殊な国際都市が日本からほど近い満洲の地にあったということは、日本の音楽文化にとってなにより僥倖であったと言わねばなるまい。〉

（岩野裕一『王道楽土の交響楽』）

ロシア人が中国の租借地に建設したハルビンには、ロシア革命以後、祖国を逃れた一流の音楽家たちが亡命。東支鉄道交響楽団に多数参加していた。一九二三年八月中旬、この交響楽団を日本に招こうと、山田はハルビンに赴く。この企画に松竹が賛同して、歌舞伎座で興行することになっていたのだ。招聘計画は順調に進み、楽団員五〇数名と契約を結ぼうとしたそのとき、大震災で、歌舞伎座が焼失したとの報が入り、山田は交渉を中断して帰国した。「日露交驩交響管絃楽演奏会」は、その再チャレンジの企画であった。

今回は、丸ごとオーケストラを呼ぶのではなく、三〇人ほど招き、日本人のメンバーが混じって一緒に演奏しようと考えた。より高い技術の人と共演してレヴェル・アップをはかろうとしたのだ。山田は二五年三月に日本交響楽協会を結成したので、このメンバー三八人が、ロシア側と共演することになる。

招かれたロシアの音楽家は総勢三三人。ハルビン在住者が二四人、ロシア本国から許可を得てやっ

てきた者が九人。みな帝政ロシアの一流音楽家たちである。首席コンサート・マスターのニコライ・シフェルブラッドは、アウアー門下でモスクワ交響楽団のソリストにしてコンサート・マスター。次席コンサート・マスターのヨゼフ・ケーニヒは、マリインスキー劇場のコンサート・マスターとバレーの指揮者。また、フルートのウエルホフスキーは、レニングラード交響楽団とマリインスキー劇場のインスペクター。チェロのベッケルは、一九歳だがレニングラード音楽学校を最優等で出て「チェロのハイフェッツ」と呼ばれる独奏家、といった具合で、日本のメンバーとは、音楽的レヴェルが天と地ほどの違いがあった。

「日露交驩交響管絃楽演奏会」が行われたのは、一二五年四月二六日から四日間。新装歌舞伎座の柿落としの公演としてである。この演奏会は、「明治以来、半世紀以上にわたって西洋音楽を受容してきた日本人が、はじめて本物のオーケストラの響きに接した、革命的な出来事であった」（同前）。プログラムを次に掲げる。

第一夜（四月二六日）

ベートーヴェン	交響曲第五番	指揮　近衛秀麿
ゴールドマルク	《サンタクララ》序曲	指揮　山田耕筰
山田耕筰	明治頌歌	同
リムスキー＝コルサコフ	交響組曲《シェラザード》	同

第二夜（四月二七日）

チャイコフスキー　交響曲第六番《悲愴》　指揮　山田耕筰
リスト　交響詩《レ・プレリュード》　指揮　近衛秀麿
マーラー＝近衛編　交響曲第一番より第三楽章　同
R・シュトラウス　歌劇《バラの騎士》よりワルツ　同
ワーグナー　楽劇《ニュルンベルクのマイスタージンガー》前奏曲　同

第三夜（四月二八日）

カリンニコフ　交響曲第一番　指揮　近衛秀麿
ドヴォルザーク　チェロ協奏曲（チェロ＝ベッケル）　指揮　山田耕筰
R・シュトラウス　歌劇《サロメ》の音楽　同
山田耕筰　御大典奉祝前奏曲（合唱つき）　同
ワーグナー　歌劇《さまよえるオランダ人》序曲　同

第四夜（四月二九日）

ベートーヴェン　交響曲第七番　指揮　山田耕筰
チャイコフスキー　《胡桃割り人形》組曲　指揮　近衛秀麿
ムソルグスキー　《禿山の一夜》　同
ボロディン　歌劇《イーゴリ公》より三曲　同

ロシアの曲は、ほとんどが日本初演だという。こうした多彩な演目が組めたのは、秀麿がドイツで買い込んだ膨大なスコアのお蔭であった。

演奏を聴いた、音楽評論家の野村光一は、「これはまれに見る演奏で、中島〔健蔵〕さんのいわれる欲求不満みたいなものがまったく無いぐらいの立派なものでしたよ。それにわれわれはどんなに感激したかわからない」(『日本洋楽外史』)と語っている。東京のあと、名古屋、京都、大阪、神戸と巡演し、各地の音楽ファンに大きな影響を与えた。若き日の作曲家・服部良一は、道頓堀の「松竹座の天井桟敷で驚きのまなこを見開いて」聴き入り、「この日の感動は、ぼくの音楽人生の中でも特記すべきものである」(『ぼくの音楽人生』)と記している。また、後にベルリン・フィルを指揮することになる当時一五歳の貴志康一は、神戸で秀麿の揮ったベートーヴェンの「第五」を聴いて脳天に鉄槌を食らったようなショックを受けた。

〈……康一はこれまでに山田耕筰の主宰する日本交響楽協会管弦楽団やヨセフ・ラスカの指揮する宝塚交響楽団の演奏を聴いていたが、大陸の一流プレイヤーが加わった混合オーケストラは、それまでの日本人オーケストラでは聴けなかった、目の覚めるような豊かなハーモニーを奏でたのである。〉

(毛利眞人『貴志康一――永遠の青年音楽家』)

では、近衛秀麿は、このオーケストラをどう感じていたのだろうか。

〈……歌舞伎座をふり出しに東京で前後八・九回、尚ほ東海道筋を、関西は神戸まで大小都市で、

約一ケ月間に亘つて開催されて空前な成功を収めた。これは日本の交響楽史の上では、未だ揺籃期に属するが、絃の各主席や管の各独奏者の顔ふれから推しても、蓋し今日まで日本の国土の上でなり響いた管絃楽の最も美しい感激的な演奏であつたことを、この時に居合はせた者は誰しも首肯するであらうと思ふ。〉

（『わが音楽三十年』）

ロシアの演奏家たちは引き上げたが、この素晴らしい響を忘れかねて、日本側の演奏者たちは、集まっては合奏し、将来の夢を語り合った。そして、彼らは「殆ど前後の分別もなく、先輩山田耕筰を先達として、二管編成で五十人にあまる新団体を結成してしまって居た」（同前）。

一九二五年七月十二日、愛宕山の東京放送局がラジオの本放送を開始した。放送のアイテムの一つとして洋楽に目をつけた放送局は、山田・近衛たちの団体に注目し、出演契約を結ぶ。楽団と東京放送局がまず取り組んだのが、オーケストラを育成するための指導者選びであった。メンバーが相談の結果、「日露交驩交響管絃楽演奏会」で、日露双方をリードし、まとめ上げたヨゼフ・ケーニヒが、全員一致で候補に挙がった。こうしてケーニヒは十一月に東京放送局の専属指揮者兼独奏者として来日するのである。

これより先、楽団は山田が結成した日本交響楽協会（日響）の名の下に九月二十日に正式に活動を始める。しかし、翌年の八月に内紛を起こして分裂。原因は、金にルーズな山田の私的流用といわれている。大部分のメンバーは、近衛に従って日響を離れ、一〇月に新交響楽団（新響、NHK交響楽団の前身）を結成する。放送局は、新響と新たに契約を結んだ。

家宝の売立てで一六二万円

歌舞伎座で「日露交驩交響管絃楽演奏会」が行われた翌月の五月十九日未明、頼貞の父・徳川頼倫が心臓麻痺で急逝した。享年五二。即日、勲一等に叙せられる。

頼倫は、一九二二（大正十一）年六月から皇族・華族の事務を司る宗秩寮総裁に就任していたが、二四年から心臓の具合が悪化。鎌田栄吉や上田貞次郎など徳川家理事会の人々が宮内省の仕事を辞するよう勧告する矢先の死であった。『読売新聞』は、「御縁談の不調が死のもとを造る／令息の不身持に頭を悩ました／責任観の強い頼倫侯」（五月二十日朝刊）と見出しに掲げた。

「御縁談の不調」とは、前年二月から九カ月ほど続いた久邇宮朝融王と旧姫路藩主酒井忠興伯爵の二女菊子の縁談解消話である。二人は一九一七（大正六）年に婚約し、大正天皇の内許を受けた。ところが、二四年二月朝融王が結婚したくないといい出したのだ。まったく無責任な話だが、父の久邇宮邦彦王は皇太子（昭和天皇）の岳父であるから《久邇宮家に非あり》として処理できない。そこで、酒井家から婚約辞退を申し出るよう宗秩寮総裁として頼倫が要望した。しかし、酒井家は納得せず、紛糾し、暗礁に乗り上げる。ましてや、紀州徳川家と久邇宮家とは島津家を介して縁戚だから利害関係が複雑になっていた。九月に入り新聞がスクープ。世の中の話題となって、ようやく解決の方向に動き出す。そして十一月十七日宗秩寮は、酒井家から婚約辞退の申し出があったので、その手続きを終了したと発表した。一方、酒井家も記者会見を行い、頼倫から久邇宮家の事情を詳しく聞かされ、

やむを得ないと思い、辞退を決意したが「取消の理由は久邇宮家にあって酒井家には一つもない」と述べている（永井和「久邇宮朝融王婚約破棄事件と元老西園寺」）。

新聞は、この件で責任感の強い頼倫が過度の心労に悩まされた。加えて、「令息の不身持に頭を悩まし」ていたのが原因としている。

上田貞次郎は頼倫を、

〈侯爵の成功は才能の秀でたといふよりも人品のよかつたためであると余は信ずる。世間では爵位が高くて人品がよく金があれば相当にかつがれるのである。又それで相当の仕事も出来るのである。薨去当時の侯は華冑界の第一人者として世間から惜しまれた。〉

と日記に記す。

頼貞は「それから一ケ年、私は喪に服して静かに日を送るのみであつた」（『薈庭楽話』）というが、彼の行動をみると「喪に服して静かに日を送る」という意味が普通の人より厳格でないように思える。というのは、この年の十月にプロローグに述べた薩摩治郎八の企画した帝国ホテル演芸場でのフランスのピアニスト、アンリ・ジル＝マルシェックスの演奏会の援助をし、コンサートにも出席しているのだ。また、翌年五月に来日したテナーのジョン・マコーマックをシャンパン・パーティで歓待している。

一九二五年七月一日、徳川頼貞は侯爵を継いだ。三二歳であった。翌日の『読売新聞』朝刊は「三千万円と侯爵を襲ぎ／何をする頼貞さん／今までは音楽研究と芝居見物／家来五百名の殿様生活」と

いう見出しで頼貞を紹介。この記事では「頼貞《らいてい》さん」と呼び、今までは「森ケ崎の別邸に閑居し只音楽研究と芝居見物などにその日を送つて」いたが、今後は本邸に入るのだろう。しかし、そこの使用人は事務や工事関係を入れると五〇〇人にも達し、「旧封建時代の御殿生活その侭だから三千万に余る遺産を擁して頼貞《らいてい》さんは何をなされるか」華族仲間の話題となっているという。また、淀橋税務署の試算によると、相続税が八〇〇万円以上にのぼるとみられる。ちなみに、この時代の小学校教員の初任給が四五円〜五五円だから、遺産は現在の金額で一五〇〇億円ぐらいだろうか。

頼倫死去時の『読売』の記事も併せて考えると、「頼貞《らいてい》さん」という呼び方は、親しみを込めているようでいながら、好き放題の生活を送っていた若殿が紀州家をどう統治するか《お手並み拝見》といった記者の気持が感じられる。

頼貞が相続した紀州徳川家の財政は、膨張しきっていた。以前から収入より支出が上回っていた。そこに関東大震災が起こり、蛎殻町・浜町が焼け、ここに所有していた土地の地代収入が大幅減少。仕方なく総額二八六万円の世襲財産の解除、つまり二八六万円の損失を計上していたのである。この財政を引き継いだ頼貞は、毎月二回から四回、鎌田や上田などの理事を呼んで会合を開き整理案を検討した。従来の理事は、二五年十月から顧問と名称を変え、今までの鎌田栄吉、木下友三郎（明治大学学長）、三浦栄太郎男爵、巽孝之丞（横浜正金銀行常務取締役）、上田貞次郎に小泉信三が加わり六人となった。上田、小泉という日本を代表する優れた経済学者を擁しても議論が錯綜し、なかなか整理案がまとまらない。

ようやく、案ができたのは一九二六（大正十五）年の十一月頃。頼貞が鎌田栄吉など総勢六人で南洋旅行をしている最中であった。留守を預かる木下と上田、そして頼貞の信任が篤い財務部長の山東誠三郎で概要を決定した。それに従えば、二、三年のうちに借金二八〇万円をおおよそ返済し、幾分余剰金ができるという。

内訳は、家宝の売立てで約一五〇万円を得るほかに所有地の売却。ただし、代々木の本邸は売らなくても可能とのこと（一九二三年に南葵文庫や楽堂の土地以外の麻布の本邸を売って代々木の実業家・久米民之助邸二万坪を一六〇万円で購入）。そして、家政をシンプルにするため家政部を財務部と合併するというものであった。

家宝のオークションは、翌二七（昭和二）年四月四日に行われ、約三〇〇点を出品。三月に片岡蔵相が「東京渡辺銀行が休業」と失言して金融恐慌が起こっていたので、落札価格の低下が心配されていた。しかし、牧谿の「老子図」（一名、鼻毛老子）と「江天暮雪図」がそれぞれ一一万九〇〇〇円と一一万円、馬麟の「寒山拾得図表」が六万八九〇〇円（以上東山御物）、応挙・呉春双筆の「京都名所絵巻二巻」が六万七一〇〇円、雪舟の「四季華鳥図六曲屏風」三万六一〇〇円、「大名物上杉瓢箪茶入」三万五九六〇円など高額の落札があり、総額は予想を上回る一六二万円となった（『東京美術市場史』）。

紀州徳川家の財政逼迫を知らない『東京朝日新聞』は四月十二日の朝刊で、売立ての成果を紹介し、「秋にも宝物を売り払う予定」という。そして、これで売り上げ総額は二〇〇万円を超すだろうから顧問たちと相談して一〇〇万円ほどを公益事業に寄付する考えがある、と報道している。紀州徳川家

は見栄を張りたかったのだろうが、この年の上田貞次郎の日記では依然として借金の返済がうまく進んでいないことが記されている。

上田の日記から「徳川家の事」という項目を引いておく。

〈徳川家の問題は勿論財政整理である。今春は予定通り什宝売却を断行して好成績であつた。売上百六十万円に達した。手取百二十四万九千円。

併し十五銀行の破綻の為めに毎年七万円の収入減となる。頼貞侯も大に節約の意思はあるが実行は出来ない。森ケ崎邸は今年も予算超過で総額二十万円以上使つてゐる。

今借金は二百十万円で昨年末に比すれば七十万円減じたが、結局代々木邸も売却しなければ整理は出来ない。

頼貞侯は貴族院に列して兎に角真面目にやらうとしてゐる。〉

このときはまだ確定していなかったが、華族の銀行である十五銀行が金融恐慌で破綻。「毎年七万円」の株式配当の減少どころか、所有する株券や預金が烏有に帰してしまったのである。

頼貞は、倹約するといって年間二〇万円を超える出費をしている。現在の金額にして一〇億円以上である。月平均一億円ほどを使っているわけだ。上田があきれるのが理解できよう。参考までに天皇家の私的費用である内廷費は、現在、年間三億二四〇〇万円である。これで天皇と皇太子一家が生活しているのだ。

こののち日本の経済は、不況の波に翻弄されるのだが、「大に節約の意思はあるが実行は出来ない」

頼貞の性格のため、三〇〇〇万円もの資産を有する紀州徳川家は、負債が坂道を転がり落ちる雪だるまのように増大していくのである。

九　一年九カ月の世界旅行で豪遊

長期外遊の理由は、国際会議の出席

一九二九（昭和四）年五月、徳川頼貞は妻為子を伴って三回目の長期外遊に出かける。前の二回は、家督を継ぐ前だったので父から費用の制限を受けていたが、今回は紀州徳川家当主としての旅行である。

この旅行について同時代の作家山口愛川は、

〈（頼貞は）昭和五《ママ》年の春欧米漫遊の旅に立つた。一行は七名、それで旅費として月に一万円つゝ費やす予算であつたが、行つて見るとカツキリ其の倍額の要求となり、外遊二年の間に五十万円に近い金を費《つか》つてしまつた。〉

（『横から見た華族物語』一九三二年）

と頼貞の乱費ぶりを紹介している。

さらに頼貞は、「ヨーロッパを体験させたい」と家職の者を三、四カ月毎に日本から呼び寄せて入れ替えたともいわれている。当時フランスにいた薩摩治郎八は、「頼貞侯は浪費の雄で、乗りもせぬ大ヨットを南仏のカンヌの港に浮べて、泡のような金を地中海に流してしまった」（『ぶどう酒物語』）と書いている。

しかし、頼貞は自分の散財を書き残していない。彼が残した二冊の著作『薈庭楽話』と『頼貞随想』では、音楽家や王侯貴族との交友を楽しげに語るばかりである。そして、この外遊の目的を次のように述べている。

〈私は昭和三《ママ》年の九月に伯林で開かれる万国議員〔院〕商事会議（International Parliamental Conference of Commerce）とその翌年、一九三〇年の六《ママ》月に英京倫敦に催された万国議員会議〔列国議会同盟〕（〔Inter〕Parliamental Union）とに貴族院代表の一人として出席することの委嘱を受けた。私は妻を同伴三度目の欧洲旅行に旅立つことになつて、一九二九年五月十四日、神戸出帆のM・M・会社の汽船ダルタニアン号に乗つてマルセーユに向つた。〉（『薈庭楽話』）

頼貞は、一九二五年に侯爵を継いで貴族院議員となっていた。当時、公爵と侯爵は、満三〇歳になると自動的に終身の貴族院議員になったのである。ただし、歳費はない。

これから紹介する頼貞の行動からは、この会議があるから旅行を計画したのか、旅行のついでに会議に出席するのか、判然としない。だが、頼貞にとって長く記憶に残る貴重な旅行となったことはいえるだろう。

アルフレッド・コルトーからの電報

一九二九年六月中旬、頼貞がマルセーユに着く数日前、船に電報が届いた。「パリ到着の日を知らせてほしい」と。二〇世紀前半を代表する大ピアニスト、アルフレッド・コルトーからである。頼貞は面識がなかったが、前駐日フランス大使のド・ビイが、「パリに行ったら、ぜひコルトーに会うように」と勧めてくれていたので、大使から連絡がいったのだと理解し、到着日と宿泊先を返電する。テュイルリー公園を望む宮殿を改装した豪華ホテル、ムーリスに着くとフロントにコルトーの手紙が届いていた。部屋に旅装を解いて封を切る。明晩の音楽会の招待状だ。会場は彼の主宰する音楽学校。道が不案内であろうから迎えの者を寄越すという。「喜んで参上する」と返事をして、翌日を待った。

コルトーは、一九〇七年から一七年まで母校パリ音楽院のピアノ教授を務めていたが、演奏活動が多忙で教える時間が取れないと辞任。一九年に優れたスタッフを集めて、彼の理想とする音楽教育を授けようとエコール・ノルマル・ド・ミュジックを創立。後進の育成に力を注いでいた。実際、コルトーは名教師でもあった。彼の門下から育った優れたピアニストは枚挙に暇がない。クララ・ハスキル、イゴール・マルケヴィッチ、ラザール・レヴィ、サンソン・フランソワ、リパッティ、エリック・ハイドシェックなどなど。弟子の遠山慶子によれば、コルトーは生徒の欠点を長所に変えてしまうのだそうだ。

学校は、ジュフロワ通り六四番地の小さな個人邸宅からスタートしたが、生徒が増えて狭くなったので、二七年に近くのマルゼルブ大通り一一四番地にある二つの広大な個人邸宅を買い取り、現在に到っている。

頼貞夫妻が学校に着くと校長室に案内され、初対面の挨拶を交わした。

「今晩の演奏会にあなたがご存知のティボーも出演するので、突然で失礼と思いましたが、ご案内を差し上げました」

とコルトー。フランスを代表するヴァイオリニスト、ジャック・ティボーは前年の二八年五月に来日。頼貞の邸宅を訪れ、二人は昵懇の間柄になっていたのである。

やがて準備が整い、会場に案内され、コルトーの指揮でバッハの「ブランデンブルグ協奏曲第二番へ長調」からコンサートが始まった。次いで、ティボーがモーツアルトの「ヴァイオリン協奏曲第六番変ホ長調」（現在、偽作とされる）を演奏。これもコルトーの指揮である。

頼貞は「〔ティボーの〕デリケートなニュアンスはいかにも仏蘭西の提琴家らしい表情を持つてゐた。コルトーの指揮は始めて見たが大変地味である」（『薔庭楽話』）という感想を持った。

ティボーの演奏した「ヴァイオリン協奏曲第六番変ホ長調」は、「当時名盤とされた」（あらえびす）という。また、指揮者で音楽評論家の宇野功芳は、一九二五年の復刻版によるこの曲の演奏を聴いて、〈演奏は「第六番」の曲調を見事に生かしており、人間業とは思えぬくらい美しい。ことに第二楽章アダージョは神韻縹渺《しんいんひょうびょう》として、もっとも純化された心の表出になっている。

第一楽章も魂が高い世界に吸い寄せられるようで、ここにも最高の精神の浄化がある。濃厚な情感のエッセンスがいちばん洗練された姿で表われてくるのだ。

フィナーレは融通無碍の即興性がティボーならではといえよう。〉（『協奏曲の名曲・名盤』）

と絶賛している。ティボーの得意曲を聴いて、頼貞はあまり感動していないようだが、これから日を経ずして親密な空間でより圧倒的な音楽体験をしたので、筆を抑えたのかもしれない。

コルトーは指揮でも定評があった。彼は一八九八年二一歳のときワーグナーに傾倒してバイロイトに行き三年間修業。一九〇二年に「神々のたそがれ」と「トリスタンとイゾルデ」のパリ初演を揮って成功を収めているのだ。

休憩時間に校長室で、頼貞夫妻とティボーは再会を祝し、ティボーは親友のコルトーと頼貞が知り合ったことをとても喜んだ。この演奏会では、二六年末に薩摩治郎八が日本に呼び、頼貞が公演を助力したピアニストのジル＝マルシェックスとも出会った。彼はコルトーの弟子でもあったのだ。

ところで、ペレ兄弟の設計によって、この学校のコンサート・ホールが、この年の六月二五日に完成している。私は、「コンサートは、このホールのオープニングのために行われたのではないか？」という疑問を持っているが、二五日なら六月下旬と記すだろうし、オープニングの華やかさもあったろうから、それよりも前のコンサートだったと考えておく。

数日後、コルトーが頼貞のホテルに電話を掛けてきた。

「ティボーがスペインに近いサン・ジャン・ド・リュズの自宅に帰るので、その前に彼と一緒に晩

餐をいかがですか」

という誘いである。それに加えて、

「近々に日本の娘さんが試験を受けに来るので、ご覧になりませんか」

とも。どんな試験なのか興味があるので「伺います」と返事をする。

試験の日に行くと「日本の娘さん」とは、一三歳の原智恵子であった。彼女は天才少女と謳われ、一年前の二月に父親の友人で画家の有島生馬に同行してパリに留学していた。

試験会場は、客間のような広い部屋で、一台のエラール・ピアノが置かれている。この建物は、ある伯爵の住まいだったので、どこか学校らしくないところがある、と頼貞は感じた。智恵子は、まずテンポの緩いベートーヴェンの変奏曲を、次いでテンポの速いリストの「ハンガリアン・ラプソディ」を弾かされた。頼貞は、「コルトーが合格点を与えたようだ」と記している（『蒼庭楽話』）。だが、石川康子さんの『原智恵子　伝説のピアニスト』には、個人レッスンを受けていたジル＝マルシェックスからコルトーの創設した「エコール・ノルマル音楽学校に入ることを勧め」られた、とあるだけで、この学校に入ったとは書かれていない。ジル＝マルシェックスのあとピアニストのシャトネに二年間学んで、パリ音楽院に入学したという。

当時コルトーの学校には日本人が一人在籍していた。その人は、第二次大戦後、東京芸大のピアノ科主任教授を辞めて、ジャズ・ピアニストに転身するなど、自己の音楽的好奇心に忠実に生きた宅孝二である。

宅は、二八年からコルトーに師事し、三三年まで学び、再度渡仏して、通算九年ほどコルトーの下にいた。彼は、後年師をこう回想している。

〈……ことピアニストに関してはね、時代が変わって演奏のスタイルが変わったといっても、問題じゃなく偉大ですね。結局、ピアノ音楽をやるのに、そこからほかを見れない普通のピアニストと、音楽全般にわたってわかっている人と、その差がこんなにもあるかというぐらい、それが猛烈にありますよね。どんなにピアノを自由自在にあつかう人の演奏とも比較にならない、ピアノの世界がね。それだけたいしたものですよ。〉

（「コルトー」『素顔の巨匠たち』中河原理ほか）

コルトー、カザルス、ティボーが頼貞のために

さて、コルトーとの晩餐だが、その晩為子の都合が悪く、親しくしていたフランス生まれのイギリス人Z夫人に通訳を兼ねて同行してもらった。コルトーは、パリ一六区の高級住宅地アンリ・マルタン街七九番地の広大なアパルトマンに住んでいた。客間に招じ入れられ、夫人を紹介されたあと、他の客が来るまで書斎を案内してもらう。周囲の壁には書物がぎっしり詰まり、「音楽家というより趣味のいい学者の書斎だな」と頼貞は思った。コルトーは、ショパン研究家でもあるので、ショパンのエピソードを紹介し、バラードやノクターンを弾いて彼の奏法や解釈を説明してくれる。

やがて、お客が揃ったという報せで客間に戻ると、ティボー夫妻と旧知のチェリスト、パブロ・カザルスが待っていた。コルトーとこの二人は一九〇五年にトリオを結成し、二〇世紀最高のピアノ三

重奏団といわれ、不定期ながらおよそ三〇年間活動したのである。

晩餐は賑やかで楽しかった。ティボー夫人が東京の話をし、ティボーが日本の楽壇の様子をコルトーやカザルスに説明したのをかわきりに、パリからヨーロッパ、さらにはアメリカと各国の音楽界の話が各自の体験をもとに語られていった。

食事が終わると、一同は客間に出た。するとコルトーが、ティボーとカザルスを誘って、頼貞のために演奏してくれたのである。曲はベートーヴェンの「ピアノ三重奏曲第七番変ロ長調《大公》」とメンデルスゾーンの「ピアノ三重奏曲」であった。メンデルスゾーンの「三重奏曲」は、一番か二番かを書いていないが、一番をこのトリオが一九二七年にレコーディングしているので、一番の可能性が高い。

でもこれは、なんという僥倖だろう。クラシック・ファンは絶句し、羨望と嫉妬で身を焦がすはずである。世界の超一流のヴィルトゥオーゾ三人が、たった一人の男のために演奏したのである。それも、今でも名盤として語り継がれている曲を。

このトリオの《大公》をレコードで聴いた「あらえびす」こと野村胡堂は、

〈カサルス・トリオのこの曲の演奏は、満点以上であったと言つて宜《い》い。単に技巧上の均勢とか、気分の統一とか言ふ問題ではない。カサルス・トリオはこの曲に対して、最上最高の表現を与へたばかりでなく、ベートーヴェンの『大公トリオ』を素材として、全く新しい大芸術品を作り上げたと言つても宜い位《くらゐ》のものである。（中略）

これ等の三重奏曲の演奏は、現代に於いて想像し得る限りの最高のものである。その均勢は極めて有機的で、所謂『合せもの』の感じは微塵もないばかりでなく、ゆらゆらと動く感情も、焔の如く燃える情熱も、歓喜も、詠歎も、殆ど何んの作為もなく、油然《いうぜん》として湧き起り、ベートーヴェン後期を特色づける大きな諦観へと発展して行くのである。一小節一小節、一楽章一楽章を、単に手際よく演奏したのではない。美しくも巧みでもあるが、それより驚く可《べ》きは、全体としての渾然たる大成就《だいじやうじゆ》で、この点は、如何なる三重奏団も足もとにも寄りつけるものでは無い。〉

(『名曲決定盤』)

と絶賛している。

「あらえびす」が、この本を出版したのが一九三九年。頼貞が四年後に『薈庭楽話』を出して、「私はこのやうな美しいアンサンブルを嘗て聴いたことがない。音楽会場とは異つて、真の意味の室内楽はこゝに最も完全な姿を以て表現された。私はこの三楽人の好意に衷心から感謝せずにゐられなかった。私はこのやうなことが再びあるだらうかと思つた。そして、自分は今、此の世に於ける最も幸福な瞬間にあるのだと感じた」と書いたのを野村胡堂はどんな気持で読んだのだろうか。

頼貞がパリを発つ少し前、コルトーが「エコール・ノルマル・ド・ミュジック」の名誉賛助員に推薦したいが受けてくれないか、といってきた。頼貞が、喜んで承諾したのはいうまでもない。

徳川頼貞は、パリでもう一回、自分だけのためにヴィルトゥオーゾが演奏してくれる幸運に出会う。

それは壮麗なパイプ・オルガンによるバッハであった。

ある日、ド・ビイ前大使に連れられて、サン・シュルピス教会にシャルル＝マリー・ヴィドールを訪ねた。彼は、フランス屈指のオルガニストにして作曲家。一八七〇年、二五歳でヨーロッパ最大といわれるパイプ・オルガンを持つサン・シュルピス教会の終身オルガニストに就任。九〇年にセザール・フランクの後任としてパリ音楽院オルガン科教授に抜擢され、九六年からは作曲科教授となった。彼の弟子にはアルベルト・シュヴァイツァー、マルセル・デュプレ、アルテュール・オネゲル、ダリウス・ミヨーらがいる。一九一〇年にはフランス芸術院会員に選出されている。

八五歳になるヴィドールは、頼貞夫妻を快く迎え、音楽の話のあと、教会のオルガンに向かってバッハの「トッカータとフーガ」を演奏してくれたのである。

頼貞はパリを去る前に、もう一度ヴィドールに会いたいと、晩餐に招待するが、「老齢のため夜間の外出は控えている」との返事で再会がかなわなかった。ヴィドールは九〇歳過ぎまで音楽活動を続け、三七年三月に九三歳で永眠した。

ヘンリー・ウッドにピアニストを紹介

一九二九年の初夏、頼貞夫妻はロンドンにいた。ある日頼貞がポール・モールを歩いていると、ばったりピアニストのミーシャ・レヴィツキーと出会う。彼は二五年の十二月に来日演奏会を開き、森ヶ崎の家にも遊びに来ていた。ロンドンの音楽シーズンで演奏すべくアメリカからやって来たのである。

近くのセント・ジェームス通りのフラットに住んでいるという。レストランに入ってお茶を飲みながら話すと、

「私はウイグモア・ホールで数回独奏会を開きましたが、一度クイーンズ・ホール〔一九四一年に爆撃で破壊された〕で演奏してみたいと思っています。それもヘンリー・ウッドの指揮で。しかし、彼を直接知らないので困っているんです」

「じゃあ私が、ウッドに紹介してあげようか」

というと、びっくりした顔をして、

「エッ！ 本当ですか。ウッドをご存知なんですか。もしお願いできるならこんなに有難いことはありません」

「じゃあ、ここからサー・ヘンリーに電話をしてみよう」

と連絡したが、あいにく夫妻とも外出中。

「では、近いうちにサー・ヘンリーと会えるよう手配してみましょう」

といって別れた。

後日、頼貞は、パーティでウッドに会ったので、レヴィツキーの経歴を話し、彼の希望を告げた。すると指揮者は、頼貞のレヴィツキーに対する評価を確認して、「できるだけのことはしましょう」という。それで、頼貞は、二人を引き合わすべく、カールトン・ホテルでの晩餐を計画する。一八九九年にホテル王セザール・リッツによって開業されたこのホテルは、ヘイマーケットにあり、エスコ

フィエが料理長として腕を振るったことでも知られる。第二次世界大戦で爆撃の被害に遭い三九年に閉店した。

約束の日、ウッドは五〇分ほど遅刻した。急ぎ足でやってきた指揮者は、

「たいへん遅れて申し訳ありません。実は今日の午後、パリのコンセール・ラムールで指揮をしました。それを済ませ、飛行機で来れば充分間に合うと思ったのですが、予想以上に時間がかかってしまいました」

という。忙しいなか、頼貞を信頼し、まだ珍しかった飛行機を利用して、時間を作ってくれたのだ。

多忙の疲れもみせず元気に話すウッドの熱心さに、レヴィツキーは感激していた。相談の結果、希望通りクイーンズ・ホールでやることになった。

「あなたは、何を弾きたいですか」

とウッド。

「ベートーヴェンのピアノ協奏曲ではどうでしょうか」

「では、三番か四番にしましょう。次の週から練習してみて、どちらかに決めましょう」

「ありがとうございます!」

とレヴィツキーは、大喜びである。

二人から「演奏会だけでなく、練習も見てください」と誘われたが、ちょうど北欧を旅行している時だ。後日レヴィツキーから「音楽会は大成功。これはひとえに頼貞侯のお陰です。感謝に堪えませ

ん」という手紙が届いた。

スウェーデン王立オペラ劇場の特別公演

徳川頼貞は、ベルリンでの万国議院商事会議の前に北欧を旅行したいと計画していたので、サー・ヘンリーとレヴィツキーの要望に応えられなかった。

その計画とは、ロンドンから自動車で北欧を巡り、ベルリンの会議に間に合うようドイツに入るというもの。イギリスからフランスのカレーに渡り、ベルギー、オランダ、ドイツを経由して八月中旬にデンマークのコペンハーゲンに到着した。コペンハーゲンには、元駐日スウェーデン公使のエヴェルロフ博士が赴任していて、出迎えてくれた。公使の母がデンマーク人なので、各地の観光に同行して説明してくれる。さらに「侯爵、私は、皇帝からご許可を頂きましたので、母国スウェーデンをご案内致します」とまでいってくれる。ありがたく好意を受けることにした。また、公使の下にいる参事官も日本勤務の経験があり、懇意の間柄だったので、スウェーデン旅行の計画を立ててくれた。「私の叔父が運河会社の社長をしております。運河を利用して風光のよい湖水地方を見て、ストックホルムに行かれたらいかがでしょう」と。

そこで、コペンハーゲンに自動車を置いて、エヴェルロフ博士とともに出発した。途中から博士と別れ、湖水地方を廻り、汽車でストックホルムに向う。

北欧のヴェニスといわれるストックホルムの駅には、エヴェルロフ博士や日本の加藤代理公使など

が出迎え、グランド・ホテルに案内してくれた。王宮を正面に望むこのホテルの大宴会場・鏡の間は、当時ノーベル賞受賞式と記念パーティが行われるのでも知られていた。

翌朝エヴェルロフ公使がやってきて、スウェーデン皇帝からの非公式な招待を告げる。二六年九月にスウェーデン皇太子が来日し、頼貞夫妻とも会っているので、皇帝がそのときのお礼をしたいという。頼貞は、日本の大使とも相談して、エヴェルロフ公使の介添えで非公式に皇帝に拝謁することになった。皇帝閣下は、

「あなた方二人は音楽に大変趣味をお持ちとのことなので、明晩王立オペラ劇場で、あなた方にスウェーデンのオペラをお見せするようにしておきました。私の国の音楽をじっくり味わってください」とおっしゃる。頼貞夫妻は、温かい心配りに深く感謝して王宮を辞した。この特別のオペラ公演の話は、『私家版』にしか載っていないので、いかに特別待遇であったかを次に引用しておく。

〈翌晩、私達がオペラ劇場に行くと、劇場の支配人始め劇場のおもだつた人々が私達を玄関に迎へて、直ちに宮廷用のボックスに案内した。其処には宮内次官や式部長官などの高官や、皇后附の女官数名がゐて私達を接待した。（中略）

オペラ劇場の支配人は恭しく頭を下げて、実は今晩の劇場の演し物はプッチーニの「マダム・バタフライ」でございましたが、皇帝陛下より貴方様に当国のオペラをご覧に入れよとの御達しによりまして、急にプログラムを変更してザンドナイのオペラ「カヴァレリア・イケブ」を御覧に入れます、と云つた。支配人の話では、「カヴァレリア・イケブ」はスエーデンの「マダム・

バタフライ」とも云ふべきもので、物語はスエーデンの一婦人の書いた小説によつたもので、その小説はノーベル賞を贏ち得た有名なものであるとのことであつた。

（中略）私は珍しいオペラを見乍ら、皇帝陛下の御厚意に深く感謝した。幕間の廊下では、オペラが急に変更になったので大分間誤ついてゐる人がある様子に見受けられた。〉

皇帝の徳川頼貞夫妻への歓待ぶりには、驚かされる。戦時中の市販本には、配慮してこうした記述をカットしたようだ。スウェーデンの女流作家でノーベル賞受賞者というと『ニルスのふしぎな旅』を書いた、セルマ・ラーゲルレーブだが……。

オペラを鑑賞のあと、当時世界のマッチ生産の六割を製造していたマッチ王クリューゲルが、頼貞夫妻を主賓としたパーティを郊外の別荘で開いてくれた。参会者は約一〇〇名。夜食のあと催された音楽会では、世界的なバリトン歌手ジョン・フォルセルが歌うモーツアルトの「フィガロの結婚」からの数曲が圧巻であった。彼は、一九〇九年から一〇年のシーズンに、ロンドンのコヴェント・ガーデンとニューヨークのメトロポリタン歌劇場に出演し、一躍モーツアルト歌手として盛名を確立。当時はストックホルム・オペラ劇場のディレクターとストックホルム音楽院の教授を務めていた。

ストックホルム滞在中、頼貞は、コンサート・ホールとスウェーデン王立音楽院を訪ねている。特に、コンサート・ホールは、一般人や公共団体から寄付を集めて二六年に建てられたばかりの自慢の建物だ。現在は、演奏会だけでなく、ノーベル賞授賞式の会場としても使われている。

タンホイザー式の出迎え

頼貞夫妻は、スウェーデンのあと、万国議院商事会議の日程に合わせて初秋のベルリンに着く。宿はウンター・デン・リンデンにあるホテル・アドロンである。一九〇七年に開業したベルリン最高の格式を誇るホテルだ。ヨーロッパの皇族やロスチャイルドなど多くの富豪・著名人がこのホテルに滞在したが、第二次世界大戦で焼失。東西ドイツ統一に伴い一九九七年、元の場所に同じ外観で再オープンした。

会議は九月二三日から二七日までベルリンの議事堂を会場に行われた。日本からは頼貞を始め木戸幸一など貴族院議員九名と衆議院議員一二名の二一名が出席。頼貞は「図らずも伊太利の議員代表にサン・マルチーノ伯が加はつてゐて久し振りで会ふことが出来た」(『薈庭楽話』)と書いている。だが、伯爵から

「私はベルリンの万国議院商事会議に出席するから、あなたも日本代表として出席しないか。そのあとローマに招待しますよ。そのとき、いろいろな音楽家にも紹介したいから」

とでも誘われたのではないかと、私は思っている。というのは、前年の十月九日にサン・マルティーノ伯爵夫妻が、来日しているのだ。伯爵は、十一月十日に行われる昭和天皇の大礼に出席のためにイタリア特使として、ヴィットーリオ・エマヌエーレ三世からの贈り物を持ってやってきた。伯爵夫妻は、その後も頼貞の邸に二カ月滞在していたから、上記の話が出たのではなかろうか。

会議が終わると各国の代表たちは、ドイツ政府の招待によりベルリン国立歌劇場で上演中のモーツ

アルトの歌劇「後宮からの誘拐」を見物した。ここには一九二三年から指揮者のエーリッヒ・クライバーが音楽監督に就任していたが、三四年、ナチ政権に反対して辞任。翌年ユダヤ系の妻と五歳の息子カルロス（のちに指揮者）を伴ってアルゼンチンに移住してしまうのである。後述するが、指揮者の近衛秀麿は、翌三〇年十一月にエーリッヒ・クライバーと知り合い、終生の師と仰ぐことになる。

頼貞は、ヨーロッパに赴くにあたって、多方面に手を伸ばし音楽に関する情報を入手したと思われるのに、一九二九年の五月と六月に行われたベルリンの「芸術週間」の情報を摑んでいなかったようなのだ。

当時ベルリンでは、大指揮者たちが競い合っていた。ベルリン・フィルをフルトヴェングラーが、国立歌劇場をクライバーが、クロル・オーパーと呼ばれる州立歌劇場はオットー・クレンペラーが、そして市立オペラではブルーノ・ワルターが指揮を執っていたのである。「ベルリンの街は空前絶後の音楽の中心地」（ヘルベルト・ハフナー『巨匠フルトヴェングラーの生涯』）となっていたのだ。

そして、「芸術週間」には、これらの大指揮者のほかに、アルトゥーロ・トスカニーニがミラノ・スカラ座の歌手たちを引き連れてドニゼッティとヴェルディの作品を六回上演し、リヒャルト・シュトラウスが自作のオペラを六回指揮した。さらに、国立歌劇場のコンサートでは、ストラヴィンスキーが自作のピアノ協奏曲を演奏。また、ディアギレフ率いるバレエ・リュスが公演し、その指揮をレオ・ブレッヒ、ジョージ・セル、エルネスト・アンセルメが担当したのであった。「信じられないような密度の濃さ」（同前）である。このとき、イタリア大使館で開かれたトスカニーニ歓迎のためのパーティ

での集合写真は、まさに《写された伝説》といえよう。指揮者五人だけの写真で、向かって左からワルター、トスカニーニ、クライバー、クレンペラー、フルトヴェングラーと並んでいるのである。

頼貞がこの「芸術週間」のプログラムを知っていたら万難を排して出発を早め、ベルリンに行っていたことだろう。

五月、六月のベルリンを包んだ熱狂的な状況を、頼貞はベルリンに住むヴァイオリニスト佐藤謙三にあとから聞いて、悔しがったのではないか。しかし、ベルリンは、まだ音楽シーズンではない。

そこで十月の初めには佐藤と車でワイマールに出かけた。ゲーテやシラー、リストの家を訪ねたり、ニーチェの妹から招かれて亡き哲学者の話を聞いたりした。さらにワイマール市が付けてくれた案内者と南西に七五キロほど離れたアイゼナハまで足を延ばす。ワーグナー博物館見学のあと、彼の歌劇「タンホイザー」の舞台でもあるヴァルトブルク城に向かった。この城はマルティン・ルターが新約聖書を翻訳したところでも知られるが、頼貞の関心はもっぱら音楽に向いている。

頼貞一行が城に入る吊り橋にかかると突然トランペットの音が周囲の山々に響き渡った。タンホイザーの入場行進曲の旋律だ。城の正門の屋上でタンホイザー劇の服装をした人が六人、トランペットを吹いている。何事が始まるのかと、頼貞一行も見物人も城門を見上げた。

「トランペットは、この城が貴賓を迎えたとき吹奏することになっています。ただいまのはあなた方の入城に際して吹かれたものです」

と案内人が説明する。城内に入ると、《司令官》の出迎えで《官邸》に招かれ、ケーキとコーヒーを

出された。そして、《司令官》自らが城内を案内。エリザベートの居間や歌合戦の間などをみて、頼貞はどっぷりと「タンホイザー」の雰囲気に浸ったのである。再びトランペットの音に送られて城外に出たときには、暮色が迫り、空には星が輝き始めていた。

旅費は毎月二億円

徳川頼貞が、超一流の音楽家たちや国王などから歓待を受けて旅行を満喫している九月に、彼の教育係であった東京商科大学（現・一橋大学）教授の上田貞次郎は、日記にこんな不満を書き記していた。

〈徳川家の財政

徳川家の借金はまだ二百五十万円ある。先代から引継の時、三百五十万円あつたのが什器売却で百万円、土地売却で二百万円位作つたにかゝわらず百万しかへらないのは、現在、支出超過が毎年二、三十万円づゝあるからだ。侯爵は今外遊中だが毎月一万円の旅費を予定してゐたのに、事実は、五月以来既に八万円、即ち倍額出ている。之ではいかぬというので、顧問連名の勧告状を送る事にした。何事にしても主人がしまらなければ何もならぬ。この顧問の仕事は実にばかばかしい。〉

毎月二万円の出費とは、現在の金額ではどのくらいになるのだろうか。頼貞が相続した時点の換算は五〇〇〇倍ぐらいだったから、一億円ほど。しかし、一九二九年の東京の銭湯代が五銭、床屋代が四〇銭だったので、それで比較すると、現在は、それぞれ四五〇円と三〇〇〇円〜四〇〇〇円だから、

およそ七〇〇〇倍から一万倍ということになる。すると、一億四千万円から二億円ぐらいだが、当時はまだ円が強かったので、もっと価値があったろう。

毎月二億円もの金をどのようにすれば使いきれるのか、とうてい想像できない。試しに、頼貞が泊ったホテルの料金をインターネットで調べてみた。

パリのムーリスは、スイート・ルームが一七〇〇ユーロから三六〇〇ユーロ。一ユーロ＝一一〇円として最高の三六〇〇ユーロの部屋で約四〇万円。三〇〇平米を超えるもっと豪華な部屋もあるが、料金が示されていない。

ストックホルムのグランド・ホテルにも、料金は明示されていないが、特別なスイート（一一〇平米のザ・フラッグ・スイートや二三〇平米のザ・プリンセス・リリアン・スイート）がある。

ベルリンのホテル・アドロンは、一一〇平米のベルリン・スイート（二五〇〇ユーロ）、一三〇平米のリンデン・スイート（三〇〇〇ユーロ）を含む別格のスイート・ルームが九種類あり、最高のローヤル・スイートは二二〇平米で一万五〇〇〇ユーロ（約一六五万円）であった。

本章冒頭に挙げた山口愛川の「一行は七名」という言葉を信じれば、お供が五人。頼貞夫妻の部屋にお付の者が詰めず、彼らが普通のツインやトリプルの部屋に泊っても、超高級ホテルなので、二部屋で一泊一五万円から二〇万円はするだろう。頼貞が、日本の侯爵の体面を保つために四〇万円の部屋に泊ったとして、一日六〇万円、一カ月で一八〇〇万円となる。これでも、まだ一億二〇〇〇万円から一億八〇〇〇万円ほど残るのである。とすると、もっと高価な部屋に泊ったのだろうか……。カ

ジノなどには、あまり出入りした様子がないので、音楽関係者を招いたパーティーを連日のように催したのだろうか。一般庶民にはとても理解できない《殿様》の消費行動である。

南仏で英仏の大政治家と毎夜食事を

一九二九年の十二月から翌年の四月まで頼貞夫妻は、南仏のコート・ダジュールに避寒していた。ドイツから、そのまま自動車でこの地に向かったとも考えられるが、一度ロンドンに戻っただろう。というのは、『現代家系論』で本田靖春が徳川正子（尾張）にしたインタヴューにこうあったからだ。

正子は、会津松平家の四男恒雄の娘。恒雄は、一九二九年二月から三五年八月まで駐英大使として赴任し、正子もロンドンに住んでいた。

「頼貞様は、五つぐらいのお嬢さん宝子《とみこ》さんを連れて洋行なさり、ロンドン郊外にバトラーのいるお家をお借りになっていました。看護婦に宝子さんの面倒を見させて、ご夫妻はパリ、ローマと高級ホテル住まいをしておりました」

と正子は語っている。今回は南仏での長期滞在だから、夫妻は一度ロンドンに戻り、宝子を同伴したのではないか。

で、南仏はどこにいたかというと、主に住んだのは、ニースの山手シミエの丘にあるオテル・レジーナである。一八九六年にヴィクトリア女王を迎えるために建築された建物で、当時アンリ・マティスがアトリエを構えていたところでもある。

十二月のある日、頼貞は偶然銀行家のアルベール・カーンと出会った。彼は、日露戦争時に日本の公債を買って、援助したことから皇族や華族、財界人に知己が多い。カーン財団を設立し、日本の学者や学生の援助もしていた。また、ブーローニュの森の近くに土地を求め日本、イギリス、フランスの庭園を造って、各国の文化を紹介するなど異文化交流に力を尽していた人でもある。

そのカーンが、モナコに近いカップ・マルタン（マルタン岬）に広大な別荘を所有していた。以前パリで会ったとき、ここに遊びに来るようにと熱心に誘ってくれていたのだ。

「ニースにいるなら、私の別荘の一軒を使用人付きでお貸ししましょう。気に入ったら半年でも一年でもいてください」

という親切な申し出である。喜んで受けることにして、別荘の住人となった。カーンの出した唯一の条件は、朝食と昼食は別荘でかまわないが、夕食は歩いて二〇分ほど離れた中央の館でというもの。

最初の晩、地中海の白波が打ち寄せる絶壁の上に建つ館のサロンに入っていくと、誰もいない。しばらくすると、旧知のサー・オースティン・チェンバレン夫妻が入ってきた。彼は、一九三七年から四〇年までイギリスの首相を務めたネヴィル・チェンバレンの兄で、二四年から二九年六月までボールドウィン内閣の外相であった。二五年にはノーベル平和賞を受賞している大物政治家である。

お互いにここで会えるとは思っていなかったので、思わず固い握手を交わす。彼もこの別荘の一棟に住んでいるのだという。そして

「ミスター・カーンは、週末だけしかここに来ない。それまでは、きみと私とこの館の仮住まいの

主人だけだよ」

といって笑った。まもなくやってきた《仮住まいの主人》は、なんと第一次世界大戦のときのフランス大統領レイモン・ポアンカレである。ポアンカレは、この年の七月二九日に病気のため五度目の首相を辞し、同じアルザス出身で同年のカーンの別荘で夫人と共に療養していたのだ。

かくして、頼貞は、年長の英仏の大政治家と毎晩食卓を共にすることとなった。お互いがだいぶ打ち解けたある日、ポアンカレが、頼貞にいった。

「ムッシュー・トクガワ、ワールド・ポリテックスということを知っていますか」

頼貞にも、意見はあったが、元大統領の考えがどうなのかを知りたくて黙っていると、ポアンカレは、こう言った。

「これがワールド・ポリテックスですよ。ここにサー・オースティン・チェンバレンがいる。彼は、イギリス有数の政治家であり、イギリスきってのフランス通です。つまり、フランスのエスプリをもっともよく理解している政治家です。また、私もフランスの政治家の一人です。そして、あなたは日本の貴族院議員です。このような人間が集まって語り合うことこそワールド・ポリテックスの第一歩です。たとえば、英仏の政治的問題でサー・チェンバレンが、私のところにやってきて、「大方はいいので、フランス側ではこの点を変更してくれれば、私の力でイギリス政府に働きかけよう」ということする。私も、フランス政府に彼の意向を伝える。ここではじめて両政府の折衝となるわけです。ところが、日本はそのような政治家をヨーロッパによこさず、折衝は大使に任せています。彼らは、駐在

国の事情に通じ、言葉もできるでしょう。しかし、官吏なので、あるレヴェル以上は本国の訓令を仰がなければならない。やっと話がついたと思っても、ひっくり返されることがある。頼りにならんのです。政治家同士が腹を割って話し合わないと、ワールド・ポリテックスはできないんですよ。この点を理解して、日本からも一流の政治家をヨーロッパに派遣してもらいたいものです」

つまり、各国の政治の枢要な地位にある人が親しければ、腹を割って話し合うことができ、政府間の問題もお互いの妥協で解決することができる、というのである。

しかし、このあとの歴史を知っている私たちからみると、理想論でしかなかったようだ。幸いなことに、ポアンカレは三四年十月に七四歳で、チェンバレンは三七年三月に七三歳で、亡くなっているから、第二次世界大戦を知ることはなかったのである。また、アルベール・カーンは、世界恐慌で大打撃を受け、三一年に事業や財団を清算し、四〇年に八〇歳で世を去った。

ベルギー王室の招待とローマの春

一九三〇年一月のある晴れた日、オテル・レジーナのベランダで新聞を読んでいた頼貞のもとに、ボーイが一通の電報を持ってきた。ベルギーの永井松三（荷風の従兄）大使からだ。内容は、「二月の初旬にブリュッセルの王宮で宮中舞踏会が催されるから万障繰り合わせて出席されたい」とのこと。

頼貞が、ベルギー王室から招かれるのには次のような事情があった。

二二年四月から約一カ月、日本各地でプリンス・オブ・ウェールズ（のちエドワード八世）が国賓と

して大歓迎を受けていた。それと同じ頃、ベルギー皇帝の第二皇子シャルルも来日している。しかし、彼は、海軍士官候補生としてやってきたので、公式の場に出ることはなく、日本人と接する機会も少なかった。そこで、駐日ベルギー大使が、頼貞に「できるだけ相手になってほしい」と頼み、皇子は毎日のように森ヶ崎の邸を訪れていたのである。ヨーロッパにいるなら、そのお礼も兼ねて招待したいということであった。

やがて、宮内長官から正式の招待状が届く。困ったことに、宮廷の公式舞踏会に着ていく大礼服が手元にない。五月末に行われるバッキンガム宮殿での朝見式出席に備えてロンドンの洋服屋に預けてあるのだ。そこで、使者をロンドンに送り、ブリュッセルまで大礼服を持ってきてもらうことにした。間に合うかどうか不安だったが、当日に無事到着。日本大使館差し回しの車に乗り宮廷に向う。宮廷では式部官の指示で別室に入り、一列に並んで待っていると、国歌が吹奏された。宮内長官に先導されて皇帝一家の登場である。居並ぶ人たちと握手や言葉を交わしながら、近づいてくる。永井大使から頼貞夫妻を紹介されると、皇帝はシャルル皇太子の東京滞在中のお礼を述べられ、音楽に関心のある皇后は、音楽で両国の親善を図ってほしいと語った。シャルル皇太子は再会を喜び、後日ゆっくり会いましょうと告げた。

舞踏会のあと、晩餐の席でも皇帝・皇后に招かれて親しく言葉を交わす。日本ベルギー協会の会長でもある頼貞は、「今後ますます両国の親善に尽してほしい」というお言葉も賜わる。翌日、シャルル皇太子から電話で食事の誘いがあったが、夜行でパリに出発する予定なので、皇太子の居間でお茶

の会を開いてもらうことになった。そこには両陛下、兄皇太子も同席し、なごやかな午後のひと時を過ごしたのである。

ベルギー行きの前、一月十四日、十五日の両日には、ニースの万国議院商事会議の評議委員会に出席した。その席でイタリアのサン・マルティーノ伯爵が、

「日本では大変お世話になりました。今度は、私のお客としてローマの春をぜひ味わってください」と熱心に誘うので、四月に一〇日ほどの訪問を約束する。コルトーの家に同行したZ夫人が、ニースに滞在していたので、ローマ行きの話をすると、

「私はフィレンツェの親友から誘われています。ローマの春もいいですが、フィレンツェの春こそはイタリアの春ですよ。一緒に行きませんか」

という。そこでローマへの途中、花の都に立ち寄ることにした。

フィレンツェの滞在は二日だけだったが、Z夫人から現地の親友モナニ・ロッカ伯爵の令嬢を紹介され、楽しい思い出となった。

ローマでは、以前頼貞夫妻が泊ったグランド・ホテルを伯爵が用意してくれていた。妻の為子はフィレンツェに同行しなかったので、ニースから供の者とやってきた。

ホテルに落ち着いたところで、駅に為子の荷物をとりに行かせると、着いていないという。「同じ列車に乗せたのだから、そんなはずはない」といっても駅員は「到着していない」と答えるばかり。伯爵は、今夜の晩餐にイタリア皇帝の従弟アオスタ大公を招待しているとのこと。このような公式の

晩餐会にはイヴニング・ドレスが必要なのだが、すべて旅行鞄のなかに入っている。仕方がないので伯爵夫人に電話で相談した。

夫人は、「伯爵に連絡して荷物はなんとしても探し出すようにするが、今晩のディナーには間に合いそうにないから、私のドレスを貸してあげましょう」といってくれた。

届けられたドレスはパリの一流デザイナーのものだが、為子には大きすぎて滑り落ちてしまう。あちこちを縮め、なんとか着られるようになったが、靴がまた大きい。詰め物をしても、歩くたびに「パコン」「パコン」と脱げる始末。しかし、頼貞夫妻が主賓なので、欠席することは許されない。晩餐会で為子はドレスのことが気になって、食事がのどを通らず、会話も上の空になってしまった。

翌日になっても荷物は届かない。伯爵は、イタリア国内のことなので責任を感じて、ムッソリーニを訪問して、事情を話した。首相は、すぐさま全国の駅長に電報を打ち、「速やかに徳川夫人の荷物を発見して、ローマに送付するよう」指示したのである。

この日の晩は、伯爵夫妻の招待で、オペラ見物。頼貞は、テアトロ・コンスタンツィでヴェルディの「仮面舞踏会」をみて、ジャコモ・ラウリ゠ヴォルピの歌声を堪能した（『頼貞随想』）と書いているが、微妙に事実と異なっている。

まず、細かいことを述べる。テアトロ・コンスタンツィは、一九二六年にテアトロ・レアーレと改称しているから、この時点では、テアトロ・レアーレだろう。そして、五八年からは現在のローマ歌劇場となった。

問題となるのは演目である。エンリコ・カルーソー亡き後、テノールの第一人者といわれたジャコモ・ラウリ＝ヴォルピによる「仮面舞踏会」の初演は、三五年五月十二日のフィレンツェなのだ。彼が三〇年の四月頃にテアトロ・レアーレで演じたのは、ヴェルディの「イル・トロヴァトーレ」(三月二九日から四回)とロッシーニの「ウイリアム・テル」(四月十日から四回)。できるだけ頼貞の言っていることを生かして検討すると、見たのはヴェルディの「イル・トロヴァトーレ」となろう。

三日経っても荷物は見つからないが、その日の午後も音楽を楽しんだ。ウィーン・フィルの偉大なコンサート・マスターといわれたアルノルト・ロゼー率いる弦楽四重奏団をサンタ・チェチーリア音楽院のホールで聴いたのである。ロゼーは、一八歳の一八八一年からウィーン・フィルのコンサート・マスターを五七年間も務めた伝説の人物だ。ワーグナーの義弟でもある。同時代のヴァイオリンの大家ウジェーヌ・イザイは、

「彼が本気でソリストに進出しなかったのは、多くのヴァイオリニストにとって、じつに幸運だった」

と語っている。つまり、ロゼーは、抜群の技量を持ちながらソリストの道を選ばず、ロゼー弦楽四重奏団を組織して演奏活動を楽しんだのである。このカルテットは、ヨーロッパ随一の名声を得ていた。

演奏はモーツアルトにベートーヴェンの「弦楽四重奏曲第一番ヘ長調作品一八の一」。頼貞の感想は「ローゼ楽団の演奏技術は室内楽のしんの面白味を発揮して、非常に面白く聞くことができた」(『頼貞随想』)といささか分かりにくい。だが、ロゼーは、ウィーン古典派といわれ、宮廷や貴族の家で演奏された室内楽の楽しさを目指していたようだから、「えもいわれぬ上品で親しみやすいやさしさが

匂ってくる」（中村稔『ヴァイオリニストの系譜』）ものだったのだろう。

為子の荷物は、ローマを出発する前日にイタリアの鉄道院総裁から連絡が入った。「国境に近いサン・レモの駅にありました」と。ローマ（Rome）をレモ（Remo）と間違えたのだそうだ。サン・レモはニースに帰る途中の駅なので、通過のとき積み込むことにした。

サン・レモ駅で荷物を受け取るとき、プラットフォームを眺めていると制服を着た役人風の人たちと一五、六人の婦人や子供の一団が、頼貞のコンパートメントに近づいてくる。そのうちの一人が花束を手渡して、イタリア語で話し始めた。車掌の通訳によると、彼らはサン・レモの駅長・駅員とその家族。為子の荷物の名札を読み違えて長く駅に留め置いたためムッソリーニから大目玉を食らった。頼貞にも責められると首になって路頭に迷わなければならない。なにとぞ寛大な処置をお願いしたい、ということであった。

「無くなったと思っていた荷物が出てきたのですから、これ以上のことはありません」と答えると、みなほっとした顔をして、汽車が動き出すと「日本万歳」と叫んで見送ってくれたのである。

シャリアピン家での午餐

ニースからパリに移った徳川頼貞夫妻は、五月のある晩、パリ・オペラ座にベルリオーズの歌劇「トロイ人」を見に出かけた。有名な大階段《グランエスカリエ》を登っていると、後ろから頼貞の名前を呼ぶ声がする。不思

議に思って振り返ると、そこには上海に住む音楽プロモーターのストロークがいた。彼は、日本に呼ぶ音楽家を探しに来ていたのだ。立ち話で、

「日本にシャリアピンを連れて行きたいが、どうでしょうか」

と訊く。

「もちろん大賛成だよ」

「実は、あした彼と会う約束をしています。ご一緒にどうですか」

「ありがたいお話だが、あいにく明日は先約があります。まだ、数週間はパリに滞在しているので、よかったら、シャリアピンと私のホテルにおいでになったらどうですか」

「わかりました、極東の日本にも貴方のような音楽愛好家がいることを知らせたいので、彼を連れて行きます」

といって別れた。

ロシアの農夫の子に生まれたシャリアピンは、独学で歌を学び、地方の小歌劇団で歌っていた。一八九五年、二二歳のときサンクト・ペテルブルグのマリインスキー劇場に出て注目される。一九〇一年にミラノ・スカラ座に招かれ熱狂的な賛辞を得て以降、彼の豊かなバスの歌声は、パリ、ロンドン、ニューヨークと世界各地で音楽ファンを魅了してきた。そして、いまはロシアを離れ、二二年からパリに住んでいるのだ。

数日後、頼貞の泊っているオテル・クリヨンにストロークが訪ねてきて、こういった。

「シャリアピンにあなたのことを話すと、お名前を知っていました。ちょうど数年前日本を訪れたヴァイオリニストのハイフェッツがパリに来ているので、シャリアピンと共にホテルにお伺いしたいのですが、いかがでしょうか」と。

そこで、次の金曜日にシャリアピンとハイフェッツを招いて、ホテルで午餐をすることにした。あのZ夫人も同じホテルに泊っていたので、通訳も兼ねて出席してもらう。頼貞は、食の都パリで料理店でなく、ホテルのレストランに人を招くのは野暮だというのは充分承知しているが、「今度の場合私はどうしても都合がつかなく、米国の旅行者と思はれても仕方がなかつた」（『薈庭楽話』）と弁解している。

シャリアピンとの会食は楽しかった。彼は歌だけでなく座談の名手で、帝政時代のロシアやドイツ、イタリアの話を面白おかしく話し、笑わせてくれたのである。

別れ際にシャリアピンは、

「私の家はエッフェル塔のそばですからぜひ一度食事に来てください。生粋のロシア料理を差し上げます」

といって愉快そうに去っていった。

数日後シャリアピンから晩餐の招待状が届く。ところが、その日六月三日はヨーロッパ旅行中の高松宮夫妻がフランス大統領を招いて帝国大使館で開催する公式晩餐会の当日。頼貞夫妻も招待されていたのだ。ちなみに、高松宮夫妻の宿泊先もオテル・クリヨンであった。

この年の二月四日に高松宮宣仁親王は、徳川慶喜の孫喜久子姫と結婚。四月二一日に夫妻は、陛下の名代として新婚旅行を兼ねたヨーロッパ・アメリカ訪問に旅立ったのである（帰国は三一年六月十一日）。

シャリアピンに出席できない理由を伝えると、折り返し、「それでは、その日の午餐はどうですか」とのこと。喜んで受けることにした。

シャリアピンのアパルトマンは、シャイヨー宮の真正面、デーロー街の二二番地。八階建てのビルが立ち並ぶ一帯で、住人は公爵や伯爵の称号を持つ人がほとんどだ。ビルの正面玄関は、白い大理石に赤い絨毯が敷かれ広々としている。住まいは、アパルトマンの最上階の七階と八階のツーフロアー。エレベーターを降りて扉をノックすると、すぐシャリアピンが出てきて両手を広げ、頼貞夫妻を抱擁で迎えてくれた。室内にはすでにストロークとハイフェッツ、その伴奏者であるアクロンが来ている。

私は、「なぜまたハイフェッツがいるの?」と疑問に思ったが、彼は、シャリアピンの熱烈なファンだったのだ。三一年九月三十日の『読売新聞』朝刊に「ハイフエツに関する材料　みんな今度聞いた話」という記事がある。それには「ハイフエツは大のシャリアピン狂である。シャリアピン程、人を惹きつける力を持つている人を知らないと云つている」と書かれている。ハイフェッツが三一年の九月から十月にかけて日本でコンサートをしていることを考えると、プロモーターのストロークがハイフェッツの機嫌をよくし、契約をスムーズに進めるため、シャリアピンに「ハイフェッツも呼んでほしい」と要望したのかもしれない。

シャリアピンのアパルトマンは最上階の特徴を生かした、独特な部屋であった。頼貞の文章を引こ

う。

〈サロンは客間と音楽室を兼ねたやうな室で、天井が硝子張りになつてゐて非常に明るかつた。それは自分が子供の頃両親に連れて行かれた丸木とか小川とかの写真館のスタディオを思ひ起こさせた。後に聞いたのであるが、この写真室のやうな部屋はシャリアピン自身の好みで態々アパルトマンのトップを選んでこのやうにしたものだといふ。一隅にはグランド・ピアノが置かれ、壁にはムッソルグスキーやリムスキイ・コルサコフなどの露西亜の大音楽家の肖像が懸かつてゐてそれはいかにも露西亜の音楽家の部屋らしかつた。〉

(『薈庭楽話』)

つまり、大広間は、七階と八階の吹き抜けになっているのだ。

まず、アペリティフにウオッカが運ばれ、飲みながら談笑ののち、シャリアピン夫人の案内でダイニングに入る。頼貞は料理について何も書き残していないが、食卓の雰囲気はなごやかで素晴らしかった。テーブルのあちこちで英語、フランス語、ロシア語が飛び交っている。頼貞は「コスモポリタンの気分になり、ツルゲネフの小説を地で行つてゐるやうな心地になつて、帝政時代の露西亜の生活は定めし斯うした楽しいものであつたに違ひないなどゝ空想したりした」(同前)。

シャリアピンは、この六年後の一九三六年一月に日本を訪れた。一月二七日、二月一日、四日、六日の四日間日比谷公会堂で公演ののち、名古屋、大阪と周り、一旦出国。アジア各地で独唱会を行って五月に再入国。五月十日と十三日に日比谷公会堂で「告別独唱会」を開いて、翌日横浜からアメリカに向かう。日本での一三回の公演はすべて超満員の大人気であった。

頼貞は、三六年一月八日と九日の『東京朝日新聞』朝刊に「シャリアピンを語る」を寄稿。いままでに見たシャリアピンの舞台の感想とパリでの出会いを書いている。

来日したシャリアピンは、日本で六三歳を迎えた。三八年の四月に六五歳で死去するから、キャリアの最晩年であったが、《シャリアピン音楽の真髄》を聞かせてくれたのである。三人の優れた《批評家》の感激ぶりを紹介しておこう。

〈……あの無類な音色の変化と個性の魅力を極度に発揮するうたひ振りとは昔のままである。彼のものほど歌詞の内容に伴つて自由に変化する声は恐らく天下にあるまい。そして扮装の援けを借りることの出来ない演奏台の上で、彼は聊かの表情と身振りとを用ひながらその声の表現を裏書する。〉

（「シャリアピン老いず」大田黒元雄　三六年一月二九日『東京朝日新聞』朝刊）

〈……彼の舞台姿にはそれだけで人間的な風格を表現したものがある。しかもそこには完全に「人」になりきつた「音楽」があるのだ。西洋の声楽の微妙な真諦が、誇張された表情となつて克明に描き出されるのだ。之程理解し易く感動し易いものはない。（中略）我々がシャリアピンに感嘆するものは、人間化された（伝統のみが齎す）「重量」の魅惑である。〉

（「楽壇時評（一）」河上徹太郎　三六年七月十五日『東京朝日新聞』朝刊）

〈今まで所謂世界的な歌手をかなり沢山聴きもし、これからも聴くことであらうが、シャリアピ

ンほど印象的で、シャリアピンほど感銘の深い人はあり得ないだらう。それだけシャリアピンの芸術は優れ、シャリアピンの個性は特殊なものだつたのである。〉（『名曲決定盤』あらえびす）

松平大使の仲介でジョージ五世に謁見

ところで、徳川頼貞が洋行する理由の一つに挙げた一九三〇年六月にロンドンで開催される万国議員会議はどうなったのだろう。頼貞の二冊の本にその経緯は書かれていない。外務省外交史料館の史料では、三〇年七月に行われる万国議員会議のあと、十月にマドリッドで万国議院商事会議が開催されるので、万国議員会議に出席した議員のほとんどはこの商事会議にも参加することになっている。

ここで頼貞の間違いを訂正しておくと、万国議員会議の開催日は六月ではなく、七月十六日から二二日までの一週間であった。参加者は、貴族院からは徳川家達公爵、頼貞、黒木三次伯爵、酒井忠正伯爵、田中館愛橘など一〇人、衆議院から八名の合計一八人。徳川家達は伯父で、黒木三次は頼貞の親友黒田清の兄である。宿泊先は伯爵以上がハイドパーク・ホテル（現・マンダリン・オリエンタル・ハイドパーク・ホテル）となっている。英王室やスウェーデン国王など各国の貴顕御用達のホテルなので、伯爵以上が泊るようにしたのだろうか。

また、大礼服を用意していた「五月末に行われるバッキンガム宮殿での朝見式」は、『読売新聞』によると五月二二日。頼貞夫妻は、松平恒雄大使夫妻の仲介によりジョージ五世に謁見したのである。十月にマドリッドで予定されていた万国議院商事会議は、突然スペインが辞退。急遽ベルギーのブ

リュッセルで九月七日から十日まで行われることになった。この会議の議題は、一月にニースで決められたが、不思議なのは、一九二九年十月ウォール街から始まった大恐慌の脅威を感じていないことである。一月の段階ではアメリカの影響がヨーロッパに及ばないとみていたのかもしれないが、三〇年の五月頃にはヨーロッパにも不況の波が訪れていたのに議題の変更はなかった。経済に関する主要議題は「欧州諸国の経済的協力に関する問題」というもので、タイトルからみても緊迫感はない。

徳川正子の話や頼貞の文章から推測すると、三〇年五月から十月にかけて頼貞夫妻は、パリとロンドンの二箇所を拠点にしていたと思われる。ブリュッセルの会議には、どちらから出発したか分からない。だが、十月下旬にはパリを発ってスペインに向かっている。ビアリッツ、サン・セバスチャンを経て、マドリッドのパラス・ホテル（現・ウエスティン・パラス・ホテル）に旅装を解く。ちょうど高松宮夫妻も十一月三日にマドリッド入りしたので、その会合に頼貞夫妻も招かれ多忙を極めた。そんななか、一日トレドに遊んで、いい息抜きとなる。そのあと学生時代に小泉信三と訪れたポルトガルのリスボンへ。そこから、南米に向かうのだ。

頼貞は、シャリアピンから南米への興味を喚起され、急遽決めたのかもしれない。彼の家での午餐で、ハイフェッツが日本の聴衆の音楽レヴェルの高さを讃えた。するとシャリアピンが、

「日本のことは分からないが、アルゼンチンやブラジルの聴衆は素晴らしいですね。ラテン系の気質とアングロ・サクソンの理知を持っている。音楽鑑賞に対し研究熱心でありながら、冷静な判断力もある。おそらく将来の音楽の中心は南米に移るのではないでしょうか」

と語ったのである。ちょうど十年前ローマで指揮者のアルトゥール・ニキシュも同じことをいったのを思い出し、「南米といふものに痛く好奇心を唆られた」（『薈庭楽話』）のであった。

革命直後のブラジルが特別対応

在ブラジル臨時代理大使縫田栄四郎が、一九三〇年十二月十五日付で外務大臣幣原喜重郎宛に「貴族院議員徳川頼貞侯渡伯ニ関スル件」という報告書を送っている。これはブラジルでの頼貞一行の行動報告だが、書き出しに頼貞に対する《不満》が垣間見える。その部分を紹介すると――昨年来欧州に滞在し、万国議院商事会議に帝国代表として出席した貴族院議員徳川頼貞侯爵は、夫人同伴で南米漫遊（傍点筆者）の途中十二月六日にリオ・デ・ジャネイロに到着した。侯爵は外交旅券を所持しているが、何も公式なミッションを帯びていないので、革命が起きたばかりのこの国の政情を顧慮し、通関に特別の配慮を依頼しなかった、というのである。

ブラジルは、サンパウロ州、ミナス・ジェライス州など有力な州政府を握る地方政治家の合意によって政府が成り立っていたが、青年将校の支持を得たG・バルガスの反乱で倒され、十月二六日にバルガスが大統領になったばかり。世情が定まらないときにやってくる侯爵様の《漫遊》には、つきあっていられない、というのが縫田臨時代理大使の気持だろう。

ところが、ブラジル政府は頼貞一行に格別の対応をしてくれたのである。まず、通関で外交官と同様の扱いとし、パスポートチェックだけで荷物を調べない。このお礼のため十二月九日に縫田臨時代

理大使と共に外務大臣を表敬訪問すると、丁重に応接してくれ、次のような特別待遇を申し出てくれた。リオ・デ・ジャネイロからサンパウロまで、政府が無料で頼貞一行（六人）のため特別列車を仕立てる。そして、サンパウロ滞在中の二日間は、政府がホテルや諸費用すべてを負担する。さらにサンパウロ、サントス間も特別列車を用意してくれるというのである。

頼貞一行がリオ・デ・ジャネイロからサンパウロに行ったのは、十二月十一日。サントス港からハイランド・スナーク号でアルゼンチンへ向かったのは十二月十六日であった。

しかし、頼貞は、『薈庭楽話』でブラジル政府の《特別待遇》を書いていない。リオに着く数カ月前に革命が起こって、オペラも音楽会もなく、ただ町の美しさが印象に残った、という程度で、話はアルゼンチンに移ってしまう。

だが、頼貞はブラジル政府からの恩義を忘れていなかった。一九三二年十一月に日本とブラジル両国間の経済および文化の交流を促進し、親善に寄与する民間団体として日伯中央協会を設立。その副会長（三七年～四三年会長）となるのだ。会長に元貴族院副議長の蜂須賀正韶侯爵（妻筆子は徳川慶喜の四女）を据え、総裁に高松宮宣仁親王を担ぎ出したのである。それまで、日本とブラジルの友好を目指す民間団体は、ブラジル移住発祥の地・神戸を本拠に一九二六年に創立された日伯協会があったが、地方の団体でしかなかった。

十二月中旬、頼貞一行はアルゼンチンのブエノス・アイレスに到着する。頼貞は、アルゼンチンの大地を知り、初めてタンゴの美しさと魅力を理解したという。十二月の南半球は夏なので、ヨーロッ

パの著名歌手が訪れるオペラもシーズン外で見ることができなかった。この地は「熱狂的な聴衆と優れた音楽家のいる大都会」（『巨匠フルトヴェングラーの生涯』）であったから、コンサートを聴けなかったのは残念だったろう。

後年のことだが、フルトヴェングラーは、一九四八年四月に初めてアルゼンチンを訪れて四週間にわたり客演している。彼が指揮したテアトロ・コロンのオーケストラは、団員が九八人もいて、「フェリックス・ヴァインガルトナー、フリッツ・ライナー、エルネスト・アンセルメ、アルトゥーロ・トスカニーニと演奏したことがあ」り、「定期的にドイツ週間やイタリア週間を開催していたので、（中略）フルトヴェングラーの指揮やサウンドのイメージに応えるだけの順応性が十分にあった」（同前）のである。

頼貞は、正月までゆっくりとブエノス・アイレスで過ごしたのち、アンデス山脈を越える。メンドーサを経由してチリのサンチャゴへ入り、森安三郎公使の出迎えを受けた。チリでは、避暑地のビニャ・デル・マールの市長に午餐に招かれたりしたのち、バルパライソ港から出航。パナマを経てキューバのハバナ、そしてフロリダ半島のキーウエストからアメリカ合衆国に入り、一九三一年二月十四日に龍田丸で横浜港に到着。徳川頼貞は一年九カ月もの《漫遊》を終えたのである。

上田貞次郎の辞職

徳川頼貞の今回の旅は、充実したものとなった。大好きな音楽にどっぷり浸り、大音楽家たちと親

しい交友を結んだ。さらに、巨匠たちが頼貞夫妻のためだけに特別に演奏してくれたこともあった。頼貞も「夢のようだ」といっているが、音楽ファンなら羨ましがるどころか、嫉妬の焔を燃やすことだろう。

また、イギリス、ベルギー、スウェーデンの国王に謁見し、フランスの元大統領とは毎夕食事を共にした。これらは、頼貞の人脈がヨーロッパの最上流とつながったということであり、政治家としての人脈、キャリアも大きく広がったのだ。

ヨーロッパの音楽界や社交界、政界にこれほどの知己を得られたことは、頼貞にとって宝であり、とても金額に換算できないといえよう。「五十万円に近い金を費つ」ても、頼貞としては、安いと思ったことだろう。

愛する西洋音楽への夢の舞台《ステージ》として造った南葵楽堂が関東大震災で壊れ、自分の望む曲・夢をプロデュースできなくなった頼貞が、体験した《夢のような珠玉》の一年九カ月だったのである。毎日が興奮の連続だったろう。

しかし、頼貞の帰国した日本は不況のなかにいた。アメリカの大恐慌は日本にもおよび、物価の下落、賃下げ、失業、倒産、労働争議とデフレ・スパイラルに苦しんでいた。

ところが、頼貞は、日本に戻っても旅の気分が抜けていない。夢が醒めていないのだ。七月十九日に上田貞次郎は、軽井沢千ヶ瀧の別荘で日記に憤懣をぶつけている。

〈今年は不愉快な事の多い年だ。

第一、徳川家の財政は、世間の不景気をも受けて益々窮迫に陥てゐるにも拘らず、頼貞侯は相変らず派手な生活をつゞけつゝある。

二月の中旬に欧米漫遊から帰朝したけれども、其方針は少しも改まらない。外遊中に度々、緊縮の必要な事を書面で申送つたけれども寸効もない。（中略）

侯爵帰朝の機会に思ひ切つた経費節約をやらせようと思つて案を立てたけれども、全く顧みられなかつた。のみならず、帰朝後顧問に会ふことを避けてゐた。余は三月二十九日になつて遂に辞職の書面を侯爵に差出した。余の考では、このまゝ侯爵家の没落まで顧問の名を冒すことは堪へがたい。併し、侯爵が余の辞職を見て反省するならば辞職を思ひ止てもよいといふ腹もあつた。併し、その後、侯爵からこの問題に付て何の沙汰もない。

五月になつてから、徳川家達公に呼ばれて事情を述べた事もあるが、これもその後沙汰なしである。〉

前年の三〇年十月、紀州徳川家に勤める上田の兄が退職した。眼底出血による視力の低下で仕事に差し支えるというのが公式の理由だが、本当のところは徳川家の財政逼迫に対する不安であった。このままでは将来退職金もでなくなると心配し、貰えるうちに辞めたいと考えたのである。

紀州徳川丸の沈没を予感して乗組員が脱出し始めたのだった。

十　国民外交の推進

シャム国王から「前例なき歓待」を

徳川頼貞が一年九カ月の世界《漫遊》から帰国した二カ月後、シャム（一九三九年タイと変更）のプラチャティポック国王夫妻が渡米の途中、日本に立ち寄った。一九三一（昭和六）年四月七日のことである。暹羅《シャム》協会の総裁でもある秩父宮が出迎え、宿泊先の霞ヶ関離宮（現・国会前庭南地区）に案内した。滞在は三日と短いうえに、翌八日には昭和天皇主催の晩餐会がある。そこで、国王は日本到着の日に各国大公使やシャム国に関係のある人たちを招き晩餐会を催す。パーティの前には、シャム国に功績のあった人たちへの勲章授与式を行った。この時、頼貞は、近衛文麿、大倉喜七郎らと共に一等王冠章を与えられたのである。

これは、彼らが設立した暹羅協会の活動への感謝であっただろう。この協会は、一九二七（昭和二）

年の夏に大倉喜七郎男爵がシャム国を訪問したのを契機に、「両国の親交増進、文化交流ならびに経済関係の助長を図ることを目的」として同年十二月二十日に設立。総裁に秩父宮を迎え、会長近衛文麿公爵、理事長大倉喜七郎でスタートし、協会本部は大倉の経営する帝国ホテル内に置かれた。

頼貞とシャム国との関係は、一九二六(大正十五)年にさかのぼる。この年の九月末から四カ月東南アジアを旅行し、頼貞一行六人はシャム国王から「前例なき歓待」(『薈庭楽話』)を受けたのだ。

それは河川の氾濫がきっかけだった。一行が汽車でシンガポールからバンコクに向かっていると国境直前の駅で停車してしまった。この先約三〇〇キロの区間は、川の水があふれ線路が水没して列車が通れないという。仕方がないので善後策を検討していると、約三〇キロ離れたシンゴラという港町から沿岸航路の船が発着しているとの情報を得た。この船でバンコクに行くのが最良の策のようだ。そこで駅の税関長に相談すると、自動車を手配してくれたうえに、電報でシンゴラの総督に連絡して、宿舎を予約。護衛としてシャムの巡査まで付けてくれたのである。

シンゴラ到着が夜だったので、翌朝に総督を表敬訪問すると、英語でこう話してくれた。

「昨晩あなたたちの到着の報を受けて、私が考えたのは、どうやってバンコクまでお送りしたらいいだろうか、ということでした。生憎汽船はちょうど出帆したあとで、次の船まで一〇日もあります。今晩までに何とか考えましょう」と。

その晩、総督が考え出したのは、飛行機で行くこと。頼貞はまだ飛行機に乗ったことがなかったし、シャムの飛行機とパイロットにも信頼が置けない。一同相談のうえで丁重にお断りした。その一方で、

バンコク駐在の林久治郎公使に助けを求める電報を打った。しかし、「一旦シンガポールに引き返し、そこから船でバンコクへ」という提案しかこない。「せっかくシンガラまで来たのだから、ここから何とかバンコクまで行きたい」と押し問答をしていると、一週間ほどして林公使と総督から驚くべき連絡が入った。

シャム国王が頼貞一行の苦境を知り、

「原因が国立鉄道の不通から起ったことなので心苦しく思っている。海軍大臣に命じて軍艦を差し向けるから、それに乗ってバンコクに来られたい」

と通知してきたのである。

シンゴラから二昼夜の船旅は、じつに快適であった。シャムの外務省が日本語のできる青年を乗船させ、食事は王室のコックが料理し、食器はすべて王宮の紋章入りと、文字通りの国賓待遇。到着はバンコクの中心を流れるチャオプラヤー川の王室専用桟橋。林公使や国王差し回しの侍従武官が出迎えてくれた。

宿泊先のホテルは、前国王の王宮を改修したところ。頼貞には前国王の部屋が用意され、同行した鎌田栄吉には第一夫人の部屋、島薗順次郎医学博士（東京帝大教授）には第二夫人の部屋という歓迎ぶりであった。

ホテルに旅装を解いた一行は、夕刻林公使と共に王宮にこのたびの厚情の礼を述べるべく参内。国王に拝謁したが、非公式の謁見なので日を改めて正式の晩餐会の招待を受けることとなる。数日後の

晩餐会には、各皇族と侍従長以下近侍の人々が列席。「林公使の話だと、このような正式のかつインティームな食卓はマレーの英総督かインドシナの総督の来タイ時ぐらいでじつに珍しいということであった」(『頼貞随想』)。

頼貞は、皇后陛下の右隣に座る栄誉を浴す。食事中は一〇〇人ほどの楽団が民族音楽を演奏して興を添え、食後には、国王が自ら頼貞を楽師に紹介し、楽器の奏法などを説明してくれたのである。

この歓待に恩義を感じていた頼貞は、暹羅協会の発起人となり、設立されると鎌田栄吉、島薗順次郎と共に理事として参加。その後すぐに副会長となった。

国際文化振興会を設立

徳川頼貞の功績は、「日本での西洋音楽の普及」だけではなかった。暹羅協会にみられるような「国民外交の推進」にも努力したのである。彼の遺稿を整理した『頼貞随想』の巻末に掲げられた「故人経歴」から外交関連の会長の肩書きを以下に挙げてみると——日本ベルギー協会会長、日本ギリシア協会会長、日本フィリピン協会会長、日本シャム協会会長、国連国会議員連盟会長、ユネスコ国会議員連盟会長、ユネスコ研究会会長、海外移住中央協会会長といった具合。このほかに、数多くの団体の理事や顧問を務めている。

頼貞の従兄でトルコ大使や貴族院議長を務めた宗家一七代の徳川家正は「日本にあって、広く在留外交団その他との交友、あるいは海外旅行中、各国名流との接触によって、国際相互了解の道をひら

き、殊に文化交流の面に、少なからぬ貢献をされた」と称えている。また、小泉信三は、

〈……頼貞さんは国際感覚に富む人、やさしくいえば外国好きの人であり、数えられないほどの国の数えられないほどの人々が頼貞さんの友になった。そうして、その人々から特別の親愛感を持たれていた。(中略)彼等は頼貞さんを愛するとともに、頼貞さんを通じて日本を愛したのである。〉

(『頼貞随想』)

と評した。

この頼貞が特に力を入れた「国民外交の推進」機関は、一九三四(昭和九)年四月に設立された国際文化振興会であろう。これは日本で最初に設立された本格的な文化交流事業の実施機関で、七二(昭和四七)年九月に国際交流基金が設立されるまで続いた。

一九三一(昭和六)年九月十八日、奉天郊外の柳条湖で南満州鉄道の線路が爆破されたのを口実に関東軍が軍事行動を開始して満州事変勃発。日本政府は不拡大方針を声明するが、関東軍は、政府の方針を無視し、自衛のためと称してさらに戦線を拡大。翌年の三月一日には満州国建国が宣言された。こうして日本は国際的に孤立してゆく。そして三三年二月二四日には国際連盟で日本軍の満州撤退勧告案が可決されたことを不服として日本代表の松岡洋右が退場。連盟を脱退してしまう。

世界情勢を知る外務官僚や国際連盟関係者、頼貞をはじめとする国際派の華族たちは、こうした日本の状況を憂慮していた。彼らは、搦め手から、つまり日本文化の良さを世界に知ってもらうことで、交友関係を築こうと努力し始める。これまで、日本政府は日本文化を紹介する活動をほとんど援助し

てこなかったし、この種の予算を計上もしていなかったのだ。だが、日本が国際的に孤立してゆく中で、日本文化を世界に知らせる重要性が政治の世界でも少しずつ理解され始めるようになる。

三三年一月に頼貞、岡部長景《ながかげ》、黒田清、團伊能、樺山愛輔といった国際派の華族たちと国際法学者の山田三良を委員とする「文化委員会」で国際文化交歓の問題が話し合われ、頼貞が委員長となった。三月には頼貞、岡部、黒田、團らが、ロンドンで優れた日本の古美術を紹介する展覧会を企画するが、実現に至らなかった。しかし、国際文化交歓を推進する機関の必要性が認識され、十一月に「国際文化振興会」という名称を決め、実現に動き出す。翌三四年一月には上記のメンバーのほかに郷誠之助、姉崎正治、大橋新太郎、正木直彦など九人が加わり設立準備協議会が開催され、最終的な準備に入る。

次に紹介する国際文化振興会設立趣意書からは、日本が置かれた状況が透けて見えるだろう。逆にいうと、このように説明するしか国際文化振興会設立の賛同は得られなかったのである。

〈……一国家が其の国際的地位を確保し伸張するには富強の実力と相並びて自国文化の品位価値を発揮し、他国民をして尊敬と共に親愛同情の念を催さしむるを要すること亦多言を要せず。文化の発揚は一国の品位を世界に宣布する為に必要なるのみならず、又国民の自覚を喚起して自信自重を加ふる所以の力ともなるべし。(中略) 我国並に東方文化の真義価値を世界に顕揚するは、啻に我国の為めのみならず、実に世界の為めに遂行すべき日本国民の重要任務たるべし。〉

設立準備協議会は、樺山の努力で財閥から五〇万円の寄付を集めた。外務省は国際文化振興会の運営費として二〇〇万円の予算を要求するが、文化活動を理解しない大蔵省が二〇分の一の一〇万円に

削減。その後、復活折衝で二〇万円となった。こうしてなんとか発会式にたどり着く。三四年四月十八日、東京會舘に四〇〇名が参集したのである。役員は、会長が近衛文麿で、副会長に頼貞と財界から郷誠之助（日本経済連盟会会長）、理事長に樺山愛輔、理事に岡部、黒田、團が入り、三井、三菱、住友、大倉の財閥から大番頭が参加している。その後、総裁に高松宮が就任した。

五月二二日には第一回の試みとして華族会館に生け花と浮世絵を展示し、ベルギー大使夫妻、アメリカ大使夫妻など各国の外交関係者を招待した。日本文化の紹介として生け花と浮世絵というのは、拙速の企画の感をまぬがれない。役員たちの所蔵する浮世絵と生け花に自信のある夫人かその師範が花を活ければいいのだから。だが、日本側も斎藤実首相夫妻、広田弘毅外相などが出席して、会に肩入れしているところをみせている。館内一巡後のパーティで、頼貞が会の設立趣旨を説明した。

やがて会は少しずつ実績を積んでゆく。三六（昭和十一）年十月には、国際文化振興会の働きかけで、外務省が近衛秀麿を音楽使節として二万三〇〇〇円の予算で欧米に派遣する。秀麿は、フィラデルフィアで人気指揮者ストコフスキーと会い、意気投合。さらに、ニューヨークでトスカニーニ、ベルリンでフルトヴェングラーと、当時の二大指揮者とも親交を結んだ。

しかし、太平洋戦争開始後は、国際文化振興会の仕事は、「情報局や軍部と連絡をとりあって必要な資料を準備する作業が比重を増してきた」（芝崎厚士『近代日本と国際文化交流』）。つまり、情報局や軍部の意向が強くなって、国際文化振興会の意見が通らなくなっていく。そうしたなかでも、

〈……会の事業に関与した人々のなかには、文化資料としての写真を撮影したり助成を受けたり

した木村伊兵衛、渡辺義雄、土門拳、名取洋之助といった写真家たちがいた。映画では小津安二郎が、同会の委嘱で尾上菊五郎が演じる「鏡獅子」を、自身初のトーキー作品として監督している。また、フランス在住の日本人作家で、種々の著作や生け花等を通した日本紹介にも活躍したキク・ヤマタは、日本に滞在して長期にわたり同会の助成を受けていた。中南米の文化事業調査にあたった中屋健弌、イタリアでの文化事業に携わった朝倉季雄をはじめ、松岡洋子、山本健吉、吉田健一、堀田善衛、野上弥生子などといった学者や作家も、職員や嘱託として同会の事業に関与していた。〉（同前）

国際文化振興会は、かろうじて文化の香りを残し、戦争に批判的な人々の最後の砦のようになっていたのだった。

名演奏家来日ラッシュ最後の年

一方、徳川頼貞と洋楽の関係はどうなっていたのだろうか。彼は、世界《漫遊》中の一九三〇（昭和五）年秋に、ベルリン大学で日本語を教えていたヴァイオリニスト佐藤謙三を介して、ベルリン・フィルと常任指揮者のフルトヴェングラーを日本に招致しようと努力している。佐藤によると大指揮者は「まだ見ぬ遠い尊敬すべき国へ行く事を子供のように喜んでゐた」という。頼貞は外務や文部など関係各官庁に話を通し、日本放送協会から支援の感触を得ていたが、世界恐慌、金解禁、再禁止といった経済混乱のなかで、来日話は流れてしまったのである。

だが、海外の名演奏家の来日はまだ続いていた。頼貞が帰国した一九三一（昭和六）年には、二月にアルトのクララ・バット、四月にソプラノのトティ・ダル・モンテ、五月にヴァイオリンのヨーゼフ・シゲティ、九月にはパリで会ったハイフェッツが二度目の来日という具合。以下、各年度に分けて挙げておく。

三二年　三月ブライロフスキー（ピアノ）、九月ジンバリスト（ヴァイオリン）、十二月シゲティ。
三三年　十月フリードマン（ピアノ）。
三四年　十月フォイヤーマン（チェロ）。
三五年　四月ルービンシュタイン（ピアノ）、五月ジンバリスト、ガリ＝クルチ（ソプラノ）。
三六年　一月シャリアピン（バス）、三月ゴールドベルグ（ヴァイオリン）、クラウス（ピアノ）、四月ケンプ（ピアノ）、五月ティボー（ヴァイオリン）、十一月ピアティゴルスキー（チェロ）。
三七年　一月エルマン（ヴァイオリン）、二月マレシャル（チェロ）。

頼貞がヨーロッパで知り合ったり、以前来日して親しくなった人たちが多いが、まだ面識がなくても《音楽のパトロン》として頼貞は彼らを自宅に呼んだり、レストランに招いたりして歓待したことだろう。シャリアピンについては前章で述べたが、ルービンシュタインは、イタリアのサン・マルティーノ伯爵から紹介された。この大ピアニストは、大磯の別荘に数日泊って、頼貞と親密な時間を過ごし

ている。頼貞は、こう述べる。

〈……私は随分多くの音楽家を知つて居り、巴里で会つたシャリアピンなども話術にかけては実に素晴らしいが、ルビンシュタインはそれ以上と云へよう。私は彼程話上手な人を知らない。〉（『薈庭楽話』）

文芸評論家にして音楽評論を手がける河上徹太郎は、ルービンシュタインの演奏を、

〈氏は従来わが国へ来朝した「世界的」ピアニストの中でも、私の知つてゐる限り最も勝れた技術家である。そして氏については明確に氏の技巧について批評することが出来れば、それだけで氏のピアニスト的真価を語り尽すことが出来るといへるのである。（中略）ルビンシュタインの技巧は自然そのものである。（中略）私は生れて初めてピアノのスタカットといふものをこの時聞いたと何の誇張もなしにいへる。〉（『文學界』一九三五年十月号）

と評している。私は、話術の巧さとピアノの技巧は、どこかで関係があるのだろうかと空想をたくましくしてしまう。

三六（昭和十一）年は、名演奏家来日のラッシュともいえる。だが、これは蠟燭の火が消える前の最後の輝きだった。この年は二・二六事件が起き、翌年の七月七日には盧溝橋で日中両軍が衝突して日中戦争に突入していく。「外来音楽家は昭和十二年頃からほとんどなくなってしまったのである」（堀内敬三『音楽五十年史』）。

《最後の輝き》のなかの一人が、ナチスの音楽使節としてやってきたヴィルヘルム・ケンプである。

四月二日に来日し、七日午後五時から永田町のドイツ大使館で招待演奏会が催された。『東京朝日新聞』によると『『純粋アリアン人種たるドイツ人の芸術的名誉』を始めて日本に紹介するといふのでディルクセン大使夫妻以下大使館員総出の接待、来賓は松平〔恒雄〕宮相夫妻、永井〔松三〕前ドイツ大使、徳川頼貞侯夫妻、前田利為侯夫妻、グルー米国大使夫妻以下の列国外交団、近衛秀麿子、マリア・トール夫人等の音楽家約三百名」のなかで、ベートーヴェン、バッハ、モーツアルト、ショパンと一時間半にわたる演奏を行った（四月八日朝刊）。

一般の演奏会は、十三日日比谷公会堂、十四日同じ場所で貴志康一指揮の新交響楽団との共演。その後、仙台、札幌での公演のあと、二二日に日比谷公会堂で貴志指揮の新交響楽団の定期演奏会に出演。二三、二四日は明治生命講堂で独奏会。名古屋、京都、大阪、広島、福岡、神戸と回って、五月十二日日比谷公会堂で告別演奏会を行って帰国したのだった。

演奏会の初日を聞いた指揮者の近衛秀麿は、

〈……頭脳の人である彼はまた洋琴を通じての浪漫的な話上手でもある。世に伝へられるやうにベートーヴェンへの造詣は深い。けれども、彼のバッハの壮大とモツアルトの快雅は、全く彼の独歩の境涯であって、何人にもその類を求めることは難い。（中略）彼の与へる解釈の多面性と興味の深さは何人をしても、彼に第一線の洋琴家としての敬意を払はしめるに十分である。〉

（『フィルハーモニー雑記』）

と評した。秀麿は、これより三年前の三三年十月にベルリンでベルリン・フィルを指揮したが、この

演奏を絶賛してくれたのがケンプであった。これ以来、二人は親友となったのである。このときの秀麿の指揮は、ベルリン・フィルの正規の公演で、同楽団の記録に残っている。また、河上徹太郎は『東京朝日新聞』の「楽壇時評」で、

〈ケンプのピアノは、従来来朝したピアニスト達とは稍《やや》範疇が異つてゐるといへる。彼はルビンシユタインの技巧的絢爛さなど問題にしてゐない。そしてベートーヴエンを弾いても例へばロマン・ローランの描く悲劇人の風貌を聴衆に刻み込むことなく、只原曲の抑揚を平明に物語つて聞かせるだけである。(中略)かくまでに原曲並に楽器に我物としての信頼と支配力を有する彼の実証的演奏が、彼の魅力や近代性を齎すのであらう。〉

(三六年七月十五日朝刊)

と書いている。

ところで、新交響楽団を指揮した貴志康一は、このとき二七歳。一七歳でヨーロッパに渡り、ベルリン高等音楽院でヴァイオリンをカール・フレッシュに、音楽理論をロバート・カーンに学んだ。ケンプは、カーン門下の兄弟子である。二五歳のときベルリン・フィルを指揮。これは日本人として近衛秀麿に次いで二人目の快挙だった。また、彼はフルトヴェングラーとも親しく、当時、頼貞が果たせなかった大指揮者とベルリン・フィルを日本に呼ぶ努力をしていた。フルトヴェングラーとベルリン・フィルの来日は三九年に予定されたが、貴志は三七年に早世し、日独ともに緊迫した国際情勢のなかで計画は潰えたのである。

二人の天才少女――原智恵子と諏訪根自子

指揮だけでなく作曲も手がけた貴志康一は、天才的な音楽家だったが、この頃、日本にもようやく並外れた才能を示す若い音楽家が生まれてきた。

その一人が、パリ音楽院をプルミエプリ（首席）で卒業し、一九三二（昭和七）年十月二十日に帰国した一七歳のピアニスト原智恵子である。智恵子は、父の友人である画家、有島生馬に連れられて一三歳で渡仏。パリ音楽院を卒業したあと、コルトーに弟子入りして研鑽を積むつもりだった。だが、世界の音楽事情に暗い日本では、「パリ音楽院首席卒業」の経歴で充分に通用すると、本人に相談もなく呼び戻し、リサイタルを組んでしまったのだ。彼女の日本初公演は、翌年の二月九日に日比谷公会堂で行われた。会場は立錐の余地がないほどの盛況で、新聞の批評も好意的だった。音楽評論家の野村光一は『東京日日新聞』で、こう称える。

〈私は暴言かも知れぬが、原嬢が今までに聴いた邦人洋琴演奏家中最高の域に達した人だと断言する。彼女は洋琴家たるべきすべての条件を付与されてゐるからである。円熟した技巧の持主であることはいふ迄もない。その上、彼女には稀代の音楽的資質が合せ具つてゐるのである。（中略）……本当に華やかだ。暗いところが少しも無い。特に、最優の美点はリズムの観念の素晴しいことでそれは不断に与へられる素敵なダイナミックと、大きなルパートの巧みさで、立派に生きてゐて、可成り際どい音楽的曲芸の頂上に達するのである。〉

しかし、世界のレヴェルを知っている智恵子には不満だった。演奏会が好評でも、自分はまだ未熟

だと分っていた。そのためか、二月二十日に駿河台の日仏会館で、頼貞ら音楽関係者を招いたピアノ試聴会を開いている。忌憚ない意見を聞きたかったのだろうか。

智恵子は三三（昭和八）年十一月末、来日したフランスの元文部大臣アンドレ・オノラの送別会で演奏して彼に認められ、フランス政府の給費生として、再びパリに赴くことになった。彼女がパリに戻ったのは、三六（昭和十一）年で、翌年第三回ショパンコンクールに日本人として初めて参加。特別賞を受賞した。以後、ヨーロッパや日本で活躍。「東洋の奇跡」と讃えられた。五九（昭和三四）年にスペインの世界的チェリスト、ガスパール・カサドと結婚し、ヨーロッパでデュオ活動を繰り広げる。カサドの死後、六九（昭和四四）年からイタリアのフィレンツェで「カサド国際コンクール」を開催し、多くの若い音楽家を育てている。九〇（平成二）年病を得て帰国。以後、療養生活を送り、二〇〇一年に死去した。

もう一人は、ヴァイオリンの諏訪根自子《ねじこ》である。彼女は、原智恵子が帰国した年の四月九日に初めてリサイタルを開いた。このとき彼女は一二歳。音楽評論家の牛山充は、

〈神童の語は我楽壇にとつては単に音楽史上にのみ見出される空名に過ぎなかつた。我々もまた目のあたり真にこの名に値する天才を見ることを断念して居た。従つて九日の晩僅か十二歳の一少女が現在我楽壇が有する提琴演奏の最高水準を示すのを見て驚喜したのは当然である。

我楽壇はその年令において五十年である。提琴界の老大家が四十年にして達せず、五十年にして僅かに近づき得た標準にこの少女は十二歳にして達し得たのである。これをしも神童といはずして何といはう。〉

と『東京朝日新聞』（三二年四月十二日朝刊）紙上で絶賛した。

根自子は三歳からヴァイオリンを学び、四歳で小野アンナに、一〇歳でモギレフスキーに師事する。小野はクライスラーや、ジンバリストなど名ヴァイオリニストを輩出したアウアー門下であり、モギレフスキーはモスクワ国立音楽大学ヴァイオリン科の主任教授。二人はロシア革命で母国を去って日本にやってきたのだった。特に、小野アンナが日本のヴァイオリン界に残した功績は大きい。彼女のもとから巖本《いわもと》真理、前橋汀子、潮田《うしおだ》益子など世界で活躍する演奏家が、綺羅星の如く出現した。また、モギレフスキーも江藤俊哉、外山滋、海野義雄など優れた弟子を育てている。

《神童》諏訪根自子に話を戻すと、三四年頃から彼女をヨーロッパ留学に送り出そうという機運が盛り上がる。三五（昭和十）年三月十六日の『読売新聞』夕刊は、「根自子さんの渡欧愈よ本極り」という記事を載せた。その内容は、――昨年の秋、万国赤十字社大会で来朝したベルギーのノルフ博士とバッソンピエール・駐日ベルギー大使が相談して、皇帝が亡くなって悲嘆に暮れている音楽好きの皇太后を、この天才少女の演奏で慰めようと計画したことに始まる。「バ大使から根自子さんの天才に理解をもつ徳川頼貞侯に相談があつたので頼貞侯も大いに喜んで早速近衛秀麿子と相談」し、話は具体化する。帰国したノルフ博士は、ベルギー皇室と相談。根自子の師として世界的ヴァイオリニス

トのリユボア教授に交渉しているという。また、「滞在の費用その他一切はノルフ博士の手で引受けることになつて今は正式の吉報を待つばかりになつてゐる」とも。

大使が頼貞に相談した理由が少なくとも二つある。一つは、彼が日本での「西洋音楽のパトロン」であること。もう一つは、日本ベルギー協会の会長であり、先の世界《漫遊》で、ベルギー皇帝と皇后に会っていることだろう。

こうして、諏訪根自子を欧州に送る計画が進行していった。三六年一月八日には尾張徳川家の義親侯爵邸で送別のお茶の会が催され、頼貞、近衛秀麿、駐日ベルギー大使などが出席。そして、東京を発つ前夜の二一日に「渡欧独奏会」が日比谷公会堂で開かれ、四〇〇〇人もの聴衆が詰めかけた。これは、公会堂始まって以来の人数だという。根自子の演奏を聴いた音楽評論家の大田黒元雄は「今の日本の楽壇の状態からいへばこれはたしかに国宝的存在である」（一月二三日、『東京朝日新聞』朝刊）とまで讃えている。このような国民的期待を一身に受けて諏訪根自子は、一六歳の誕生日の一日前に東京を出発したのだった。ベルギーまで大切に送られた様子を深田祐介は『美貌なれ昭和』でこう描く。

〈一等寝台で当時ときめく作曲家、山田耕筰が東京から神戸まで見送り、マルセイユまで乗船する鹿島丸船内では、専用のスチュワーデスがつき、マルセイユに入港すると、ベルギー総領事が船上に出むかえて、パリ行きの列車に案内する。パリでは、彼女を後援するカルメン・ド・ヴィアール男爵夫人の妹が出迎えて、ブラッセル行きの国際列車に乗せる。ブラッセル駅には、ベルギー赤十字社長、ノルフ博士、ド・ヴィアール男爵夫妻が出迎える、という騒ぎである。〉

根自子は、ベルギーでエミール・ショーモンに師事。三八年には大倉喜七郎の援助でパリに移ってカメンスキーに学ぶ。カメンスキーを紹介したのは原智恵子であった。三九年五月にはサル・ド・ショパンでヨーロッパ初リサイタルを開き好評を博す。四二年にはパリのラムルー管弦楽団、ベルリン・フィル、ウィーン・フィルなどと共演し、ヨーロッパ各地で演奏。そして、四三年二月にはナチス・ドイツの宣伝相ゲッペルスから名器ストラディヴァリウスを贈呈されたのである。四五年に帰国し、翌年には日本で井口基成、安川加寿子らとコンサートを開くが、六〇年以後、夫の海外転勤で演奏活動から離れて、第一線から引退。その後も、毎日三時間の練習を欠かさず、その成果を七八〜八〇年にかけて出した三枚のLPアルバム、バッハの『無伴奏ヴァイオリンのためのソナタとパルティータ、BWV1001/6』全六曲にまとめた。

山田耕筰と近衛秀麿の和解

ここで少し時間を戻して、山田耕筰と近衛秀麿の音楽界における動きを、整理しておきたい。

一九二六年十月五日、山田耕筰と袂をわかった近衛秀麿は、新交響楽団を発足させた。楽団の維持費は近衛公爵家の負担である。十月二二日に秀麿の指揮で第一回の研究発表会を日本青年館で開いてスタート。このあと十一月十九日、十二月五日と二回研究発表会を開き、翌年からは、一シーズン二〇回のペースで定期演奏会が始まる。二七年八月には斎藤秀雄がドイツから帰国し、新響に首席チェリストとして迎えられた。二九年八月にはNHKとの交渉で新響の出演回数を決めた契約が、近衛公

爵家とNHK理事長とで交わされ、資金難が少し解消する。

一方の山田耕筰は、二七年から日本交響楽協会を組織し演奏会を開催するが、不定期で、目立った活動はみられない。ただ三〇年十二月三日から二三日まで歌舞伎座でのオペラ「堕ちたる天使」の企画は注目されよう。市川猿之助一座による「赤穂義士快挙録」「幻浦島」と共に上演されたのだ。歌舞伎の客が主体だから、観客の評判は上々といえなかったが、日本のオペラを創り上げたいという山田の熱意に応えて松竹が場所を提供したのである。出演者は、奥田良三、関種子、四家文子などで、若き日の杉村春子も端役で出ていた。舞台監督・土方與志、舞台装置・伊藤熹朔、舞踏指導・石井漠という豪華メンバーだ。

近衛秀麿は新響の運営が軌道に乗り始めたので、再度ヨーロッパに渡り、本場の音楽を聴き、ヨーロッパのオーケストラを指揮したいと考えるようになっていった。これを知ったモスクワの対外文化連絡協会は、「近衛子爵の指揮で音楽会を催したい」と駐日ソ連大使館を通じて連絡してきた。三〇年七月十五日のことである。これは兄の文麿が将来の宰相とみられていたので、ソ連政府は搦め手から、つまり秀麿とのコネクションを持つことで、文麿とのパイプをつなげておきたいという意図もあったと思われる。こうして秀麿は、三〇年十月シベリア鉄道でヨーロッパに向かう。が、行き先は、ベルリンであった。到着は十月十八日。駅頭に斎藤秀雄と貴志康一が出迎えた。彼らは七月から再度の留学をしていたのだ。

秀麿は、十月二二日に、フルトヴェングラーが揮るシューマンの「交響曲第四番」を聴きたかった

のである。期待に違わずベルリン・フィルによる演奏に圧倒された。その後、この大指揮者と面会することができ、楽譜を見せてもらう厚遇を得る。同じ頃、当時国立オペラ座クロール劇場の常任指揮者オットー・クレンペラーにも会った。二人の指揮を聴き比べ、のちの秀麿の信条となる「楽譜に忠実な「原典主義」ではなく、指揮者の解釈を演奏に反映すべきだ」という考えが生まれたのだ。また、十一月末に国立歌劇場の音楽総監督エーリッヒ・クライバーに会い、彼を終生の師とすることになる。

三一年に入ると秀麿はヨーロッパで指揮台に立つ。一月七、八日にミラノ・スカラ座交響楽団を指揮してベートーヴェンの「交響曲第一番」など一二曲をレコーディング。さらに、ウィーンに行き、翌年ウィーン・フィルに出演する契約を結ぶ。そしてベルリンを経由して指揮を依頼されたソ連に入ると待遇ががらりと変わる。国賓扱いだ。ソ連での初めての指揮は、一月二五日だった。楽団は、ソ連名誉楽団の称号を持つペルシムファンス管弦楽団。このオーケストラは、ソリストや、ボリショイ劇場のメンバーなどからなり、指揮者なしで演奏することで知られる。一九二二年から三二年まで存在した。秀麿の指揮レヴェルが、万一劣ったときでも、オーケストラ主導で演奏すれば、コンサートは失敗しないと《保険》を掛けたのかもしれない。しかし、その危惧は杞憂で、モスクワ音楽学校の大講堂に詰めかけた大観衆から、熱烈な拍手を受けた。それで、急遽レニングラード管弦楽団の指揮を依頼されることになる。二月六日モスクワでもう一度指揮をして、気分よくシベリア鉄道で帰国の途に着いたのだった。

この帰国途中、ハルビンのホテルでパリに向かう山田耕筰と偶然出会う。ここで、秀麿は、四年半

にわたる山田との不和を解消したといわれている。大野芳さんは『近衛秀麿』で、

〈秀麿が山田と会うのは、その出発の日（二月十七日）の午後である。出発までの短い間、ふたりは山田が持参した河豚《ふぐ》の料理で杯を傾けた。聯合通信は〈楽壇の両巨頭　旅先で和解　奇遇の近衛、山田両氏〉と送稿したが、「河豚の料理」を用意した山田の行動は、あたかも出会いを予定していたようにおもわれる。〉

と書き、仕掛け人は新響の支配人原善一郎ではないかと推測しておられる。

二人の和解話は三〇年十月に、むかし秀麿に山田を紹介した牛山充から持ち込まれていた。「山田耕筰の楽壇生活二五周年を記念する祝賀演奏会が開かれるので、私の顔を立てて、これを機会に手打ちをしてはどうか」というのである。秀麿は、この申し出に対する拒否の返事を山田宛に送り、新響の機関紙『フィルハーモニー』にも全文を掲載した。山田は、この返答と思われる低姿勢の文章を『音楽世界』十月号に載せる。これによって、秀麿の気持がすこし変化して《旅先での偶然の出会い》が成功したのだろう。

山田は、パリのテアトル・シャンゼリゼで新作歌劇の上演をし、サル・プレイエルのシュトララム管弦楽団やピエルネの主宰するコロンヌ管弦楽団で演奏・指揮するという華々しい話題をぶち上げて渡仏した。だが、実現されたものは一つもない。いつもの場当たり的な大風呂敷であったのだ。結局山田は、ソ連各地の楽団を五十日余りかけて指揮して回る。

〈ソ連国内における演奏活動は、山田が得意とする場当たり主義で実現できる可能性はまったく

ない。（中略）ソ連は手続きの国である。山田が往路モスクワに立ち寄り、二つ返事で約束を取りつけることができたのは、いまやロシアの楽壇に太いクサビを打ち込んだ秀麿の紹介があってのことだろうが、山田はどこにも触れていない。〉（同前）

と大野さんは指摘する。

帰国した秀麿は定期演奏会で精力的に指揮をした。ヨーロッパでの研鑽の成果を示したかったのだろう。三月から九月までの一〇回の定期演奏会で八回揮っているのである。なかでも、来日中のヨーゼフ・シゲティを迎えた六月十七日の第九二回定期演奏会でのベートーヴェンの「ヴァイオリン協奏曲」は素晴らしく、聴衆の賞賛の拍手が鳴り止まなかった。

十月九日には帰国した山田耕筰の歓迎演奏会が、朝日新聞の主催により日比谷公会堂で開催された。これは日本交響楽協会と新響の合同演奏会で、近衛が山田作曲の「交響曲　へ長調」を、山田は自作の「あやめ」を指揮して聴衆に《和解》を印象づけたのである。

東京音楽協会の理事長

一九三二（昭和七）年四月十三日の『読売新聞』朝刊に社団法人東京音楽協会設立の報が載った。記事によると「この協会は近衛秀麿、山田耕筰、野村〔光〕一、白井俊一、鈴木信《ママ》子、山野政太郎、大塚潤《ママ》、田村虎蔵、堀内敬三、熊沢肆氏ら楽壇第一線に立つ音楽家、音楽評論家が発企人となつて徳川頼貞侯を理事長に堀内敬三、熊沢肆氏が常任理事となり音楽家の国際的交換、功労者の表彰、音楽

の研究、音楽家倶楽部、図書館の設立、演奏会、展覧会、講演会の開催を目的としてゐる」という。

和解した近衛と山田が先頭に挙げられ、しかも近衛が先になっていることに興味を惹かれる。だが話題を頼貞に絞ろう。私は、「頼貞もとうとう音楽家たちに祭り上げられてしまったのか」と思いながらこの記事を読んだ。ところが、堀内敬三の『音楽明治百年史』では「東京音楽協会は昭和七年五月設立、理事長＝田中正平、理事＝近衛秀麿・山田耕筰・山野政太郎（山野楽器店社長）・萩原英一・野村光一・堀内敬三（常務）・熊沢肆（常務、東京市公園課勤務日比谷音楽堂運営主任）、監事＝白井俊一・田村虎蔵・大塚淳・鈴木乃婦」と頼貞の名前が理事長から消えているのである。役員の名前は、新聞記事とほとんど同じなのに。どうなったのかよく分らず、私は混乱している。気になるのは「五月設立」という記述だ。東京音楽協会が、四月十二日に設立されたあと、何らかのトラブルがあって頼貞が辞めて五月から田中正平が理事長に就任したのだろうか。

ともかく田中を紹介しておこう。彼は、音響学者で電気学者、そして音楽学者でもある人。東京帝国大学理学部物理学科を卒業後、文部省からドイツ留学を命じられた。留学生は森林太郎（鷗外）、穂積八束など一〇人で、みな帰国後、各界のリーダーとして活躍する。田中は、ベルリンでヘルムホルツに音響学を学び、留学期限が切れても帰国せず、一六年滞在。世界初の純正調オルガンを製作して、ドイツ皇帝の前でヴァイオリニストのヨアヒムと合奏した経験を持つ。帰国後、日本鉄道会社に入り、鉄道試験所長となる。その後、田中電機研究所を作り、物理学者としての研究活動を行う。そのかたわら、自宅に邦楽研究所を設けて、邦楽約三〇〇〇曲を洋式五線譜に移す作業を実施。また、美音会・

美音倶楽部を組織して邦楽の普及向上に努めた。

私は、田中の経歴を書いていて、頼貞の名前が消えてしまったことに関するもう一つの仮説が浮かんだ。堀内によると、東京音楽協会は四年後の三六年九月に大日本音楽協会となり、会員四〇〇名を擁する大勢力となる。会長が大倉喜七郎で、副会長は山田耕筰。理事長が田中正平で、常務理事に増沢健美・伊庭孝。理事は野村光一・小松耕輔・田村虎蔵・堀内敬三・萩原英一・町田嘉章。このメンバーから、邦楽や作曲関係の団体も合同したと推測される。とすると、東京音楽協会の理事長は頼貞だったのに、堀内が混同して覚えていて、邦楽関係の会の理事長だった田中の名前を挙げたのかもしれない。

ところで、この東京音楽協会設立の新聞記事には、「帝都の空を護れと楽壇人の叫び　演奏会を開いて献金」という見出しがついている。東京音楽協会は最初の事業として、演奏会などで得た資金で、東京の防空施設に高射砲などを献納すること、そして、満州にいる軍人の慰安のため陸軍軍楽隊を派遣する費用を負担することを計画していたのである。

このように時代は、音楽家たちを戦争に巻き込んでいく。やがて、四一（昭和十六）年十一月に音楽各団体を再編糾合した日本音楽文化協会が発足する。これは国家による音楽統制を意味した。頼貞は、この顧問となっている。だが、これはあとに語ろう。

もう少し、頼貞と音楽の関わりを時代を追ってみていこう。

三四年一月十日に日本ショパン協会が設立され頼貞が会長に就任。翌年の十二月十日には、サン＝

サーンスの生誕百年を記念する演奏会を日比谷公会堂で開催。はじめに頼貞と駐日フランス大使フェルナン・ピラが挨拶した。頼貞は二一年にパリで会った最晩年の作曲家の思い出を語ったことだろう。コンサートの目的は、フランスで彼の記念碑を建設するための基金募集。演目は、サン＝サーンスの代表作「交響曲第三番ハ短調」である。山田耕筰の指揮で新交響楽団が演奏した（近衛と山田が、三一年に和解してから山田も「新響」を揮るようになっていた）。このシンフォニーには、パイプ・オルガンのパートがあるが、当時の日本のホールには設備がないので、ヤマハがこの年に完成させたマグナオルガンを大中寅二が弾いて代用した。『東京朝日新聞』は「マグナオルガンは電気楽器で、電気装置によりパイプオルガンのやうな効果を出させようとする新楽器」と紹介している。

ちなみに、フランスでは、生誕百年記念が誕生日より四カ月早い六月十二日に行われた。演奏はアルフレッド・コルトーが三四年に創設したばかりのパリ・フィルハーモニー協会管弦楽団で、指揮は新進気鋭のシャルル・ミンシュ。このときミンシュは、フルトヴェングラーやブルーノ・ワルターが常任指揮者だったライプツィヒ・ゲヴァントハウス交響楽団のコンサート・マスターを辞め、指揮者としてデビューして三年目であった。

加藤清正の兜を競売に

徳川頼貞は、「西洋音楽の普及」と「国民外交の推進」に熱心に取り組んでいるが、徳川家の財政窮迫は依然として続いていた。南葵音楽文庫も一九三一（昭和六）年に閉じられた。

この状況を打開すべく、紀州徳川家は、三三（昭和八）年十一月二四日に二回目の売り立てを行う。会場は代々木上原の徳川邸。武道を愛した初代頼宣は、天下の武芸者を数多く召し抱え、手づから刀も作り、「愛刀の殿様」とも呼ばれたので、今回は刀剣が一〇〇振り以上出品された。それと、太閤大判が五枚も。現在、大判のなかで最も貴重なものとされ、一枚が五〇〇〇万円から一億円するといわれている。

しかし、このオークションでの呼び物は、加藤清正の兜であった。『静和園（紀州徳川家別邸）蔵品展目録』では「記録によれば加藤主計頭清正の愛用にして、朝鮮の役戦功にて重臣九鬼四郎兵衛《しろべゑ》に与へしものにて、四郎兵衛後に紀州に来り頼宣卿に仕へたのである」と解説している。つまり、四郎兵衛が仕官のとき頼宣に献上した兜なのだ。頼宣は家康の十男で紀州徳川家の初代。紀伊和歌山に転封したのは、一六一九（元和五）年だから、三〇〇年以上も家宝として所蔵していた。

これを競ったのは尾張徳川家と熊本細川家。清正の出身地と領地の元大名家の争いであったが、尾張が一万一〇〇〇円で落札。現在は名古屋の徳川美術館所蔵となっている。

この売り立ての総額がいくらになったか詳らかにしないが、財政改善とはいかなかったようで、翌三四年の二月二十日にも売り立てを行っている。

こうした紀州徳川家の窮状を象徴するようなスキャンダルが、三四年六月十九日の『東京朝日新聞』朝刊に報道された。「徳川侯爵家を恨み老植木師が服毒　積立金を返さぬと」という見出しである。内容は、二一（大正十）年十一月から三四年四月まで徳川頼貞侯爵家に雇われていた植木職人が、侯

爵邸の供待部屋で猫イラズを飲んで自殺を企てた。自殺の理由は、大正十二年一月から二円五〇銭の手間のうち二〇銭を事務所に預けて貯金していたのに、退職のとき証拠の書類がないと積立金総額八〇四円を渡してくれない。何度事務所に掛け合っても拒絶されたので、抗議のための服毒自殺だという。記事には、双方の言い分があり、事実ははっきりしないが、紀州徳川家の財政逼迫を考えると、事務所が預かっていた積立金を出し渋ったのではないか。植木師は十九日の夜に死亡。死者が、以前板垣退助家に雇われていた関係から、退助の孫守正が徳川家との間に入って、二一日に一〇〇〇円の弔慰金を遺族に贈ることで決着した。

もちろん、このことに頼貞は関与していないが、事務所の人たちは資金繰りに窮していたのだろう。さらに、間が悪いことには、この年の二月六日に頼貞の後見人ともいえる鎌田栄吉が七七歳で死去した。頼貞の導き役だった上田貞次郎は、三年前に徳川家との関係を絶ち、いま鎌田が亡くなって、徳川家の家政を大所高所からアドヴァイスする人がいなくなっていたのである。

持株会社南葵産業の失敗

しかし、頼貞は財産が減っていくことを黙視していたわけではなかった。会社経営に乗り出すのである。三五（昭和十）年七月十九日の『東京日日新聞』朝刊に頼貞の経営を紹介した記事がある。それは、

「旧大名華族群の産業進出・前駆／時代は移る／徳川頼貞侯　既に五会社経営」という見出しを掲げ、

「……紀州徳川家が資本金三百万円の南葵産業株式会社を創立し、これを持株会社としてすでに五個の産業会社をその傘下に設立して事業に著手しすでに相当の成績をあげ、今後ますます手を拡げんとしていることは、旧大名の財産運営新方法として各方面から注目されている」というリードを付す。

そして、「昭和八年三月財界の巨頭、学者等の意見を徴して実業界乗出しを決意し」、資本金三〇〇万円の新会社南葵産業を創立。徳川家「常務理事の山東誠三郎氏を社長に、同じく藤村稲造氏を常務として農業、鉱業、商事経営、不動産、有価証券の売買を開始した」。「昨年第一回六分、本年早くも一割配当をなしうる収益をあげた」ので、南葵産業を持株会社とし、子会社として共立不動産、日本羽毛製品、東洋化工を本年初めまでに創立した。続いて七月十二日に全羅鉱業と南栄化学を創設し、「更に近く飛行機及び軍需工業品の製造会社を組織する準備を進めている」という。

共立不動産は、早くも三分の配当を達成。その他の子会社も、それぞれ独占的な事業で前途は有望と紹介している。たとえば、東洋化工は、これまで輸入していたラジウム・ペイントの製造。南栄化学は、ジャワと物々交換で香料を輸入して医学的化粧品の製造。全羅鉱業は、金山の経営で朝鮮全羅南道に七〇〇万坪の鉱区を手に入れ河村工学博士の折紙付で創立したという具合。

「旧大名の資産は主として不動産でこれにつぐのは公債、株式の順」だが、不動産は地価下落し、地代や家賃の収入は滞りがち。公債や株式も暴落し、「資産の運用が危険に瀕して来た」ので、徳川家の会社経営は、「先鞭をつけたものであり、南葵産業においてもこの意味において斯界に範を垂れんと意気込んでいる」と結んでいる。

だが、頼貞のもとで紀州徳川家の財政悪化は、歯止めがかからない。上田の三六〔昭和十一〕年の日記には「徳川家の事」という項を設けて財政問題の成り行きが記録されている。

〈十月九日　杉山金太郎〔豊年製油社長〕、寺嶋健〔海軍中将、浦賀船渠社長〕両氏が徳川家の財政問題に付、県人少数の会合を水交社に開いた。有馬〔良橘、海軍大将〕、野村〔吉三郎、海軍大将、駐米大使〕、浜口儀兵衛〔ヤマサ醤油社長〕、浜口担〔先代儀兵衛（梧陵）の末子、衆議院議員〕、島薗〔順次郎〕及自分が参会した。

南葵産業がやりくりの策尽き、朝鮮の金山を新会社として、株を売り出したが、実はごまかしがあるので池田成彬氏から注意されたのが事の起りである。取あへず杉山、寺嶋両氏が事実を調査することゝなる。

十七日　再び同一の会合を開いた。此度は山東、木下〔友三郎か？〕が来て弁明したが、一同は満足しなかつた。

十一月から十二月にかけ原田熊雄男爵主催の会合が三回、東京クラブで開かれたが、自分は差支出席しなかつた。

十二月十六日夜　杉山氏へ電話にて会の模様を問ふたところ、頼貞侯は既に一両日前、山東を止めさせた、といふことであつた。依て同夜、直ちに岸田佐二〔虎二。國士の弟。俳優岸田森の父〕を呼んで事情を聞いた。

十八日　朝杉山氏を訪ひ、夜浜口氏を訪ひ相談した。先日の会で徳川家を代表し得る人をきめ

ることゝなり、津村秀松〔神戸高商教授、大阪鉄工所（現・日立造船）社長、映画評論家・秀夫、詩人・信夫の父〕氏に交渉中であるが、同氏が承諾しない時は浜口氏にたのむ外なしと思ふ。〉

徳川家の関係者は、南葵産業株式会社をつくって同家の財政再建を図ろうとした。だが、朝鮮の金山は、廃坑を売りつけられてしまう。南葵産業の子会社だったから徳川家の理事の目が届かず、いわゆる山師など利権屋に乗せられたのだ。南葵産業のやりくり策は尽きていたのである。

尾張の徳川義親の日記には「紀州家に四万円援助し、一時の急を救ふ」〔三六年十二月二七日〕とある。年が改まっても、上田は、徳川家のことを気遣っている。一月三日に杉山金太郎を熱海桃山の別荘に訪い、徳川家のことを話す。翌四日は、熱海からの帰途、在宅なら相談しようと、大磯の池田成彬や原田熊雄男爵の都合を電話で聞いたが、何れも不在であった。そのあとの上田日記の関連部分を引く。

〈一月十五日　朝、原田男邸へ行き、徳川家のことを協議す。徳川義親侯初め、松平（康）〔康昌、妻が徳川家達の娘〕、黒田〔清〕、太田実十二の諸氏が居た。

二十日　徳川義親侯邸にて、紀州家のことに付相談会あり。頼貞氏の友人側にて、義親侯初め原田、黒田、佐田、太田、旧藩側にて、有馬、野村、寺嶋、杉山、浜口、上田が会す。半田氏に整理立案を依頼することゝなる。〉

こんなに周りが心配しているのに、頼貞はあまり気にしていなかったようだ。徳川義親は、その不満を日記に記す。「人の落目となりたる時には、人は決して助くるものにあらざるを痛感する。頼貞

君は此事につきて認識を有せず。今日尚楽観の情態なるを悲しむ」（三七年五月六日）と。

財政問題が、どうやら決着をみるのは一年後の三八（昭和十三）年二月であった。中松真郷（日本製鉄社長）、土岐嘉平（大阪府知事、北海道庁長官、京都市長などを歴任）、林桂（陸軍中将）の和歌山県人三人が奔走して、代々木の本邸を分譲地として売ることに決め、財産整理はようやく軌道に乗る。さらに、この二月十五日には、上大崎（森ヶ崎）の頼貞邸にエジプト公使館が開設されている。頼貞の国際交流援助の一環ともみられるが、エジプト国に徳川邸の一部を貸して、少しでも窮状を緩和したいと考えたのではなかろうか。しかし、これで徳川家の財政が持ち直したわけではなかったのである。

一方で、頼貞と親しかった人が次々と鬼籍に入っていく。頼貞の侍医を兼ねてヨーロッパやアジアの旅行に同行した島薗順次郎は、三七年四月二七日に死去した。享年六〇。

また、上田貞次郎は、三六年十二月に東京商科大学の学長、翌年の一月三十日に帝国学士院会員となったが、四〇（昭和十五）年五月八日に世を去った。六一歳になる四日前であった。上田と頼貞が最後に会ったのは、この年の三月二四日。頼貞の嗣子頼韶《よりあき》が学習院を卒業して神戸商業大学（現・神戸大学）に入学したので、その祝いの席に学習院の教授たちと共に招待されたのである。

戦後、上田の弟子・上田辰之助と国際文化振興会でよく顔を合わせた頼貞は、「私は日本の二大経済学者（上田貞次郎と小泉信三）の教えを受けました。ただし、私自身の経済（財産管理）はお恥しい次第です」といったという。この「日本の二大経済学者」は、忠告を聞かない頼貞に愛想をつかし、三一年に相前後して徳川家の顧問を辞したのだった。

十一　戦時中の耕筰、頼貞、秀麿

音楽界を結集した日本音楽文化協会

一九三一（昭和六）年九月十八日の満州事変以降、日本は中国大陸を大規模に侵食してゆく。三三（昭和八）年二月二四日には、国際連盟が日本軍の満州撤退勧告案を四二対一で可決すると、日本は国際連盟から脱退。国際的に孤立した日本は、ヨーロッパで台頭してきたナチス・ドイツと三六（昭和十一年）年十一月二五日に日独防共協定を結ぶ。続いて、イタリアが参加して三七年十一月六日に日独伊防共協定を成立させたのだった。

さらに、この年の七月七日夜には、蘆溝橋で日中両軍が衝突。日本と中国が全面戦争に突入していった。近衛文麿内閣は、戦争の早期解決を目指したが、泥沼の長期戦となっていくのである。

世界に目を転じると、ナチス・ドイツは三九（昭和十四）年九月一日ポーランドに侵入。英仏は九

月三日にドイツに宣戦を布告し、第二次世界大戦に突入した。阿部信行内閣は、「欧州戦に介入せず支那事変解決に邁進する」と声明する。だが、前年の三八年四月一日には国家総動員法を公布。賃金や物価などさまざまな方面に統制が加えられ、三九年には凶作も重なってインフレが進行し、社会不安が激化。国民の厭戦気分が高まっていたときであった。

しかしその後も、政府は国民に対する締め付けを強化し、些細なことにも干渉し始める。四〇年三月二八日、内務省は外国かぶれのカタカナ名や不敬に当る名前などはまかりならぬと、ミス＝ワカナ、ディック・ミネ、藤原釜足ら芸能人一六名に改名を指示する。また、八月一日には銀座をはじめとした目抜き通りに「ぜいたくは敵だ！」と大書した立て看板を設置。同時に、この日から東京府の食堂・料理店は米食の使用を禁止され、販売時間も制限されるようになった。

話を音楽関係に絞ると、四〇年二月に警視庁は、「音楽芸能一切の技芸出演者に対して「技芸者之証」という鑑札をつくり、出演者の取締りのため許可制度をもうけたのであつた。したがつてこの証なしには演奏家はどんな音楽会にも舞台へもでられないこととなつた」（園部三郎『音楽五十年』）。そして、この許可証を持った者約三〇〇〇人を集めて、この年の十一月に結成されたのが山田耕筰を会長とする演奏家協会である。

山田耕筰、徳川頼貞、近衛秀麿という三人の戦時中の動きをみると、山田だけが「肉弾三勇士の歌」など一〇〇曲を超える戦争鼓舞の歌を作曲し、時局に便乗して活動している。この演奏家協会の会長になることによって山田は、音楽界の大御所として大きな影響を及ぼし始めるのだ。

のちには、「この協会が「技芸者之証」の許可発行の代理機関となり、「演奏家協会」員となることによって、「技芸者之証」をうけるという不合理な状態をつくり出した」(同前)。

一方で、「昭和十五年十月、大政翼賛会が結成され、その文化部は音楽団体の統合に積極的な意図を示した」。そこで、洋楽関係の団体は次々と解散して、「新しい楽壇人団体結成に進んだ」。しかし、翼賛会がこの団体を宣伝に利用しようとしたので、文化的方向をとりたい若手の音楽人との間で意見が合わなかった。そこに、この年の十二月六日に発足した内閣情報局が割り込んでくる。情報局は、国策遂行のための情報収集や報道、啓発宣伝活動のほかに、新聞・出版物・放送などの検閲にあたる機関として創設されたのである。こうして、「昭和十六年九月十三日、新しい楽壇団体「社団法人日本音楽文化協会」の創立総会が情報局(昭和十五年九月十五日閉場の帝国劇場の建物を使用)で行なわれ、情報局第五部長が理事長(辻荘二)と理事二十名(略)と監事三名(略)とを指名選任し、創立議事を行なった」(『音楽明治百年史』)。理事長の辻荘一は、音楽学者・評論家であり、理事や監事も作曲家・演奏家・音楽評論家であった。

だがこれで、日本音楽文化協会がスタートしたわけではなかった。この時点では、まだ社団法人ではない。情報局と文部省の共同所管による「社団法人日本音楽文化協会」が発足するのは約二カ月半後の十一月二九日のことである。

十一月三十日の『朝日新聞』夕刊は、「力づよき発足譜　音楽文化協会の結成」という見出しで、次のように紹介する。

〈わが楽壇を打って一丸とする社団法人日本音楽文化協会は、昨秋音楽新体制運動が起こってから約一年二十九日午後一時半から情報局講堂で盛大な発会式を挙行した、会員約一千名が参集、先づ会長に徳川義親侯を推戴、副会長に山田耕筰氏就任、顧問、参与の委嘱、名誉会長《ママ》推薦があつてのち谷情報局総裁、橋田文相の祝辞あり、山田耕筰作曲交響楽『昭和讃頌』の演奏があつた。〉

顧問には徳川頼貞をはじめ近衛秀麿、大倉喜七郎、藤山愛一郎など華族や財界人が、参与に三浦環、小松耕輔、田辺尚雄など演奏家や作曲家・評論家がなり、名誉会員に田中正平、幸田延子、安藤幸子が選ばれている。まさに、音楽関係者を「打って一丸とする」団体であった。

音楽挺身隊隊長・山田耕筰

これは、日本全国の音楽関係者を網羅する組織のはずである。ところが、依然として山田耕筰が会長の演奏家協会が存在していた。日本音楽文化協会は、統一団体といっても会員になにも特典がなかったのだ。「それゆえに演奏家は、〝音文〟の演奏部会員であると同時に、「演奏家協会」員とならなければならない矛盾におちいった」（『音楽五十年』）。さらに、演奏家協会は、日本音楽文化協会創立直後の九月に、実戦部隊として山田耕筰を隊長に音楽挺身隊を発足させる。

〈……この隊は、銃後国民の慰安と鼓舞激励のために演奏家協会全会員を動員して結成されたもので、三千の隊員を傘下に、市民慰安会、農村漁村への音楽慰安隊、産業戦士の慰労演奏などを行うことを趣旨とした。〉

（丘山万里子「音楽戦士としての山田耕筰」）

山田は率先してその先頭に立ち指揮をとり、隊の意図をこう説明する。

〈警視庁管下の許可授芸者である音楽家によつて、演奏家協会が結成されて一年になり、協会としても、時局下に於ける国策に呼応して何か団体的活動をしたいものと考へてをりましたが、最近会員も二千名に達し、漸く結束して来ましたので、最近の時局緊迫下に於て、音楽家の臨戦態勢としての音楽報国を実践するため音楽挺身隊を組織いたしました。（中略）

……私共は戦時下にある国民慰楽として、街頭でも、職場でも、畑の中でも、鉱山の内でも、どんなところにでも立つて歌ひ、伴奏楽器がなければ手拍子でも、有合せのブリキ缶を叩いても歌ふといふ精神によつて出発するつもりです。（中略）だが徒に自由に勝手にやることは、かへつて邪魔になる恐れがあります。やはり秩序や統率が必要ですから、すべて軍隊的組織とする方針で、名も「音楽挺身隊」としたのであります。〉

（「音楽家の臨戦態勢」『日本学芸新聞』一九四一年九月十日）

山田は軍服に似せた制服を着て日本刀を下げ、挺身隊にも同じ制服を着せて演奏活動を行った。挺身隊の設立は「山田を頂点とする演奏家の上意下達のための組織であり、作曲家・評論家主体による洋楽界の再編一元化として発足した音文への山田なりの抵抗だった」（戸ノ下達也『音楽を動員せよ』）と考えられている。「この状態は十八年五月、〝音文〟と演奏家協会の合併が実施されるまでつづいた」（『音楽五十年』）。

日本音楽文化協会は、内部が安定せず、四二（昭和十七）年六月辻理事長が辞任して、山田と親し

い中山晋平が理事長になる。さらに四三年六月には会長の徳川義親が辞任し、一年以上も会長が不在となった。そして、四四年十一月に二代目会長に就任したのが山田耕筰である。かくして、「山田耕筰の提案によつて、理事会は音文運営全般に関する議事の審議権はもつが、その採決権は会長にあるといういわゆるナチス流のフューラー・システム（総統独裁主義）が採用された」（同前）のであった。こうして山田耕筰は、日本音楽界の《総統》として君臨したのである。

山田の十七回忌を記念してつくられた伝記『この道』は、この間の事情を、

〈……（昭和十六年）九月には非常事態とあって「音楽挺身隊」を結成し、報国運動を推進、楽壇も「音楽文化協会」として一つに統合され、山田は会長に就任（昭和十八年＝一九四三）したが、これが後年、音楽評論家山根銀二との戦犯是非の論争を生んだ。

昭和十七（一九四二）年、山田は日本芸術院会員に推挙された。〉

といった具合にほとんど事象に触れずに、さらっと書いている。

戦後、山根銀二が山田を弾劾

敗戦の年の十月に日本音楽文化協会は解散し、清算事務所を東京都音楽団においた。この楽団は、「新日本文化建設のため」に設置を計画した「優秀な音楽団体」（『音楽文化』一九四五年十・十一月合併号）で、会長に山田耕筰がおさまった。山田は、日本が敗けても全く傷を負わなかったようだ。これに噛みついたのが音楽評論家の山根銀二である。十二月二三日から三日間、『東京新聞』に山田を指弾する文

章を寄稿した。

きっかけは、進駐軍にいるアメリカの青年音楽家が、日本の古典音楽の伝統を知りたいと山田耕筰の斡旋を求めたことに始まる。すると山田が、これを機に音楽を通じて日米の融和交歓に乗り出したいと語ったのである。

山根は日米の文化交歓を「仲介する人物が人もあらうに昨日迄（中略）アメリカ音楽の野獣性なるものを叫号し、これを不当に汚し続けて来た巨頭であり、憲兵及内務官僚と結託して行はれた楽壇の自由主義的分子並にユダヤ系音楽家の弾圧に於ても軍の圧力を借り、一般音楽家を威迫しつつ行はれた楽壇の軍国主義化に於ても、更に又これらの業績の陰を縫つてぬけ〴〵と行はれた私利追求に於ても、何れも典型的な戦争犯罪人と目される山田耕筰氏であることが我々を驚かせる」と切り出す。そして、山田の戦争犯罪の具体例を挙げる。「例へば音楽文化協会は幾多の矛盾を内包しながらもその主流は軍官僚による音楽の行動的利用政策に対抗する音楽家としての立場の擁護を自らの任務としたのだつたが、憲兵、内務省、情報局一体となつての陰謀工作により山田耕筰氏の独裁が完成されてからは、文化的意識の総てを喪失して全くの反動的な機関となり下つたことは周知の事実である。／更にこれと表裏一体をなしてゐた音楽挺身隊は隊長山田耕筰氏の下に演奏家を強制加入せしめ警視庁興行係の権力を背景に全音楽家を威迫したのであつた」。

ところが、「日本の楽壇の殆ど凡ての枢要な地位が戦時中の状態をそのまま継続して、戦争犯罪者及これに準ずる者の手中に握られてゐる」。だから、「楽壇といふ狭いながらも一つの社会の根本的な

更正が必要」と指摘した。

『東京新聞』は、山根の文章を前もって山田に見せていたのだろう。山田の反論は山根の指弾と並んで十二月二三日に載っている。だが、山根に指摘された事実を、「お説通り戦時中、音楽文化協会の副会長として、時の会長徳川義親侯を補佐」してきたと、会長に就任したことには触れずにはぐらかし、それは「祖国の不敗を希ふ国民としての当然の行動」で、「戦時中国家の要望に従つてなしたさうした愛国的行動があなたのいふやうに戦争犯罪となるとしたら日本国民は挙げて戦争犯罪者として拘禁されなければなりません」と国民全員の責任論にもっていく。

さらに、音楽文化協会は「あなたのヘゲモニイによつて作られたものではなかつたでせうか」と反論する。前に音楽文化協会設立前後で触れた「若手の音楽人」というのが山根たちだが、彼らの目論見をひっくり返したのが山田ではなかったか。

そして、「この戦争を阻止得なかつた吾々日本人は一人残らず戦争に対して責任がないとはいへません。さうした吾々が果して同胞を裁く資格があるでせうか。／山根君？　国は敗れ国民は茫然自失してゐます。今こそ吾々音楽家は一切の私情を去つて一丸となり敗亡日本を蘇活さす高貴な運動を展開すべきです。楽壇を徒らに怒罵し楽壇人を誹謗するあなたの習癖を捨てて下さい。そしてこの哀れな祖国の姿を静思して下さい」と《正論》で結ぶのである。

山田は、こうした批判に「天皇はその責任をとらなかった。だから、私もその責任などとる必要はない」と突っ張り、一九五六年に文化勲章を受けている。

新響のクーデターで秀麿退団

一方、近衛秀麿は戦時中にどうしていたのだろうか。一九四一（昭和十六）年十一月二九日に日本音楽文化協会の発会式が行われたとき、頼貞と共に秀麿も顧問に名を連ねている。しかし、彼は三六年十月に国際文化振興会の資金で欧米にでかけて以来、日本にいるより海外にいるほうがはるかに長かった。外務省が、首相近衛文麿の弟という関係を利用して音楽の「親善大使」を委嘱していたのだ。読者は、この記述に「おや？」と思うかもしれない。「秀麿は、自らが創り上げた新響を放り出して、海外に出かけていたのか」と。

じつは、近衛秀麿の新響定期演奏会での指揮は、三五年六月五日の第一五七回公演が最後となったのだ。新響内部でクーデターが起こり、退団したのである。

この事件の萌芽は、秀麿が三一年にヨーロッパから帰国した直後の六月に団員たちが行った待遇改善要求にあった。「待遇改善の要求を事務局に提出した楽員たちが、逆に質的向上のため、高齢高額の者や見習い的で腕の鈍い者の退団を勧告された」（『NHK交響楽団40年史』）のである。

ヨーロッパの一流の音を聴いてきた秀麿の耳には、新響の演奏は三流、四流程度でしかない。一方で、レコードや超一流の演奏家の来日によって日本の聴衆の耳は肥えてきた。「もっとレベル・アップをしなければ」と考えていたところに、待遇改善の要求が起こる。

新響は「自主運営の形式をとりながら、実質的に秀麿の庇護の下《もと》にあった。赤字は、すべて秀麿が

埋め合わせた。」「なのに月給制に胡坐《あぐら》をかいて、自分の楽器さえ練習しないものがいる」（『近衛秀麿』）ので、団員に対して秀麿はこう応えざるを得なかった。

「芸術的に行き詰った新響を、楽員の生活のためにのみ継続していくことは、自分の芸術的良心に反するから手を引く。ただし、経営に必要な自分の私有物はみんな提供するから、委員の手でおやりなさい」と。

想定外の提案に楽員は、新響革正委員会を組織して討議。二〇数名が自発的に脱退して事件は終息したのであった。

その後、欠員を補充し、相次ぐ外国人演奏家の客演で、充実した演奏活動が続いた。三三年五月、秀麿のもとにベルリン・フィルの定期演奏会での指揮を要請する招待状がドイツ音楽協会から届く。演奏日が三三年十月三日と決まり、秀麿は八月十七日アメリカ経由で横浜から出発した。

当日の様子をベルリン高等音楽院に留学していた新響のチェリスト大村卯七が、新響に宛てて興奮気味に報告している。

〈今晩の音楽会は想像以上の成功です。勿論（会場は）一ぱいですし、聴衆の熱狂は私の聞いたフィルハーモニーの四十回以上の音楽会の内最高のものと思ひます。シュトラウス・ドンファンの終つた後にシュトラウス自身が舞台へ出て来て親方と二人で挨拶をした時はうれしくて〳〵なんと言つて良いか解りませんでした。〉（同前）

『ベルリン・フィル百年史』には、秀麿は、これを含めて合計六回の定期演奏会を揮ったと記録さ

れている。この評判を聞いた各地の交響楽団から指揮の依頼を受けた。三四年一月にもう一度ベルリン・フィルを揮って、秀麿は、二月二三日に凱旋帰国したのである。

この秀麿の留守の間に、三年前の待遇改善要求で生じた不満の火種がくすぶりはじめる。新響のメンバーは、以前から支配人原善一郎の行動を独断専行と感じていたが、そこに、原はマッチを擦ってしまう。秀麿の不在中の指揮者に、斎藤秀雄を起用しなかったのだ。斎藤は、団員に信用があり、自分も指揮を任されると思っていたのにである。それに加えて、「赤字と使途不明金を生み出し、楽員の昇給も認めない元凶は支配人だ」と考えるメンバーが増えていき、小さな火が燃え始めた。三五年六月、原への疑念が爆発する。ヴァイオリンの巨匠ジンバリストの演奏会におけるギャラ問題だ。『NHK交響楽団40年史』は、この間の事情を相互の主張を載せて詳しく紹介している。だが、ここは近衛秀麿を論じる場所ではないので、佐野之彦さんの『N響80年全記録』から概要を引くだけにとどめたい。

〈……ヴァイオリンの巨匠、エフレム・ジンバリストの告別演奏会の収支報告は、彼らにとって許しがたい内容だった。つまり、総収入（予想）が四千五百円、ジンバリスト側への支払いが千三百円に対して、新響の取り分がたったの五百五十円だったからだ。諸経費や会場費、宣伝費などを考慮すれば、妥当な額であると原は主張したのだが、感情のもつれは根拠を度外視させるものである。

「支配人はピンはねしているに違いない」

不信感は行動力へと転化し、新響を法律上の組合組織にするべく動いた。七月には抜き打ち的な記者会見を開き、四年前には屈した近衛の「離脱」というカードにも動じず、ついに新たな道へと踏み込む決意を固める。

近衛としては、ふた言目には「生活保障」を口にする新響の楽員に対しては、半ば嫌気がさしていたに違いない。しかも、その演奏レベルは最近またもや頭打ちとなっている。ならばいっそ、新しい組織をつくり、有能な者だけ引き連れていこうと考えていたのだろう。ところが、今回ばかりは楽員側の結束は固かった。

楽員と指揮者、支配人との間に歩み寄りは一切なく、近衛に賛同する者は一人もいなかった。そして、ついに近衛と原は新響を去ることになったのである。〉

秀麿には他の楽団からの誘いもあったが、迷っていた。そんなとき、フィラデルフィア交響楽団の人気指揮者ストコフスキーから国際文化振興会を通じて客演の依頼があったのだ。三六年七月のことであった。こうして三六年十月から国際文化振興会の資金で欧米にでかけるのである。

そして、日本音楽文化協会が発会したとき、秀麿はドイツに居を構え、ヨーロッパでの指揮活動に忙しく飛び回っていた。彼は三国同盟成立時の日本の首相の弟である。その男が指揮者として公衆の前に立つのだから、ナチスも利用価値があったのだ。秀麿と宣伝相ゲッペルスとの関係も良好だった。ドイツ政府の《信頼》を利用して、秀麿はユダヤ人一〇家族ほどを国外に逃している。

しかし、第二次世界大戦が始まり、四二年に駐独大使として大島浩が赴任すると、秀麿はドイツ国

内での活動ができなくなった。狂信的なナチス派である大島が「近衛一派」を締め出しにかかったのだという(『近衛秀麿』)。だが、仕事はあった。ドイツ赤十字社主催の慰問音楽会やポーランドのワルシャワ交響楽団、ベルギーのブリュッセル・フィルなどの指揮である。さらに、四四年四月にはパリで「シンフォニー・オーケストラ・グラーフ・コノエ(近衛伯爵管弦楽団)」を結成し、フランス、ベルギーの地方を巡演した。これはドイツに占領されたベルギーやフランスなどの音楽家たちの失業救済策でもあったのだ。

一九四五年五月七日、ドイツは無条件降伏する。秀麿もアメリカ軍の捕虜となり、八月にアメリカに護送された。そして、パリから日本の同盟国ドイツに避難した諏訪根自子らと共に十二月六日浦賀に帰国したのである。

フィリピン派遣軍文化面担当顧問

新聞では、わが徳川頼貞は、日本音楽文化協会の顧問以外に、戦時中なにをしていたのだろうか。この任務は、に大きく採り上げられたのは、フィリピン派遣軍の文化面担当顧問としての活躍である。彼が日本フィリピン協会の会長だったためだろう。

一九四一(昭和十六)年十二月八日、日本軍はハワイ真珠湾を奇襲攻撃する一方で、英領マレー半島のコタ・バルを攻撃。太平洋戦争へ突入する。十二月二三日にはフィリピンのルソン島リンガエン湾に日本軍主力部隊が上陸。四二年一月二日にマニラを占領した。五月七日コレヒドール島が陥落し

て、一九〇二年よりアメリカの統治下にあったフィリピンは、全土が日本軍の支配下に置かれたのである。

日本軍は、一月のマニラ占領直後から軍政を開始した。頼貞は、三月三一日に羽田を出発。フィリピンに約九カ月滞在する。同時期に、石坂洋次郎、尾崎士郎、今日出海、三木清、火野葦平などの文士が徴用され、陸軍宣伝班員としてフィリピンで行動している。

六月二二日に『朝日新聞』朝刊は、頼貞のフィリピンに対する考えを載せた。インタヴューは、戦後に『週刊朝日』の名物編集長となる扇谷正造特派員。タイトルは「どうする新生比島の文化　徳川侯に聴く」である。

まず、頼貞は、一五年前に来たときより文化水準が上がっているが、「東洋の一角に思ひがけぬアングロサクソン文化を、それも極めてスポイルされた臭ひをかいで驚いてゐる」という。その原因は、「徹底した「ギブ・エンド・テーク」(利益交換)の精神、利己主義の発揮」で、「これは混血文化に由来する」とする。つまり、フィリピンには、神話とマゼラン以降の歴史しかなく、あるのはスペインとアメリカと土着民の混血した文化である。マニラの商工会議所はフィリピン人を妻とする者を会員としないという。前の大統領がスペイン系で、副大統領が中国系の混血。「世界中で比島ほど混血児が幅を利かせ、尊敬されてゐるところはない」。だから、(フィリピン人の意識を向上させるために)民族学にもう少し力をいれてはどうかと提言する。

また、頼貞の専門である音楽については、音楽は好きだが、「正統派のもの、古典的なものは駄目」

で、「『貴方と呼べば』〔歌謡曲〕といった音楽だと実に巧い」。これは、「比島人の生活が真面目ではないからだと思ふ」。「生活を真面目にしようと思ってもできないんです、哲学がない、文学がない、思想がない、なぜか？　暑いからです」と恐るべき結論に達する。

暴論で、首を傾げてしまうが、時勢に合わせて、世論に迎合したことをいっているのだろうか。

しかし、こと音楽に関しては「とんでもない誤解であった。四百年間のスペイン統治からアメリカの統治に移って半世紀、フィリピンはアジア諸国のなかでも、とりわけ深く長く西洋音楽とつきあってきた歴史をもつからである」。「日本占領以前のフィリピンには、すでにかなり高度な西洋音楽文化が作曲・演奏の両面で存在していた。フィリピン人による最初のオペラ」は一九〇二年に書かれているのだ（戸ノ下達也、長木誠司編『総力戦と音楽文化』）。

九月二十日には、軍報道部の宗教班が企画した日本とフィリピンのキリスト教徒の共同ミサに頼貞が出席した。徳川家康に追放され、マニラで客死したキリシタン大名の高山右近と内藤如安を記念したミサである。右近や如安はフィリピン人に歓迎され、この当時も記憶にとどめられていたので、軍が利用したのだった。マニラの聖マルセリーノ教会で行われ、マニラ大司教のマイケル・オドハティをはじめ数千人が参加。このとき、高山右近の銅像も建てられている。

頼貞、竹製パイプ・オルガンを修理

ところで、新聞だけでなく、頼貞自身も書き残している戦時中のフィリピン関連の仕事がある。そ

れは、竹のパイプ・オルガンの修理である。頼貞は一九二六年秋にフィリピンを訪れたことがある。その時、マニラ郊外ラス・ピニャスの聖ヨセフ・パリッシュ教会で竹のパイプ・オルガンの演奏を聴いたのだ。オルガンは、一八二四年にスペイン人のディエゴ・セラ神父によって作られたが、地震や台風によって教会の屋根が壊れ、かなり痛んでいた。その感想を

〈……オルガンは間違ひなく全部竹製であるが、想像したよりもずつとスケールが小さかつた。（中略）一八八八年から一九一七年迄全く使用されなかつたために、私が見た時弾いて貰つたが調子外れの処が多かつた。音域も相当あり、音色も丸味があつてゆかしく、笙を連想させる。〉

（『薈庭楽話』）

と記している。

それから、一六年経ってフィリピンを訪れた頼貞は、あのオルガンのことが気になっていた。行ってみると戦時中でもあり、オルガンはほとんど省みられず、朽ち果てんばかりになっている。そこで、マラカニヤン宮殿にヴァルガス民政長官を訪ね、

「このようなフィリピン唯一の文化財は、フィリピン人の手で修理すべきです。文化財は、その国の人が価値を理解し、修理することに意味があるのです」

と力説した。頼貞の意見に理解を示した長官は、

「わかりました。フィリピン政府が修理費の大部分を負担しましょう。だが、貴重な文化財であることを国民に理解してもらうため、民間からの協力を仰ぎたいと思います」

「それはいいアイディアですね。それでしたら私がマニラ大司教を訪ねて、竹のオルガンの価値を説明してみます。ぜひ、カトリック教会に協力をお願いしたいですから……」

頼貞の説明に大司教が理解を示し、信者の有志も賛同。寄付金が集まった。頼貞は、軍から貰っていた俸給をすべて寄付。こうして、修理が開始されたが、完成を見る前に頼貞は帰国したのである。

頼貞帰国直後の四二年十二月十八日の『朝日新聞』朝刊に「比島名物竹のオルガン」という記事が載った。そこでは、オルガンの由来を紹介し、

〈……最近音階に少し狂ひを生じたので比島軍政顧問徳川頼貞侯らが修理を提唱、ヴァルガス行政府長官はじめ各長官、教会関係者らが費用約三千円を醵出、近く根本的に修理しこの珍しいオルガンをフイリッピン名物の一つとして永久に保存することになつた。〉

と書かれている。

この話には後日談がある。頼貞は、五一（昭和二六）年六月に日本政府の代表の一人としてパリで開催されたユネスコ総会に出席した。フィリピン代表団のカクテル・パーティに招かれて出席すると、丁重に応対され、フィリピンの団長から

「あなたが両国親善のためになさった仕事は、フィリピンでは誰も知らない人はありませんよ」

といわれた。頼貞は、長年日本フィリピン協会の会長だが、心当たりがない。それで、

「これという仕事もせず、申し訳なく思っています」

と曖昧に応えた。すると

「とんでもない。あなたが竹製のパイプ・オルガンを修理してくださったことをフィリピン国民は、とても感謝しています。ですから、あの教会の入口に、『このオルガンは日本の徳川侯爵によって修理された』と記されていますよ」

というのだ。

この世界唯一の竹製パイプ・オルガンは、一九七三年に完全修復のためドイツに送られ、七五年二月にフィリピンに戻された。その完成を祝うコンサートが開かれたのを契機に、毎年二月に教会で「国際バンブーオルガン・フェスティバル」が開催されるようになった。現在、教会の入口に頼貞への謝辞はないようだが、教会で売られている冊子には、

〈第二次世界大戦中、バンブーオルガンはフィリピンを占領した日本軍から特別な扱いを受け、戦禍を免れた。学者、音楽家の徳川侯爵は、この楽器に強い関心を持っており、彼の働きかけによって一九四二年からバンブーオルガンの解体修理が行われることになった。費用は侯爵自身の寄付をはじめ、日本軍総督府とマニラ大司教と信徒によって賄われた。〉

（浜田龍哉「バンブーオルガンを知っていますか？」『芸術新潮』二〇〇〇年十二月号）

と書かれているという。

二〇〇三年十一月、フィリピン政府は、このオルガンを国宝に指定した。

本間雅晴中将弁護のためマニラへ

徳川頼貞は、一九四二（昭和十七）年十二月十日、福岡雁ノ巣飛行場に到着し、任務を離れる。『読売報知』（現・読売新聞）は、福岡で頼貞にフィリピンの状況をインタヴューして、十一日の朝刊に載せた。

内容は――フィリピンの文化工作は、困難を予想されたが順調である。文化問題については、二つの方向がある。一つは、フィリピン人の持っていた固有のものを復活してゆこうというもの。もう一つは、いま持っている文化を捨てて、フィリピンの文化だけを護っていこうというものだという（この二つの区別が分かりにくいが、日本軍としてはアメリカ及びヨーロッパの影響を排除したいのだろう）。フィリピン統治のポイントは、「比島人をして日本に憧れさせることに力をいたすべき」で、そのためには「日本人の偉大さ日本人の気持のおほらかなるところ」を積極的に示すべきだと。さらに、フィリピン人は語学の才能があるので、日本語教育は順調である。しかし、南方民族には読書より、直接見たり聞いたりすることのほうが効果的なので、共同で映画を作ることが重要とも。そして、フィリピンのインテリ層のなかには、いままで「日本を知らな過ぎた。日本人はどうして偉くなったのか、どうして日本は偉大なる力をもつてゐるかを探究する機運がうかゞはれる」と結んでいる。

一方、『朝日新聞』には十一日、十二日の両日「比島の文化工作について」を寄稿した。ここでは、もう少し具体的に述べられ、「目下の急務は治安の確立で」、「言語と民情が地域毎に非常に相違」しているので、それぞれ異なった文化工作をしなければならないとする。そして、個々の文化工作を列

挙しているが、紹介すべきほどの意見はない。フィリピンは暑いので、思考力を持たず、哲学がないから、深遠な小説やクラシック音楽は好まないという偏見は変わらない。結論は、「要するに文化工作は互いに知り合ふといふことが根柢であり、将来新比島建設の基礎は若人なのだから彼らを対象として日本の真の姿をしらしめる方法を講ずることが最も肝要であらう」としている。

「文化工作は相互理解が重要」というなら、頼貞本人は、フィリピンの《真の姿》を知ろうとしたのか、と突っ込みたくなるが、このあたりが《進歩的なお殿様》の下情調査の限界なのだろう。

フィリピンから帰国以降、頼貞はなにをしていたのか。私に分っているのは、四二年十二月二十日の日泰攻守同盟で副会長挨拶をしたことと、四三年一月三十日に日本ブルガリア協会が設立され顧問におさまったことである。

話は一挙に戦後の四六年一月六日にとぶ。この日、徳川頼貞をはじめ村田省蔵（比島派遣軍最高顧問）、和知鷹二（比島軍政監、中将）、今日出海ら一二人が、米軍機でマニラに飛び立った。フィリピンを統治したときの司令官、本間雅晴中将の弁護のためである。

本間中将がフィリピンを統括する第一四軍司令官だったのは、四一年十一月六日～四二年八月一日。次の田中静壱中将が、八月一日～四三年五月一九日だから、頼貞はこの二人の司令官のもとでの顧問であった。ちなみは、田中は、四五年八月二四日に自決している。

頼貞は、この裁判の様子を書き残していないので、今日出海の『悲劇の将軍』から、引用しよう。

今は、二度目のフィリピン行きで、敗戦に遭遇した。山岳地帯を逃げ回っているとき、台湾からの

偵察機が山中に不時着。この飛行機に乗って脱出をはたす。帰国すると家は焼失していた。将来の展望もなく終戦を迎えた。

〈……収入もなく茫然と暮していると、先輩にすすめられて文部省に勤める身になった。(中略)ようやく慣れぬ勤めを一月したかせぬかの時GHQに呼出され、本間裁判の証人としてマニラに行けと命じられた。

迂闊なことに本間将軍が戦犯に問われ、捕われの身になっていることも、そして身柄は東京拘置所からマニラへ渡されていたことも知らなかった。また「死の行進」の事実も知らず、裁判という形式で白黒を付け、大抵は極刑は免れるものと信じていた。

米国内の輿論などをどうして知ろう。私は比島派遣軍の旧参謀達と米軍の大型輸送機で厚木を飛び立った。(中略)

飛行場にむらがる比島人の群集は、日本人が到着したとなると、怒号悪罵が渦巻き、武装MPが一人に二、三人ずつ身体をかばうように護衛しなければ、自動車へ乗ることもできぬ有様だった。(中略)

町の中心を離れたパサイあたりに焼け残った民家があり、そこが日本人証人の宿舎だった。ここにわれわれが滞在していることが知れると、道行く人は老若男女を問わず「バカヤロー」と罵って通る。(中略)

法廷はかつての高等弁務官セイヤアの官邸で、後の日本軍軍司令官の官邸だった。あの宮殿風

の建物も砲弾や爆弾を浴びて、翼室は吹きとび、見る影もなく荒れ損じている。ここの大広間が厳めしい軍事法廷である。本間中将に対する起訴状は四十幾カ条もあり、その中で最も大きいものが前に述べた「死の行進」である。

弁護団側の一隅に白髪と化して本間将軍は私服姿で黙然と坐っている。彼は東京拘置所にいた頃、解体前の陸軍省が省内戦犯を調査して、処置せよと占領軍から命を受けた時、予備役の本間中将一人を槍玉にあげ、位階勲等を剥奪し、中将でもない単なる戦犯者として拘置所へ放り込んだのである。そのために法廷でも軍服を纏わず、白麻の背広を着ていなければならなかったのである。

もはや崩壊した筈の軍部の残党達がこのような陰謀を企て、本間一人を犠牲者に祭り上げた事実は世間の誰も知るものはあるまい。(中略)

法廷では弁護団側と検事側とはしのぎを削って論争五十日。遂に判決は下って銃殺となった。他のすべての司令官達は絞刑になった。絞刑とは米軍はその非人道的罪状により武人と認めぬものに死刑を科す時の刑で、本間雅晴は日本では武人と認められず牢獄の中で位階勲等を剥奪されたのに、皮肉にも彼だけはマッカーサー元帥の計らいで、罪一等を減じて、武人として認められ、銃殺されたのである。〉

フィリピンで本間中将の証人として軍事法廷に立っていた一九四六年一月十五日、徳川頼貞は、貴族院の追放指令該当者として名前を挙げられた。

十二　徳川頼貞最後の輝き

ユネスコ総会の日本代表

徳川頼貞の戦後は、フィリピンでの本間中将の証人と貴族院の追放指令該当者として始まった。追放指令の該当者になることは、頼貞にとって心外なことだったろう。戦時中に戦争参加への積極的な働きかけをなにもしていなかったのだから。というより、心中では常にヨーロッパの友人たちの安否を気にかけていたのだから。

当然、まもなくして追放解除となる。そして、翌一九四七年には、四月二十日に行われた第一回参議院議員選挙に和歌山地方区から無所属で立候補したのだ。選挙は、一二万票余を獲得して、トップ当選。地元の『紀州民報』は、「徳川候補は越野候補と二位を争うとの予想をみごとに裏切つて勝ちきつた。農村とインテリ階層に人気があつたゝめ」（四月二三日）と分析している。

四八年三月に吉田茂を総裁とする民主自由党が結成されると参加。相談役となる。次いで、十二月には参議院民自党の政調会長、翌年の二月には同党の文化局部長、十一月には日本のユネスコ参加のためにユネスコ議員連盟を組織し、会長（副会長は森戸辰男）におさまるなど、得意の文化方面の活動が活発になっていく。

こうした徳川頼貞の公私にわたる最後の輝きは、日本がユネスコの参加を認められ、パリでの第六回ユネスコ総会に日本代表の一員として参加したときであった。

戦争とそれに続く敗戦によって世界から切り離された日本は、平和条約もまだ締結されず、国際連合への参加もいつになるか分らないという状況に置かれていた。この孤立した状態から抜け出したい。国際連合の機関だが、政治問題を扱わないユネスコなら加盟できるのではないか。もし、参加できるならそこから世界への扉が開かれることになる、という願いから、頼貞はユネスコ議員連盟を組織したのである。そして、ユネスコ総会に日本代表として参加することは、日本が《世界への扉》を開ける鍵を持つのを許されたということであった。

ユネスコへの加盟申請は、五〇年に連合軍司令部から認められた。そこで夏にフィレンツェで開かれるユネスコ総会に日本はオブザーバーとして参加し、根回しを完了。翌五一年に六月十八日から七月十一日まで開催されるパリ総会に出向く。このときの出席者は、徳川頼貞、前田多門、藤山愛一郎、原田健（外務省）、萩原徹（外務省、パリ在）の五人だった。

頼貞一行は、六月九日、スイス航空機で羽田を出発。十一日チューリッヒに到着した。現在と違っ

てバンコク、カルカッタ、ローマなどを経由する二日間のフライトだ。頼貞にとって二一年ぶりのヨーロッパである。『音楽之友』(五一年十月号)に寄稿した「スヰスの夏の音楽祭」に、彼の興奮ぶりがうかがえる。頼貞は、旅行の行程を紹介した後、チューリッヒの六月のコンサートをひたすら列挙する。長い間、本場のクラシック音楽を、また聴きたいと願っていた気持がそうさせたのだろう。そのなかから著名な指揮者の演奏をいくつか挙げてみよう。

六月一日と三日は、フリッツ・ブッシュ指揮のヴェルディの「オテロ」。十二日にハンス・ロスバウトの指揮でシベリウスの「ヴァイオリン協奏曲ニ短調」をアイザック・スターンが。十九日にユージン・オーマンディ指揮で頼貞の友人ブライロフスキーが弾くショパンの「ピアノ協奏曲第一番ホ短調」にチャイコフスキーの「交響曲第四番」。二六日、二八日はフルトヴェングラーの指揮でワーグナーの「トリスタンとイゾルデ」。二七日はラファエル・クーベリック指揮でロベール・カサドゥシュがモーツアルトのピアノ協奏曲を、といったラインナップ。いまからみても、わずか一カ月の間にこれだけのコンサートが開かれているのは圧巻といえよう。

チューリッヒ滞在は、二日間だけ。コンサートの日に用事があるなど、ここでは聴きに行くことができなかった。六月十三日にパリ到着。元駐日大使ド・ビイの招きで一行と離れ、彼のパッシーの家に泊る。

ユネスコ総会の開催場所は、凱旋門近くのクレベール街にあるユネスコ・ハウス(昔のオテル・マジェスティック)。会期中は午前九時半から午後一時まで、そして休憩を挟んで午後三時半から午後七時ま

でぎっしりと会議が詰まっている。開催四日目の六月二一日に日本の加盟が承認された（反対はフィリピンだけ。頼貞には感謝するが、日本は赦さない、ということのようだ）。同時に加入を許されたのは、ラオス、カンボジア、ヴェトナム、西ドイツの四カ国であった。

ユネスコで頼貞の個性を発揮できたのは、音楽関係の仕事である。いままでユネスコに携わっていた日本人担当者が音楽に暗かったので、ほとんど接触がなかったのだ。ユネスコの音楽部長は、ブラジル人の音楽史家、アゼヴェド博士。頼貞がブラジル協会の会長であったことと、博士の夫人が頼貞の友人であるブラジル人外交官の従妹だったことで、すぐに親しくなる。彼の紹介でフランスやブラジルの一流の音楽家と知り合う。その一方で、頼貞は日本の作曲家の楽譜を渡し、曲をレコードに入れて各国に送ってもらうよう手配している。さらに、ユネスコ総会の後、七月十六日から二十日までユネスコ・ハウスで行なわれる国際音楽会議に乞われて出席したのだった。

アルフレッド・コルトーとの再会

また、アゼヴェド博士は、ちょうどパリに来ていたアルフレッド・コルトーにも連絡してくれた。コルトーは、戦時中ヴィシー政権に関わっていたので、戦後一年間活動を停止される。その後もパリのコンサートには妨害者が登場したから、この時期は、フランスでの演奏をひかえていた。生まれ故郷に近いスイスのローザンヌに住んでいたが、主宰するエコール・ノルマル・ド・ミュジックの試験のためにやってきたのである。コルトーからド・ビイの家に電話があり、数日後音楽院を訪ねること

になった。

久し振りに会うコルトーは、このとき七三歳。当時としてはかなりの高齢だが、「戦争での苦労が、彼を年より老けさせてしまったな」と頼貞は感じた。コルトーは、同校の役員の名前が記されている大理石の前に頼貞を連れて行き、

「ここにこの通り、あなたの名前が書かれています。これは、この学校のある限り保存されます」

といった。この前の豪遊の時、コルトーに乞われて、頼貞が、音楽院の名誉評議員になったのを思い出していただきたい。

「これが日本だったなら、私のような敵対国の人の名前は、消されていただろう」

と頼貞は、フランスの懐の深さに感じ入った。

コルトーは、

「この泥沼のようなヨーロッパを離れて、桜咲く日本に行ってみたい。この私の夢が近いうちに実現できそうです。それについてゆっくりお話したいので、よかったらローザンヌの私の家に来ませんか」

と誘ってくれた。

「実は、私のフランスの友人がサヴォアにお城を持っていて、そこに遊びに行く予定になっています。その帰りに伺うことができますが、それでよろしいでしょうか」

「それはいい。そこはジュネーヴから車で二時間ぐらいだから、私の車を迎えに行かそう。私の車

だと国境は検査なしに通れるから、ぜひ来てください」

訪問の約束をしたのだが、別の用事ができて、残念ながら訪ねることはできなかった。

コルトーは、翌五二年の九月から十一月まで、待望の来日を果たしている。

頼貞は、コルトーの音楽院と同じような体験を、八月末に訪ねたローマですることになる。サンタ・チェチーリア音楽院は、年長の友人サン・マルティーノ伯爵が院長を務めていたので、頼貞も顧問になっていた。だが、伯爵はすでに他界。関係がなくなったと思っていた。ところが、頼貞がローマに滞在していることが新聞に載ると、音楽院の主事からホテルに電話がかかってきたのだ。

「ようやくローマに戻ってこられたあなたに、現校長がぜひお目にかかりたいと申しています。近日中においでいただけないでしょうか」と。

数日後に訪ねると、校長以下、副校長、監事など多数が出迎えてくれた。そのとき、六年ごとに発行される学校の報告書を見せられた。その最初のページには、顧問として頼貞の名前が載っていたのである。そして、ローマ滞在中は、同校のすべての催しに最高幹部の資格で招待された。さらに、オペラやコンサートにも。

この二つの出来事の感想を頼貞は、こう記している。

〈……戦争中長い間御互に連絡もつかず其上に敵味方と云う立場に立ったのなら、之が日本であったら、とつくの昔に忘れられて居たことであろう。夫れが其長い間、ちあんと残してある処にさすがに立派なものだと頭が下る次第である。〉

（「最近の欧州楽壇を巡りて」『音楽芸術』一九五二年九月号）

ベートーヴェンづくしのパリ

ところで、徳川頼貞はパリでどんなコンサートを聴いたのだろうか。まず、パリに着いて数日後に、オペラ座にムソルグスキーの「ボリス・ゴドノフ」を観に行った。期待に胸を膨らませていたのだが、舞台装置は貧弱で、オーケストラの音も貧相であった。ユネスコの音楽関係者に事情を聞くと、戦争でフランスの経済が疲弊して、オペラに対する政府援助が大幅に減少。舞台背景もオーケストラの人員も最小限で行わざるを得ないのだという。

その一週間ほど後に、ナポリのサン・カルロ・オペラ座の公演があった。ヴェルディの「仮面舞踏会」と「ジョヴァンナ・ダルコ（ジャンヌ・ダルク）」を日替りで上演。頼貞は、ジャンヌ・ダルクの券を手に入れることができた。行ってみると、オーケストラは一八〇人ほどのフル・メンバーで歌手もバレーも素晴らしい。「戦勝国のフランスよりは戦敗国のイタリーの方がはるかにより良き芸術を保存されて居ることを深く感じた」（同前）と頼貞は書いているが、そんな単純なものなのだろうか。イタリアも戦争で疲弊したが、フランス公演にあたって、国の誇りであるオペラを自慢するために、無理をしてでも予算も人員もかき集めたと、私には思えるのだが……。

七月三日には、テアトル・シャンゼリゼでオットー・クレンペラー指揮のフランス国立ラジオ・オーケストラを聴いた。ベートーヴェンだけの演目で「エグモント序曲」「ピアノ協奏曲第四番」「交響曲

第三番英雄」。協奏曲は、はじめ新進のピアニスト、ニコール・アンリオが、五番の「皇帝」を弾く予定だったが、急病でモニク・アースに代わり四番となったという。アンリオは、このとき二六歳。一三歳でパリ音楽院を卒業し、四八年にシャルル・ミンシュ指揮のニューヨーク・フィルとの共演でソリストとして注目されたばかり。リストからプロコフィエフまで弾きこなすが、ドビュッシーやフォーレなどフランスの作曲家の曲を得意とした。一方のアースは、四一歳。パリ音楽院で教え、ドビュッシーやラヴェルの演奏に定評があった。頼貞は、パリ楽壇でモーツァルト弾きの第一人者と紹介している。

頼貞は、曲の解釈がみごとで、出だしのパッセージのフランスらしいニュアンスに酔わされ、フランスに来てよかったとつくづく感じた。そして「最後のトリルの所の美しいことは、十数年振りに私を夢の国にもつて行つてしまいました。その上にアス夫人が絶世の美人だけに一層トクシケートされる訳です」（「パリ－ロンドン音楽だより」『音楽之友』五一年十一月号）と述べている。

このときのパリはベートーヴェンづいていたようだ。

一週間後の十日にはシャイヨー宮でマルグリット・ロンが「ピアノ協奏曲第三番」を弾く。頼貞は、この感想を書き残していない。だが、当時ロンは、七七歳。フランス・ピアノ界の大御所で、若手音楽家の登龍門といわれるロン＝ティボー国際コンクールを四三年から始めていた。戦後は、二度とこのような戦争を起こしてはいけないと、ベルリンまで何度も出かけ、ベートーヴェンのピアノ協奏曲を全曲演奏した情熱家なので、迫力のある演奏だったのではなかろうか。

このほかに、オイゲン・ヨッフム指揮で「サムエル・フラシスと云う人の」ベートーヴェンの「ピアノ協奏曲第三番」や「ブーレー〔ブーレーズか?〕と云うフランスの指揮者」のベートーヴェンの「ヴァイオリン協奏曲」「レオノーレ序曲」「交響曲第五番」も聴いている（「ロンドンの静かな町で」『音楽之友』五一年十二月号）。

頼貞はパリの後、七月二十日から八月十一日までイギリスに渡った。そのうち一〇日は、学生時代からの友人アームストロング伯爵の居城に滞在。この城は、イングランドとスコットランドの境界近くにあるノーザンバーランド地方にあり、一九七一年にポランスキーの映画『マクベス』の舞台にもなっている。さらに十二日にベルギーのブリュッセルに飛び、元駐日大使のバッソンピエールの邸にやっかいになる。そして、八月下旬にはローマに着く。サンタ・チェチーリア音楽院の厚遇は前に触れたが、もう一つ貴重な体験をしている。それはローマ教皇への謁見と教皇しか入れないというヴァチカンの庭園に入ったことである。

教皇のプライヴェート・ガーデン

八月下旬のある日、ヴァチカンの代理公使金山政英の案内で、ローマ郊外のカステル・ガンドルフォで避暑をしている教皇ピウス一二世と会うことになった。カステル・ガンドルフォは、ローマから南へ二四キロ、カステリ・ロマーニ丘陵地帯の一角にある小さな町だ。海抜四〇〇メートルの小高い町の中心に一七世紀に建てられた教皇の離宮があり、夏の一定期間をここで過ごすのである。

頼貞は、金山の計らいで教皇と単独で会うことになっていた。定刻五分前に式部官がやってきて、

「教皇様は徳川さんと特別にゆっくりと話したいから、金山さんは室外でお待ちください」

と告げる。

「私は一〇年近くもローマにいますが、こんなことは初めてです」

と金山は、驚いた顔をした。

頼貞が、招かれた部屋には、緋のカーペットが敷かれ、中央に金色の教皇の椅子が置かれている。すぐに式部長の案内で教皇が入ってくる。

「あなたはフランス語とドイツ語と英語のどれが得意ですか」

と教皇が訊ねた。頼貞は笑いながら、

「私はそのいずれもよくできません。日本語なら自信を持ってお話できます」

と英語で答えると、教皇も笑って、

「私は二十数カ国の言葉を知っていますが、日本語だけはできませんから英語で話しましょう」

と話しはじめた。

頼貞が、第二次世界大戦中、フィリピンでカトリック教団と協力して文化活動をしたことを話すと、

「その報告を受けています。徳川さんのやられた仕事に深く敬意を表します」

と応じる。二人は、約三〇分、日本とフィリピンの問題、移民問題などを話し合った。最後に教皇が、

「徳川さん、ローマ滞在中なにか私に希望がありましたらどんなことでもいってください」

という。しばらく考えてこう申し出た。

「それでは、ヴァチカンのうしろにある教皇様しか歩けないというプライヴェート・ガーデンを一、二時間歩くことを許していただきたいのですが」

「そんなことは、わけはない」

「では、私がヨーロッパの地を去る最後のときにお伺いいたします」

頼貞の乗るスイス航空機は、八月三十日の午後九時にローマを出発予定。当日の午後四時ごろヴァチカンを訪れた。プライヴェート・ガーデンにたどり着くまでに何度も護衛兵に止められたが、教皇の許可証を見せて通過する。目当ての庭には頼貞以外誰もいない。その印象を頼貞はこう描いている。

〈苑にはミケランジェロの造ったといわれる大理石の噴水が右端と左端とにあって、その間はバラの花に蔽われていた。おりからのゼファ（南風）に乗ってバラの芳香がただよってくる。天地声なく、ただ大理石の噴水からしたたる、水滴の音がかすかに聞こえるだけ。そのバラの園を越えて彼方にはサン・ペートロの黄金の塔が夕陽に照り輝やく。夕を告げるアンジェラスの鐘の音は、四十数日の欧州をやがて去る私の心を強くうった。〉（『頼貞随想』）

庭を出て歩いていると、画家の長谷川路可と出会った。長谷川は、カトリック教徒で洗礼名をルカという。この年、教皇に拝謁して『切支丹絵巻』を献呈。ローマの外港チヴィタヴェッキアにある日本聖殉教者教会の改修に際して、金山からその内装を依頼され、八月にそこのフレスコ壁画の制作に着手したところであった。長谷川は、徳川義親邸のフレスコ画を制作するなど、義親と親しい。頼貞

とも顔見知りだ。

長谷川は、頼貞がここにいる理由を知ると、

「あなたは芸術家ですね。私は、ローマで数多くの日本人の送り迎えをしましたが、いざ出発というときは、みな最後までお土産を買い歩いています。あなたのような人に会ったことがありません。あなたは生まれつきの芸術家ですね」

「いや、私はお金がなくなってお土産を買うことができないまでですよ」

と頼貞は、応えた。

これが、彼の最後のヨーロッパとなった。

頼貞追悼のための参議院本会議

このあと徳川頼貞は、参議院議員の任期を満了し、一九五三年四月に再選を目指した。「殿様候補」といわれるのを嫌がり、オート三輪に乗ったり、雨の日は菅笠をかぶったりして演説に飛び回る。そして、一八万余を得て再度トップ当選を果たす。しかし、その一年後の五四年四月十七日に十二指腸潰瘍で死去するのである。享年六一であった。

四月二一日に四谷の聖イグナチオ教会で告別式が挙行されたが、同日の参議院本会議でも頼貞の追悼が行なわれた。まず、議長が頼貞の死に哀悼の意を表し、前参議院議長の佐藤尚武（ベルギー、フランス、ソ連大使、外務大臣を歴任）が哀悼の辞を捧げる。これだけで閉会したから、頼貞のための本会議

であった。

佐藤の悼辞は、頼貞の経歴を語った後、「その生涯をかけて、文化を通しての国際親善に尽力された功績」を述べる。「君は、幾度か外遊の機会を持たれ、欧米各国はもとより、広く世界に足跡あまねく、英国皇族、スエーデン王家とも親交があり、又、各国指導者や文化界の著名人士との交遊も誠に広く、且つ深く、彼我の文化、芸術の紹介と交流に尽されたことは、人のよく知るところであります」。その一方で、「数多くの国際的友好団体の会長」や「委員会等の主要役員として活躍」。「その洗練された人格と造詣とは、接する者を悉く魅了し去らずにはおかなかったのでありまして、かくして同君は、我が国の文化的地位向上に多大の貢献をされたのであります」といい、「同君の逝去を悼むと共に、冥福を祈り、謹んで哀悼の辞を捧げる次第であります」と結んだ。

＊　＊　＊

この物語の副主人公である山田耕筰と近衛秀麿は、頼貞より長く生きたが、戦後は、影が薄かった。山田耕筰は、オペラ「香妃」が完成した八日後の一九四七（昭和二二）年一月三一日、突如運動神経麻痺症の発作を起こし、左半身不随となった。その後、一八年間生き、六五（昭和四〇）年十二月二九日、八〇歳の生涯を閉じた。

近衛秀麿は、戦後、東宝交響楽団、近衛管弦楽団、ＡＢＣ交響楽団などを組織したが、どれも長続きせず、手形詐欺にも引っかかる。七三（昭和四八）年六月二日、失意のなかで死去。享年七五であっ

た。

＊　＊　＊

話を徳川頼貞に戻すと、彼が死去する少し前、『読売新聞』に記事が載った。「新人物風土記」と題する連載のなかである。

〈参議院に移るとまず第一に指を屈しなければならないのは旧藩主徳川頼貞である。（中略）彼の戦前のパリの音楽社交界における人気は相当なものであった。気前よく金を寄付したからである。殿様らしくおうようで、派手な事が好きなために、取り巻きにたかられて、昭和十二年には事業上の失敗から財産の整理をし、また戦後は斜陽族となって、南葵文庫も売払われてしまったが、御当人はゆうゆうとしてユネスコ国内委員会委員、フィリピン協会長、ベルギー協会長、日本・タイ協会長など、主として対外的な公職につき、私設大使として大いに活躍している。〉

（四月九日夕刊）

現在の金額にして一五〇〇億円ともいわれる膨大な遺産がなくなっても「御当人はゆうゆうとして」国際交流に活躍していたのだ。

教育係の上田貞次郎が、浪費ばかりして上田の進言を聞かない頼貞に匙を投げ、徳川家の顧問を辞したことは、前に述べた。上田の曾孫・上村泰裕によると「祖父などは、この人〔頼貞〕は「ばか殿」だと聞かされていた」（「上田貞次郎と保守主義・自由主義・社会主義」）という。

確かに、上田など常識人の基準に照らせば「ばか殿」といえるだろう。だが、私は、これまで徳川頼貞の足跡を追ってきて、彼は彼なりの《ノーブレス・オブリージュ》をまっとうしようとしたのだろうと推測している。

紀州徳川家は、御三家の一つ。徳川封建体制のなかで中枢を占め、将軍に次ぐような権力を持ち、木材などの利益で金力を蓄えてきた。明治と時代が変わっても、紀州徳川家の莫大な資産は残された。しかし、時代は新しくなり、ヨーロッパの近代的な思想が入り、頼貞もその風潮のなかで育つ。大学もケンブリッジに学んだ。ここは、イギリスのエスタブリッシュメントの養成機関でもある。頼貞は、イギリスの《ノーブレス・オブリージュ》の実態について、知識だけでなく、友人知人を通して身近に感じたことだろう。

一方、紀州徳川家のことを考えると、その資産は封建制の《搾取》のなかから生み出されたものである。頼貞は、この《搾取の産物》を、自分の愛する西洋音楽を通じて社会に還元しようと決意したのだろうと、私には思えてならないのである。

彼は経済観念があまりなかったといわれている。これは確かなのだろう。だが、頼貞は、紀州徳川家が破産状態になっても恬淡としていたのだ。これを《世間知らずのばか殿の行状》と短絡的に考えていいのだろうか。私財をなげうってでも日本への西洋音楽の普及と国際交流に努力することが、自分の使命あるいは《ノーブレス・オブリージュ》だと思い定めていたからこそ、「ゆうゆうとして」いたのであろう。私は、徳川頼貞を調べていて、そう強く思ったのである。

徳川頼貞の名は、現在ほとんど知られていない。それは、彼の業績を《殿様のお遊び》とみなし、無視しようとした音楽界の人たちによって、忘却の彼方に追いやられてしまったからである。

だが、いま、私は、忘れられた頼貞を歴史の一ページに再登場させたい。佐藤尚武が参議院の悼辞で述べたように「各国指導者や文化界の著名人士との交遊も誠に広く、且つ深く、彼我の文化、芸術の紹介と交流」に尽したことを虚心に眺める必要がある。こと音楽に限っても、彼の交友範囲は、驚くべきひろがりを持っているのだから。

頼貞の死から三五年後の一九八九年五月三日、妻為子がひっそりと世を去った。享年九一。『朝日新聞』は「皇太后さまの叔母、故徳川頼貞参議院議員の妻」と紹介。葬儀は上野寛永寺でとり行なわれた。

あとがき

私が徳川頼貞の生涯を書こうと思い立ったのは、前著『「バロン・サツマ」と呼ばれた男　薩摩治郎八とその時代』（藤原書店、二〇〇九年）を同人誌に連載していたときだった。日仏の文化交流のために資産を注ぎ込んだ薩摩治郎八が、彼のことを「浪費の雄」と呼んでいるのに興味を惹かれたからだ。同著の「パリで話題の日本貴族」の章で頼貞を採り上げるため、〃浪費〃の実態を調べると、彼が音楽に深い情熱を持ち、当時の日本で愛好者が数千人程度だった西洋音楽を広く紹介し、普及させるために惜しみなく資金を使っていることが判った。徳川頼貞もまた薩摩治郎八と同じく、身分の高い者や資産家は、それに応じて果たさねばならぬ社会的責任と義務があるとする西欧の考え方《ノーブレス・オブリージュ》のために生きた人だったのだ。このような人物が、現在ほとんど知る人もなく、埋もれてしまっている。残念なことだ。彼の存在と仕事を少しでも掘り起こしたいと、半自伝『薈庭楽話』を基礎資料とし、彼の教育係を務めた上田貞次郎と小泉信三の日記・手紙など、関係した人たちの文章等で事実を確認しながら、頼貞の生涯をたどってみた。ラフ・スケッチにしかならなかったかもしれないが、頼貞への《偏見》は、改めることができたのではないかと思っている。

いま考えると、私が頼貞のことを「書く」一歩を踏み出すのに、二つの《偶然》が影響していたようだ。一つは、頼貞の生まれ育った飯倉が、私の子供の頃からの行動範囲であったことだ。旧徳

川邸跡の麻布郵便局もよく利用していたので、あの周りの風景は細かい路地まで想い出せる。もう一つは、頼貞の孫である、建築家の徳川宜子《ことこ》さん設計の建物を雑誌で紹介したことがあり、彼女を知っていたこと。これらによって徳川頼貞に、「昔、近所に住んでいた、知人のお祖父《じい》さん」とでもいうべき親しみをおぼえたのだ。

実際に書き始めてみると、資料が少ないので難渋した。そんなとき同人で伊豆高原に住む中堂高志さんが、飯倉の徳川家敷地内にあった私設図書館「南葵文庫」の建物を移築した熱海のレストラン「ヴィラ・デル・ソル」に招いてくださった。ここを訪ねれば、当時の雰囲気が少しは判り、参考になるだろうと。ウエイティング・ルームに通され、往時の面影を探していたとき、アペリティフのメニューを持ってきたのが、旧知のソムリエHさんだった。彼は麻布のレストランから、こちらに移ってきていたのだ。この《偶然》の再会にも《縁》を感じ、執筆の励みとなった。

ところで、頼貞の著書をすでにお読みの方は、本書中の年月日の記述、たとえば海外旅行の出発日などが違っていると思われたかもしれない。頼貞の『薈庭楽話』や『頼貞随想』の文章は、その出来事よりはるか後に回想して書かれているので、当時の新聞や上田貞次郎の日記と比べてみると、記憶が変形しているのでは、と感じる部分が少なくなかった。そこで、本書ではできるかぎり客観的資料とのつきあわせを行った。頼貞の文章と新聞記事などとの日付が異なるときは、後者を優先していることをお断りしておく。同様に曲名も、前後の脈絡から考えて間違いとみなされた場合などには、訂正したものがある。

本書での引用は、旧漢字は新漢字にし、旧仮名遣いはそのままとした。ルビを補った箇所もある。

この本のもとになったのは、年三回発行の同人誌『十三日会』にあしかけ三年七回にわたって「音楽の殿様」と題して連載したものだ。それを大幅に加筆して、頼貞とは前後に六歳ずつ違う作曲家山田耕筰と指揮者近衛秀麿の活動を交え、頼貞の行動の背景として日本の西洋音楽黎明期の様子も描き込んだ。

なお、加筆中には、私が重要な事実を見逃していたことも判った。それは、『薈庭楽話』に、私家版と市販本があったことだ。インターネットで徳川頼貞の本を検索していたときに、気づいた。東京文化会館音楽資料室所蔵の同書の出版年月日が、一九四一年十一月となっていたのだが、私の手元にある春陽堂書店発売の一冊は、四三年三月発行である。不審に思って東京文化会館に行き、借り出してみると、五〇部限定の私家版であった（五〇部中第一二番。小松耕輔への献呈本）。しかも、春陽堂版には載っていない記述がある。私が調べた限りでは、この本を所有している図書館は、ここだけのようだ。

そもそも徳川頼貞の『薈庭楽話』の初版は、私家版として四一年に作られた。それが好評で市販されることになり、四三年に春陽堂書店から出版される。ところが当時の日本は第二次世界大戦に突入していたので、贅沢な話や軍隊・皇室関連のエピソードなど約四〇ページ分が削除されてしまったのだ。

この貴重な初版本から、市販本で抜け落ちている重要な部分を付け加えることができた。これに

より、徳川頼貞の人となりと活動のスケールの大きさが、より鮮明になったのではないかと思っている。

こうして一冊の本をまとめあげるにあたって、数多くの方々の協力・援助をいただいた。お名前を記して、心からの感謝の気持を捧げたい。まずは、この加筆構想の段階で、出版を快諾してくださった藤原書店の藤原良雄社長。上田貞次郎の長男、上田正一氏（一〇二歳）――上田貞次郎の曾孫・上村泰裕名古屋大学大学院准教授のご紹介で貴重な写真をお借りできた。南葵音楽文庫の資料を提供していただいた美山良夫慶應義塾大学教授。取材の相談をしてアドヴァイスをいただいた岩崎浩、岡眞理子の各氏。執筆中に助言や激励をいただいた鶴見俊輔氏、『十三日会』の同人と読者の皆さん。前著と同様細かいところまで目を配ってくださった藤原書店編集部の刈屋琢さん。そして、校正刷に目を通し読者としての意見をいってくれた妻和子にも。

また、次の機関には資料の調査でお世話になった。外務省外交史料館、国立国会図書館、千代田図書館、日本近代文学館、東京藝術大学附属図書館、東京大学駒場図書館、東京文化会館音楽資料室、東京国立博物館資料館、神奈川近代文学館、神奈川県立図書館、横浜市立中央図書館、同磯子図書館、新聞ライブラリー。

この本が、徳川頼貞再評価のきっかけとなることを願っている。

二〇一二年六月

村上紀史郎

参考文献一覧

・徳川頼貞の著作（単行本）

徳川頼貞『薈庭楽話』私家版（限定五〇部）、一九四一年

——『薈庭楽話』春陽堂書店、一九四三年

——『頼貞随想』河出書房、一九五六年

・徳川頼貞の著作（雑誌、新聞など）

「世界一の音楽指揮者ニキッシュ氏の訃を悼む」『読売新聞』一九二二年一月二七日朝刊

「シャリアピンを語る（上）（下）」『東京朝日新聞』一九三六年一月八・九日朝刊

「比島の文化工作について（一）（二）」『朝日新聞』一九四二年十二月十一・十二日朝刊

「比島人の東洋的性格の一面」『週刊毎日』一九四三年十月十七日号

「朝鮮動乱の教訓」『再建』一九五〇年十月号

「欧羅巴の印象——ユネスコ総会に出席して」『再建』一九五一年十月号

「スヰスの夏の音楽祭」『音楽之友』一九五一年十月号

「パリ‐ロンドン音楽だより」『音楽之友』五一年十一月号

「ロンドンの静かな町で」『音楽之友』五一年十二月号

「マルキ・トクガワ全盛期」『文藝春秋』一九五二年八月号

「最近の欧州楽壇を巡りて」『音楽芸術』一九五二年九月号

・徳川頼貞の対談、座談会

「政治・平和・演劇」徳川頼貞、森戸辰男、金子洋文、岩間正男、遠藤慎吾『悲劇喜劇』一九五〇年二月号

「ユネスコ代表・ペンクラブ代表座談会」徳川頼貞、前田多門、前田健、石川達三、芹澤光治良、萩原徹、藤山愛一郎、池島信平『文藝春秋』一九五一年九月号

「問答有用」徳川頼貞、徳川夢声『週刊朝日』一九五

三年三月十五日号

・参照した主な文献

『新聞集成明治編年史』財政経済学会、一九三六年
『新聞集録大正史』大正出版、一九七八年
『朝日新聞』縮刷版、マイクロフィルム、CD-ROM
『東京日日新聞』マイクロフィルム
『読売新聞』縮刷版、マイクロフィルム、CD-ROM
『紀州民報』CD-ROM
『紀伊民報』CD-ROM
『ニューグローヴ世界音楽大事典』講談社、一九九六年
『ディ・バラッケ　第2巻』鳴門市ドイツ館史料研究会訳、鳴門市、二〇〇一年
『東京市及接続郡部　地籍台帳』東京市区調査会、一九一二年
青柳いづみこ『ピアニストは指先で考える』中央公論新社（文庫）、二〇一〇年
秋山龍英編著『日本の洋楽百年史』第一法規出版、一九六六年
あらえびす『名曲決定盤』中央公論社、一九四九（一九四二）年
有馬頼寧『有馬頼寧日記　3』南友倶楽部・伊藤隆編、山川出版社、二〇〇〇年
石川康子『原智恵子　伝説のピアニスト』ベストセラーズ、二〇〇一年
岩野裕一『王道楽土の交響楽』音楽之友社、一九九九年
上田正一『上田貞次郎伝』泰文社、一九八〇年
上田貞次郎『白雲去来』中央公論社、一九四〇年
――『上田貞次郎日記　明治38―大正7年』上田貞次郎日記刊行会、一九六四年
――『上田貞次郎日記　大正8年―昭和15年』上田貞次郎日記刊行会、一九六三年
宇野功芳『協奏曲の名曲・名盤』講談社（新書）、一九九四年
NHK交響楽団編『NHK交響楽団40年史』日本放送出版協会、一九六七年
NHK交響楽団編『NHK交響楽団50年史』日本放送出版協会、一九七七年
大久保利謙監修『日本の肖像　第3巻　徳川将軍家・徳川慶喜家・一橋徳川家』毎日新聞社、一九八九年
大野芳『近衛秀麿』講談社、二〇〇六年
丘山万里子『からたちの道　山田耕筰』深夜叢書社、二〇〇二年
小田部雄次『徳川義親の十五年戦争』青木書店、一九

八八年
——『家宝の行方』小学館、二〇〇四年
——『華族家の女性たち』小学館、二〇〇七年
カーナ、モスコ　加納泰訳『プッチーニ　生涯・芸術』、音楽之友社、一九六七年
ガヴォティ、ベルナール　遠山一行・徳田陽彦訳『アルフレッド・コルトー』白水社、一九八二年
梶井基次郎「器楽的幻覚」『梶井基次郎全集 第1巻』筑摩書房、一九九九年
霞会館華族家系大成編輯委員会編『平成新修旧華族家系大成 上下巻』霞会館、一九九六年
河上徹太郎『河上徹太郎全集　第四巻』勁草書房、一九六九年
ケーベル　深田康算・久保勉訳『ケーベル博士小品集』岩波書店、一九一九年
小泉信三『小泉信三全集　11』文藝春秋、一九六七年
——『小泉信三全集　12』文藝春秋、一九六七年
——『小泉信三全集　14』文藝春秋、一九六七年
——『小泉信三全集　19』文藝春秋、一九六七年
——『小泉信三全集　20』文藝春秋、一九六七年
——『小泉信三全集　25上』文藝春秋、一九七二年
——『小泉信三全集　26』文藝春秋、一九六九年
——『留学生小泉信三の手紙』小泉タエ編、文藝春秋、一九九四年
——『青年小泉信三の日記』慶應義塾大学出版会、二〇〇一年
小松耕輔『音楽の花ひらく頃』音楽之友社、一九五二年
近衛秀麿『シェーネベルグ日記』家庭科学体系刊行会、一九三〇年
——『わが音楽三十年』改造社、一九五〇年
——『風雪夜話』講談社、一九六七年
今日出海『悲劇の将軍』文藝春秋新社、一九五二年
薩摩治郎八『ぶどう酒物語』村山書店、一九五八年
佐野之彦『N響80年全記録』文藝春秋、二〇〇七年
澤田節蔵『澤田節蔵回想録』澤田壽夫編、有斐閣、一九八五年
芝崎厚士『近代日本と国際文化交流』有信堂、一九九九年
園部三郎『音楽五十年』時事通信社、一九五〇年
高橋英夫『濃密な夜』小澤書店、一九九一年
田辺尚雄、金田一春彦編『田辺尚雄自叙伝』邦楽社、一九八一年
田辺尚雄、吉川英史編『続田辺尚雄自叙伝』邦楽社、一九八二年

田村一郎『板東俘虜収容所の全貌』朔北社、二〇一〇年
田村寛貞訳著『ベートーヴェンの「第九ジュムフォニー」』岩波書店、一九二四年
辻邦生『樹の声　海の声　上』朝日新聞社、一九八二年
――『樹の声　海の声　中』朝日新聞社、一九八二年
角田房子『いっさい夢にござ候』中央公論社、一九七二年
坪田茉莉子『南葵文庫　目学問・耳学問』（社）東京都教員互助会、二〇〇一年
東美研究所編『東京美術市場史』東京美術倶楽部、一九七九年
遠山一行ほか『百年の日本人　その三』読売新聞社、一九八六年
徳川元子『遠いうた』文藝春秋（文庫）、二〇〇五年
徳川義親『最後の殿様』講談社、一九七三年
戸ノ下達也『音楽を動員せよ』青弓社、二〇〇八年
戸ノ下達也・長木誠司編著『総力戦と音楽文化』青弓社、二〇〇八年
冨田弘『板東俘虜収容所』法政大学出版局、一九九一年
中河原理ほか『素顔の巨匠たち』音楽之友社、一九七五年
中川牧三、河合隼雄『101歳の人生をきく』講談社、二〇〇四年
中島健蔵『証言・現代音楽の歩み』講談社（文庫）、一九七八年
中嶋繁雄『日本の名門200』立風書房、一九九四年
――『日本の名門・名家100』幻冬舎、二〇〇四年
中野好夫『主人公のいない自伝』筑摩書房、一九八五年
中丸美繪『嬉遊曲、鳴りやまず』新潮社（文庫）、一九九六年
中村洪介『近代日本洋楽史序説』東京書籍、二〇〇三年
中村稔『ヴァイオリニストの系譜』音楽之友社、一九八八年
夏目漱石『漱石全集第11巻』岩波書店、一九六六年
西田幾多郎『西田幾多郎全集第一巻』岩波書店、一九六五年
日本楽劇協会編『この道　山田耕筰伝記』恵雅堂出版、一九八二年
日本史籍協会編『現代華族譜要』東京大学出版会、一九七六年
野村光一『お雇い外国人　10　音楽』鹿島研究所出版会、一九七一年
――『ピアノ回想記』音楽出版社、一九七五年
野村光一、山根銀二『批評から見た音楽二十年』音楽

評論社、一九四八年
野村光一、中島健蔵、三好清達『日本洋楽外史』ラジオ技術社、一九七八年
バッテン、ジュリアン　大平光雄訳『ジャコモ・プッチーニ　生涯と作品』春秋社、二〇〇七年
服部良一『ぼくの音楽人生』中央文芸社、一九八二年
ハフナー、ヘルベルト　最上英明訳『巨匠フルトヴェングラーの生涯』アルファベータ、二〇一〇年
林啓介『「第九」の里　ドイツ村』井上書店、一九九三年
原田三夫『思い出の七十年』誠文堂新光社、一九六六年
深田祐介『美貌なれ昭和』文藝春秋、一九八三年
藤原義江『歌に生き恋に生き』文藝春秋、一九六七年
二荒芳徳・澤田節蔵『皇太子殿下御外遊記』大阪毎日新聞社、一九二四年
プロコフィエフ、セルゲイ　サブリナ・エレオノーラ、豊田菜穂子訳『プロコフィエフ短編集』群像社、二〇〇九年
平凡社編『世界大百科事典』平凡社、二〇〇七年
堀内敬三『音楽五十年史』鱒書房、一九四二年
——『音楽明治百年史』音楽之友社、一九六八年
堀口大學『堀口大學全集　6』小澤書店、一九八二年
本田靖春『現代家系論』文藝春秋、一九七三年
松本善三『提琴有情　日本のヴァイオリン音楽史』レッスンの友、一九九五年
三木清『三木清全集第十五巻』岩波書店、一九六七年
水上瀧太郎『水上瀧太郎全集　6巻』岩波書店、一九四一年
嶺　隆『帝国劇場開幕』中央公論社（新書）、一九九六年
宮澤縦一『プッチーニのすべて』現代芸術社、一九九〇年
毛利眞人『貴志康一　永遠の青年音楽家』国書刊行会、二〇〇六年
柳宗悦『柳宗悦全集　1』筑摩書房、一九七一年
山口愛川『横から見た華族物語』一心社出版部、一九三二年
山田耕筰ほか『私の履歴書』日本経済新聞社、一九八四年
——『はるかなり青春のしらべ』かのう書房、一九八五年
——『山田耕筰著作全集　1〜3』後藤暢子、團伊玖磨、遠山一行編、岩波書店、二〇〇一年
横田庄一郎『第九「初めて」物語』朔北社、二〇〇二年

歴史学研究会編『日本史年表』岩波書店、一九六六年
レブレヒト、ノーマ　河津一哉、横佩道彦訳『巨匠（マエストロ）神話』文藝春秋、一九九六年
渡辺紳一郎「シャリアピンのアパート」『世界の人間像　2』の折り込み、角川書店、一九六一年

・雑誌

属啓成「南葵文庫その後」『音楽の友』一九五八年五月号
巽孝之「シャーロック・ホームズの街で」『三田文學』慶應義塾大学出版会、二〇〇八年夏季号
浜田龍哉「バンブーオルガンを知っていますか?」『芸術新潮』二〇〇〇年十二月号
慶應義塾大学デジタルメディア・コンテンツ統合研究機構編『Oxalis 音楽資料デジタル・アーカイヴィング研究　1号〜3号』慶應義塾大学デジタルメディア・コンテンツ統合研究機構、二〇〇七年〜二〇一〇年
「徳川頼貞」『週刊読売』読売新聞社、一九七五年八月五日号
『音楽界』東京音楽社、一九一六年三月号、一九二〇年二月号、十二月号

・インターネット

一粒社ヴォーリズ建築事務所 http://www.vories.co.jp/vories/
上村泰裕「上田貞次郎と保守主義•自由主義•社会主義」http://jfn.josuikai.net/josuikai/21f/59/uem/main.html
蔵書目録 http://blog.goo.ne.jp/1971913
Giacomo Lauri Volpi http://www.giuseppedeluca.it/index3.html
The Virtual Gramophone-Kathleen Parlow http://www.collectionscanada.gc.ca/gramophone/028011-1022-e.html

徳川頼貞関連年譜（1886-1989）

＊主語を欠いている事項は徳川頼貞のこと。

年号	歳	徳川頼貞関連	一般歴史事項
一八八六（明治19）		6・9 山田耕筰、東京市本郷に父謙造（医師、キリスト教伝道者）とひさの次男に生れる。	5・1 日本が各国公使と第一回条約改正会議を開く。
一八九〇（明治23）		この年 上野の東京音楽学校に奏楽堂完成。	11・25 第一回帝国議会召集。
一八九二（明治25）	0	**8・16 徳川頼貞、旧和歌山藩主・侯爵徳川頼倫と久の長男として麻布飯倉6丁目14番地に生れる。**	2・15 第二回総選挙。選挙干渉が問題に。
一八九六（明治29）	4	3・7 父頼倫（26）新橋駅から横浜を経て自費でヨーロッパに。	2・11 韓国でクーデタ。親日派政権打倒さる。
一八九八（明治31）	6	11・18 近衛秀麿誕生。	4・24 米西戦争始まる。
一九〇四（明治37）	12	9月 山田耕筰、東京音楽学校予科に入学。翌年、本科声楽部に進級。ユンケルにチェロを学ぶ。	2・10 日本ロシアに宣戦布告（〜05年8・10日露戦争）
一九〇八（明治41）	16	3月 山田耕筰、東京音楽学校本科卒業。4月研究科に進学。	4・28 第一回ブラジル移民出発。
一九一〇（明治43）	18	2・24 山田耕筰、岩崎小弥太の後援でドイツ留学。東京出発。 3・21 耕筰、ベルリン高等音楽院合格。作曲を学ぶ。	4月『白樺』創刊。 8・22 日韓併合。

一九一一（明治44）	19	3・1　帝国劇場開場。 7、8月　上田貞次郎と浅間へ登り、軽井沢でホテル生活。	1・18　大審院、大逆事件に判決。24名に死刑。
一九一二（明治45、大正元）	20	5・24　鎌田栄吉、小泉信三に頼貞の教師を依頼。5月　学習院中等科を卒業。 9・11　小泉信三、ヨーロッパ留学に出発。	7・30　明治天皇歿。 9・13　明治天皇大葬。乃木希典夫妻殉死。
一九一三（大正2）	21	2・27　弟治、落馬し重態（3・1死去）。 **9・3　イギリス留学に出発。**24　ロンドン、チャリング・クロス駅に到着。駅頭に鎌田栄吉、小泉信三らが出迎え。 **10・31　上田とケンブリッジのマレー博士を訪ねる。**	10・6　日英露など13カ国が中華民国を承認。
一九一四（大正3）	22	1・2〜11　スイス、ローザンヌに滞在。1月　山田耕筰帰国。 6・20　上田とロシアオペラ「ボリス・ゴドノフ」を見る。21〜 7・5　上田とパリ旅行。 8・15　小泉、澤木、三邊らオランダ経由でロンドンに。 10・5　アルバート・ホールで英赤十字社主催の慈善音楽会。 11・14　上田貞次郎、ロンドンからシベリアルートで帰国。 **12・18　小泉、山東とスペイン、ポルトガル旅行(15年1・16まで)。**	6・28　サラエヴォでセルビアの青年がオーストリア皇太子夫妻を暗殺。 7・28　第一次大戦はじまる。 8・15　パナマ運河開通。 23　日本ドイツに宣戦。
一九一五（大正4）	23	**10月　アメリカ経由で帰国の途に。船上でパブロ・カザルスを知る。** 12・7　東洋汽船の春洋丸で横浜に到着。	5・7　ドイツ潜水艦が英船ルシタニア号を撃沈。
一九一六（大正5）	24	6月　近衛秀麿、山田耕筰に入門。作曲法を学ぶ。 **7・25　飯倉徳川侯爵邸で島津為子と結婚。** 秋　ブルメル・トーマスから南葵楽堂の設計図が届く。	2月〜9月　ヴェルダン攻防戦。
一九一七（大正6）	25	春　トーマスの設計図をもとにしたヴォーリズの設計図が完成。 12・17　山田耕筰、アメリカに向けて出発。	3・15　ロシアのロマノフ王朝が倒れる（二月革命）。

一九一八（大正7）	26	6・1 徳島の板東収容所でドイツ軍の捕虜たちが第九を演奏。 8・13 **「第九」を聴くために徳島の板東収容所に。** 10・27、28 **南葵楽堂の開堂式とコンサート。**	8・3 富山県に米騒動。 11・11 第一次大戦終結。
一九一九（大正8）	27	1月 近衛秀麿、子爵となり独立。 2・16 南葵楽堂で第二回管弦楽音楽会。 5・24 山田耕筰、一年半の外遊から横浜に帰港。	1・18 パリ講和会議開催。 6・28 ヴェルサイユ条約調印。
一九二〇（大正9）	28	**1月中旬 カミングス・コレクション到着。** 春 パイプ・オルガン到着。 **11・22、23、24 南葵楽堂でパイプ・オルガンの披露演奏会。** 12・11 南葵楽堂「ベートーヴェン生誕百五十年紀念音楽会」。 28〜30 日本楽劇協会公演。指揮山田耕筰、合唱指揮近衛秀麿。	11・15 国際連盟第一回総会。
一九二一（大正10）	29	**1・27 頼貞夫妻洋行のため東京駅発。** 3月中旬 マルセーユ上陸後ただちにニースへ。 **4・4 ローマへ。サン・マルティーノ伯爵から「マノン・レスコー」に誘われる。数日後伯爵の紹介で、プッチーニを訪ねる。** 5・1 パリ到着。 **春 パリのロシアン・バレーでプロコフィエフと再会。ストラヴィンスキーを紹介される。** 6・2 フォッシュ元帥主催の慈善音楽会。頼貞も出席。 11・3 頼貞夫妻帰朝。上大崎の森ヶ崎別邸に入る。	3・3 皇太子裕仁ヨーロッパ旅行（9・3帰国）。 5・30 皇太子裕仁（昭和天皇）イギリスからル・アーヴル着。 11・4 原敬首相暗殺。 12 ワシントン会議開催。
一九二二（大正11）	30	1・9 上田貞次郎、頼貞が生活を改善しないので、徳川家の常務に関することを断る 5・21 三浦環、南葵楽堂で演奏会。22、23 南葵楽堂オーケストラ演奏会。	4・12 英皇太子（エドワード）来日。約一カ月滞在。 12・30 ソヴィエト社会主義共和国連邦設立宣言。

		6・3 徳川頼倫、宗秩寮総裁となる。 10・14～17 キャスリン・パーローのヴァイオリン演奏会。帝劇。 11・1～5 レオポルド・ゴドフスキーのピアノ演奏会。帝劇。 **6 ゴドフスキー、音楽学校訪問のあと、夜8時から南葵楽堂で良子皇太子妃ら皇族の姫宮の前で演奏。** 11月か 頼貞は、ゴドフスキーとパーローを晩餐に招く。	
一九二三（大正12）	31	2・20 近衛秀麿と斎藤秀雄、渡欧。 3・20 チェロのヨーゼフ・ホルマン、横浜到着。 4・12 東京シンフォニー管弦楽団第一回演奏会。指揮ゲルスコウイッツ。震災でこのオーケストラは解散。 5・1～5 クライスラーのヴァイオリン演奏会。**6か 頼貞邸でクライスラー歓迎晩餐会。** 26 ホルマン告別演奏会。 **9・1 関東大震災で南葵楽堂が壊れる。** 11・9～11 ハイフェッツ、ヴァイオリン演奏会。 12・13 日本交響管弦楽団大演奏会。指揮山田。	9・1 関東大震災。
一九二四（大正13）	32	1・18 近衛秀麿、ベルリン・フィルで指揮者デビュー。 9月 近衛、帰朝記念音楽会でマーラーを演奏。 **12・1～5 ジンバリストのヴァイオリン演奏会。頼貞の家に宿泊。**	1・26 皇太子裕仁、久邇宮良子と成婚。 5・26 米、排日移民法成立。
一九二五（大正14）	33	3月 山田、近衛により日本交響楽協会（日響）結成。 4・26～29 日露交驩管弦楽演奏会。歌舞伎座。 **5・19 徳川頼倫死去。頼貞は一年喪に服す。** 7・1 頼貞、襲爵。12 東京放送（JOAK）が本放送。日響と年額三〇〇〇〇円で契約。日本初のプロ・オーケストラ。	5・5 普通選挙法公布。 30 上海で五・三〇事件。

一九二六（大正15、昭和元）	34	9月　日響分裂。楽員のほとんどが近衛を立てて新交響楽団（現NHK交響楽団）結成。9月末　頼貞、東南アジア旅行。鎌田、島薗順次郎など総勢六人（27年1・15まで）。 この年　徳川家財政整理案概要決定。	7・27　蒋介石が北伐を開始。 12・25　大正天皇歿。
一九二七（昭和2）	35	2・20　新交響楽団、第一回演奏会。近衛指揮。 4・4　**静和園（紀州徳川家別邸）の売立て。総額一六二万円の売上げ。** 8月　斎藤秀雄帰国。	2・7、8　大正天皇の大葬。 4・21　十五銀行休業。 5・21　リンドバーグ、大西洋無着陸横断飛行に成功。
一九二八（昭和3）	36	10・9　11・10に行われる大礼に出席のためイタリア特使としてサン・マルティーノ伯爵夫妻来日。頼貞の家に滞在。	6・4　張作霖爆殺。
一九二九（昭和4）	37	5・14　**頼貞夫妻、世界旅行へ出発。** **6月中旬　パリでピアニストのコルトーから音楽会に招待される。別の日にはコルトー家での晩餐会。** 6月〜7月　前駐日大使ド・ビイがシャルル＝マリー・ヴィドールを紹介。 初夏　ロンドンの街角でピアニストのレヴィッキーと出会う。彼を指揮者ヘンリー・ウッドに紹介。 8月中旬　ロンドンから自動車旅行。ベルギー、オランダ。ドイツを経てデンマーク、スウェーデンを回る。 9・23〜27　ベルリンで第15回万国議院商事会議。 **12月〜翌年4月　コートダジュールに避寒。12月　アルベール・カーンから誘われ、彼のカップ・マルタンの別荘に滞在。毎晩、サー・オースティン・チェンバレン夫妻、ポアンカレ夫妻と夕食。**	10・24　米、株式市場暴落、世界恐慌に。

年	年齢	事項	一般事項
一九三〇（昭和5）	38	**2月初旬　ブリュッセルの王宮での宮中舞踏会に出席。** 4月　ローマへ。サン・マルティーノ伯爵夫妻の招待。 **5・22　頼貞夫妻、バッキンガム宮殿でジョージ五世に謁見。**　5**月末か6月初め　シャリアピンとハイフェッツを晩餐に招く。** **6・3　シャリアピンの自宅の午餐会に。夜、日本大使館での高松宮夫妻主催公式晩餐会に出席。** 7・16〜22　ロンドンで万国議員同盟。 9・7〜10　ブリュッセルで第16回万国議院商事会議。 10・18　近衛秀麿、ベルリン到着。10月末　スペインへ。 11月　ポルトガルのリスボンから南米へ。11月末　近衛秀麿、終生の師エーリッヒ・クライバーに会う。 12・6　ブラジルのリオ・デ・ジャネイロ着。9　縫田臨時代理大使と外務大臣に面会。11　政府の特別列車でリオ・デ・ジャネイロ発サンパウロ行き。16　サントスからアルゼンチンへ。	1・11　金輸出解禁。 1・21　ロンドン軍縮会議開会（〜4・22）。 4・21　高松宮夫妻、陛下の名代としてヨーロッパ・アメリカ訪問（31年6・11まで）。 10・26　ブラジルで反乱を起こしたヴァルガスが大統領となる。 11・14　浜口雄幸首相が狙撃され重傷。
一九三一（昭和6）	39	1月　正月をブエノス・アイレスで過ごし、アンデス山脈を越えてチリのサンチャゴへ。パナマ、キューバを経て日本へ向かう。 2・14　頼貞夫妻、帰国。17　近衛秀麿、ハルビンにて山田耕筰と和解。 **4・7　来日したシャム国王より贈一等王冠賞。** 9・17　山田耕筰帰国。近衛以下、新響の楽員が総出で迎える。 10・9　新響と日響が日比谷公会堂で共演。	4・14　スペイン共和革命。 8・25　英に挙国一致内閣成立。 9・18　満州事変。
一九三二（昭和7）	40	**4月　東京音楽協会設立。頼貞が理事長。**第一線の音楽家、評論家が発起人。近衛、山田、野村、堀内など。	3・1　満州国建国宣言。

一九三三（昭和8）	41	2・9 原智恵子ピアノ演奏会。日比谷公会堂。 10・26 **頼貞、日希協会会長に。** 11・24 **静和園の売立て。**六六三点。**「清正公長烏帽子兜」を尾張徳川家と熊本細川家が競う。**	2・24 国際連盟、日本軍の満洲撤退勧告案を42対1で可決。
一九三四（昭和9）	42	1・10 **日本ショパン協会設立。頼貞が会長に。** 2・6 鎌田栄吉死去。 4・18 **国際文化振興会の発会式。会長近衛文麿、副会長頼貞。** 6・17 14年間勤め上げた老植木職人が預けていた金が返還されないと頼貞の別邸で服毒自殺。	3・1 満州国帝政実施。 8・2 ヒトラーが総統兼首相となる。 10月 中国共産党の長征開始。
一九三五（昭和10）	43	3・16 天才少女ヴァイオリニスト諏訪根自子（16）をベルギーに送り出そうとバッソンピエール駐日大使と頼貞、近衛秀麿が努力していると『読売』の夕刊に。 6月 近衛、新響で最後の指揮をして退団を決意。 12・10 サン＝サーンスの生誕百年記念の演奏会。頼貞挨拶。	2月 貴族院で美濃部達吉の天皇機関説が攻撃される。 8・12 陸軍省の永田鉄山軍務局長が相沢中佐に刺殺（相沢事件）。
一九三六（昭和11）	44	1・23 シャリアピン来日。27 シャリアピン独唱会。 4・7 ナチの音楽使節としてピアニスト、ケンプが来日。 5・14 シャリアピン横浜からアメリカ経由でパリに戻る。 10月 外務省が近衛を音楽使節として欧米に派遣。 12・23 上田貞次郎、東京商科大学の学長に。	1・15 ロンドン軍縮会議から脱退。 2・26 二・二六事件。 11・25 日独防共協定調印。 12・2 日伊防共協定締結。
一九三七（昭和12）	45	1・30 上田貞次郎、帝国学士院会員に。 4・9 トスカニーニが近衛をNBC交響楽団の副指揮者に指名。 5・5 山田耕筰、外務省文化事業部からドイツに派遣。 7・31 近衛、渡米。 10・15 アメリカの対日感情が悪化し、近衛帰国。	4・26 ゲルニカ爆撃。 6・4 第一次近衛内閣。 7・7 日中戦争が始まる。 10・6 米国務省が日本は9カ国条約違反と声明。

		11月 近衛、ヨーロッパへ。ベルリン、ロンドン、パリ。	12・13 日本軍南京を占領。
一九三八(昭和13)	46	2・15 上大崎森ヶ崎の頼貞邸にエジプト公使館開設。 4・24 近衛、ベルリン・フィルを指揮。ピアノはケンプ。	4・1 国家総動員法公布。
一九三九(昭和14)	47	4・1 人事調停法が実施され、頼貞は調停委員に。 **5・26 ブラジル大使の歓迎会の夜、頼貞が日伯中央協会の名誉会長に推挙される。**	5・11 ノモンハン事件。 9・1 第二次世界大戦始まる。
一九四〇(昭和15)	48	4・18 近衛、ベルリン国立歌劇場で「蝶々夫人」を指揮。 **5・8 上田貞次郎死去。** 12・14 近衛、ウィーン・フィルを指揮。	6・14 パリ陥落。 9・27 日独伊三国同盟。 10・12 大政翼賛会発会式。
一九四一(昭和16)	49	5・11 近衛、ヘルシンキのオペラ座で、「蝶々夫人」を指揮。翌週、シベリウスに会う。 9月 山田耕筰、音楽挺身隊を発足させ隊長となる。 11・29 日本音楽文化協会の発会式。会長徳川義親、副会長山田耕筰、顧問に頼貞、近衛も。	7・26 米、英、仏、カナダ、ポルトガルが日本資産凍結。 12・8 日本、対米英に宣戦布告。
一九四二(昭和17)	50	**3・31 フィリピン派遣軍の顧問として羽田を出発。九カ月ほどマニラに滞在。竹製のパイプ・オルガンの修理を斡旋。** 12・10 頼貞、フィリピンから福岡雁ノ巣飛行場に帰着。11、12『朝日新聞』朝刊に「比島の文化工作について」を寄稿。	1・2 日本軍マニラ占領。 8・7 ガダルカナル島で米軍が日本軍の飛行場を占領。
一九四三(昭和18)	51	1・30 日本ブルガリア協会設立。会長は前ポーランド大使酒匂秀一、副会長に蜂須賀正氏と三井高陽、顧問に頼貞。 6月 この頃、近衛は、大島駐独大使とゲッペルスに睨まれドイツでの活動の場を失う。	1・13 ジャズレコード禁止。 12・1 学徒出陣。

一九四四（昭和19）	52	4月　パリで近衛伯爵管弦楽団誕生。 11月　山田耕筰、日本音楽文化協会の会長に就任。	6・19　マリアナ沖海戦。日本は空母の大半を失う。
一九四五（昭和20）	53	5月　近衛、ドイツで捕虜になる。 12・6　近衛、諏訪根自子、大島大使らとアメリカから横須賀市浦賀に到着。23～25　山根銀二、『東京新聞』に山田耕筰を指弾する文章を寄稿。	5・7　独軍無条件降伏。 8・15　天皇「終戦」の詔勅放送。
一九四六（昭和21）	54	**1・6　本間雅晴中将の弁護で頼貞、今日出海など8人がフィリピンに出発。**16　頼貞、貴族院の追放指令該当者95人の一人に。	1・1　天皇人間宣言。
一九四七（昭和22）	55	1・31　山田耕筰、運動神経麻痺症の発作で、左半身不随となる。 **4・20　第一回参議院選挙。和歌山県で頼貞トップ当選。**	4・14　独占禁止法公布。
一九四八（昭和23）	56	3・16　民主自由党（吉田茂総裁）の相談役に。 12・2　参議院民自党の政調会長に。	11・12　極東国際軍事裁判判決。
一九四九（昭和24）	57	2・25　民主自由党の文化局部長に。 **11・21　ユネスコ議員連盟を組織し、会長に。** 12・23　第一回国民クリスマス祭典　日比谷公会堂での挨拶に頼貞登場。	10・1　中華人民共和国成立宣言。 11・3　湯川秀樹に日本人初のノーベル賞。
一九五〇（昭和25）	58	12・18　第二回国民クリスマス祭典　頼貞が開会の辞。	6・25　朝鮮戦争勃発。
一九五一（昭和26）	59	**6・9　日本政府の代表として第6回ユネスコ総会出席のため羽田を出発。**13　パリ到着。パッシーの元駐日大使ド・ビイの家に宿泊。18～7・11　ユネスコ総会開催。6・21に日本の加盟承認。	9・1　民間放送始まる。 8　サンフランシスコ対日講和条約・日米安全保障条約調印。

		7月 ユネスコ総会の終わる頃、コルトーと会う。7・20～8・11 イギリスに滞在。26 友人アームストロング伯爵の居城に一〇日ほど滞在。 8月末 一〇日ほどローマに滞在。金山書記官の案内でカステルガンドルフォの離宮にいる法王ピウス12世を非公式に訪問。30 法王のプライヴェート・ガーデンを散策。ローマ発。 12・20 第三回国民クリスマス祭典 委員長の頼貞が挨拶。	
一九五二（昭和27）	60	8月『文藝春秋』8月号に「マルキ・トクガワ全盛期」。 9月『音楽芸術』9月号に「最近の欧州楽壇を巡りて」。	7・19 ヘルシンキ・オリンピックに日本復帰。
一九五三（昭和28）	61	4・24 第三回参議院選挙。和歌山県で頼貞トップ当選。	2・1 NHKテレビ本放送開始。
一九五四（昭和29）		4・17 十二指腸潰瘍で療養中、自宅で死去。61歳。21 参議院本会議で頼貞を追悼。四ツ谷の聖イグナチオ教会で告別式。	3・1 ビキニ水爆実験で第五福竜丸被災。
一九六五（昭和40）		12・29 山田耕筰死去。80歳。	4・24 アメリカの北爆に反対し「べ平連」結成。
一九七三（昭和48）		6・2 近衛秀麿死去。73歳。	10月 第四次中東戦争でオイル・ショックが起こる。
一九八九（昭和64、平成元）		5・3 徳川為子死去。心不全のため。91歳。葬儀告別式は上野寛永寺で。	1・7 昭和天皇死去。

作曲家別　曲名索引

ヤ　行

ラ　行

ワ　行

マ　行

ハ　行

ナ　行

タ　行

サ　行

カ 行

主要人名索引

本文中から主な人名を採り，姓→名の五〇音順で配列した。

ア 行

著者紹介

村上紀史郎（むらかみ・きみお）
1947年東京麻布に生まれ育つ。『ＴＢＳ調査情報』の編集を経て，現在フリーランスのエディター、ライター。文学，美術，建築，映画，ワイン，料理などの編集を主に手がける。編集した本では、『ランボー全集』，鶴見俊輔『かくれ佛教』など。編著に『文化の仕掛人』，『こんな家に住みたかった』，『悪食コレクション』，著書は『「バロン・サツマ」と呼ばれた男』（藤原書店）。

音楽《おんがく》の殿様《とのさま》・徳川頼貞《とくがわよりさだ》
——1500億円《おくえん》の〈ノーブレス・オブリージュ〉

2012年６月30日　初版第１刷発行©

著　者　村上紀史郎
発行者　藤原良雄
発行所　株式会社　藤原書店

〒162-0041　東京都新宿区早稲田鶴巻町523
電　話　03（5272）0301
ＦＡＸ　03（5272）0450
振　替　00160‐4‐17013
info@fujiwara-shoten.co.jp

印刷・製本　中央精版印刷

落丁本・乱丁本はお取替えいたします
定価はカバーに表示してあります
Printed in Japan
ISBN978-4-89434-862-2

初の自伝、独自のショパン論

音霊《おとだま》の詩人
〈わたしの心のショパン〉

遠藤郁子　音楽CD&BOOK

「ピアノの詩人」ショパンの音霊を現代に伝える日本人唯一のピアニスト遠藤郁子の初の自伝であり、独自のショパン論。自宅愛用のピアノで録音した本書関連全十四曲＋ナレーションのCD付。**〈収録曲〉エチュード「革命」、プレリュード「雨だれ」、ポロネーズ「英雄」他**

四六変並製特製ケース入　CD14曲60分
三〇四頁（カラー一六頁）　**五五〇〇円**
（二〇〇四年一一月刊）
◇978-4-89434-413-6

初の本格的研究

ガブリエル・フォーレと詩人たち

金原礼子

フランス歌曲の代表的作曲家・フォーレの歌曲と詩人たちをめぐる初の本格的研究。声楽と文学双方の専門家である著者にして初めて成った、類い稀な手法によるフォーレ・ファン座右の書。〔附〕略年譜、作品年代表ほか。

A5上製貼函入　四四八頁　**八五四四円**
（一九九三年二月刊）
◇978-4-938661-66-3

音楽と文学を架橋する

フォーレの歌曲とフランス近代の詩人たち

金原礼子

歌曲・ピアノ曲・室内楽に優れ、抒情的な作風で人気の高いフランスの作曲家ガブリエル・フォーレ。演奏と文学研究を長く行なってきた、フォーレ研究の第一人者である著者が、積年の研鑽を総合。世界に類を見ない学際的手法、歌曲と詩の領域横断的考察で文学と音楽研究を架橋する労作。

A5上製　六二四頁　**八八〇〇円**
（二〇〇二年二月刊）
◇978-4-89434-270-5

マーラー研究の記念碑的成果

マーラー 交響曲のすべて

C・フローロス
前島良雄・前島真理訳

マーラーを包括的に捉えた初の成果！　全交響曲を形式・自伝の両面から詳述、マーラーの交響曲が「絶対音楽」にとどまらず存在に対する根本的な問いかけを含み、個人的・伝記的・文学的・哲学的意味をもつことを明らかにする。

A5上製　四八八頁　**八八〇〇円**
（二〇〇五年六月刊）
◇978-4-89434-455-6

GUSTAV MAHLER VOL.III—DIE SINFONIEN
Constantin FLOROS